逆愛

關懷強迫症、自虐行為、
暴力隱患、冷漠無感，
別再自欺長大就會好，

他需要的
是家庭治療！

目錄

CONTENTS

第四章　名人教子法

第五章　教子格言

CONTENTS

前言

「人之初，性本善。」《三字經》篇首的第一句話，為我們道出了人天生並非孬種的道理。這就給我們社會中那些一味抱怨孩子頑劣不恭的家長朋友們以深刻的警示，值得我們為人父母者反思。如果不是孩子的原因，那麼「問題孩子」出現的原因何在呢？家長們不禁要問了！要筆者言，我個人以為：原因在父母沒有準確地掌握青少年心理發育的規律和特性，不懂得家庭教育的科學性。唯物主義（materialism）告訴我們要透過現象看本質，而我們不少家長卻恰恰在此裹足不前，僅僅停留於孩子頑劣不聽話的表面，一味單純地打罵訓斥，不去更進一步的探討與分析。只要找到其中的本質因素，我們對症下藥，孩子不聽話的歷史將很快地與你大聲說拜拜！煩惱問題自可迎刃而解了！

近年來，出現了青少年道德、水準嚴重下滑的現象，筆者也曾在商場裡經歷了這樣一件事：商場裡顧客們遊興正濃之際，背後驟然傳出驚人髒話，眾人循聲紛紛回頭，但卻沒能達到注目禮的效果，大家看見一對小情侶邊逛邊說著髒話，並且處之泰然。另外，根據調查，目前青少年犯罪率仍然居高不下。正是基於以上考慮，我們特地集結人力編寫本書，書中詳盡羅列了種種類型的「問題孩子」，並由專家對此一一深入分析，並提出了實用的建議。同時，針對父母對青少年心理發育特性無法掌握的現狀，專家在分析講解的基礎上，提出了父母應注意的教育問題。

文末書中還例舉了不少中外名人家教故事。相信此書定能帶給家長朋友提供有益的借鑑！

最後，鑒於作者水準所限，書中難免出錯，如有發現，還望讀者們不吝賜教，多多指正！

第一章　專家談「問題孩子」

「問題孩子」的根源在哪裡？

拒學、任性、說謊、膽怯、暴力傾向、成績下降、網路成癮……孩子身上出現的這些問題行為，令許多家長傷透腦筋。心理學專家指出未成年人出現異常狀態，根源往往在家庭，因此既要教育孩子，也要教育父母，進行系統性的「家庭治療」。

有位教育專家分析，家庭是孩子成長過程中最重要的因素。父母對孩子心理、性格和人格的影響是決定性的，孩子的心理和行為往往帶著家庭的影子。因此，孩子出了問題，家庭因素不可忽視，家長千萬不能只責怪孩子，而要主動尋找原因，承擔起一定的責任。

許多家長對待「不成器」的孩子，要麼冷嘲熱諷，拳腳交加；要麼失去信心，放任自流。這種不正確的教育觀念和教育方法是很不負責任的。實際上，「問題孩子」往往出自「問題家庭」，健康的家庭才能培養出健康的孩子。

據相關研究調查，造成孩子「問題行為」的家庭因素主要有：父母關係不和，嚴重影響孩子的心理健康，造成父母權威喪失、孩子缺乏溫暖和安全感；對待孩子簡單粗暴，嚴重傷害孩子的自尊心；父母缺乏與孩子的溝通，造成孩子孤僻、憂鬱；過分溺愛孩子，導致孩子以自我為中心；父母不良的行為習慣容易「傳染」給孩子；父母「望子成龍」心切讓孩子不堪重負；父母及祖父母對待孩子的態度和方法不一致，導致孩子無所適從。

一般的心理諮商和治療往往只是針對個體，缺乏對家庭和團體因素的考慮。「家庭治療」的關鍵是在整個家庭的參與下改善內部的人際關係，促進家庭成員相互了解和溝通，讓「問題孩子」重新回到一個健康的成長環境中。

「問題孩子」真的有「問題」嗎？

我們在生活中常常會遇到這樣的孩子，他們或者表現得任性，或者表

現得懶惰，或者表現得自私，或者表現得暴躁不安，或者表現出某種只有成人才有的陰暗心理……等等。現在教育界流傳著這樣一種說法，稱這些孩子為「問題孩子」。

由於各種心理壓力和創傷，這些孩子不是變成自卑憂鬱型的，就是變成暴躁型的。這些孩子是不幸的，他們的心中所缺少的就是一種信心！

我們很難用同一種標準來要求所有的孩子，可是，社會並沒有對那些行為不同於常人的孩子敞開大門。他們受到了非議，受到了冷落，然而作為一個孩子，他相對而言是個弱者，是更需要受到保護的。

我們作為教育工作者，應該如何使這些所謂的「問題孩子」擺脫惡夢的糾纏，使他們重新找回自我，重新找回自信，找到學習的快樂呢？專家認為應該從以下幾個方面展開：

(1) 建立良好的親子關係

營造一個平等、民主的氛圍，比如：和孩子平等地討論問題，讓孩子有更多的發言機會，給孩子獨立的空間。老師應做到凡事一定講道理，而不是只有罵，要與他們溝通、了解他們的內心世界並與孩子交朋友。

(2) 保護孩子的自尊心

不要對孩子說你這樣不行、那樣不行，不要盲目地給孩子制定目標。要真誠地稱讚孩子的優點，實事求是地評價孩子的才能。當一個孩子有了自信，相信自己有能力做好一件事、做出一個決定，他就有了自己的獨立感和尊嚴感，就不再膽小畏懼，而是敢做敢當了。

(3) 真正將他們當作孩子

孩子的心靈世界是靠人格尊嚴支撐的，而在高壓之下，一個孩子永遠無法產生被尊重的感覺，他們自身被尊重的這種需求和欲望就永遠得不到滿足。老師應尊重他們，讓他們感到他們生活在一個充滿互相愛護、互相

關心的團體中。

其實，「問題孩子」並不是有「問題」！培養他們的自信心，首先要尊重他們，給他們一種信任感。孩子的自信心被激發出來，他們就會主動地掌握自己的命運，往好的方向發展。

正確對待「問題孩子」

有些孩子不僅平時「問題」較多，上課時也出現不認真聽、小動作多、做作業丟三落四等問題，父母師長為此可謂傷透了腦筋！試想，孩子情感失控、心理失調、行為失常，哪個家長會不擔心？然而這些問題的背後是什麼呢？有心理學家研究表明：愉悅、舒展的心情往往會產生理解、接納與合作的行為取向，而憂鬱、緊張的心情，又多產生封閉、排斥、自以為是的行為態度。所以，父母或師長平時應多關注孩子的心理變化，及時幫助他們排解內心深處，陰鬱、沮喪、哀怨等情感障礙。

首先，分析孩子出錯的原因，主動關心，不放縱也不施加暴力，要掌握「火候」，以理服人，指出其可能出現的後果及相關的危害性，並讓孩子自己提出改過、補救的措施。

其次，孩子身上出現的問題，有些可能是由汙染的空氣或食物慢性中毒引起的。如汽車廢氣、含鉛量高的垃圾食品等；也有些可能平時對父母師長及社會的行為「偏向」憤憤不平，如希望父母師長不要長時間冷落自己。因此，身為家長必須找出原因，多為「問題孩子」提供一些進取的機會和可能。其實，「頑皮」、「任性」的孩子往往是最富創造力的，只要我們用滿腔的熱情去教育感化他們，是有很大的潛力可期的。

再次，對於有冒險心理、攻擊性行為的孩子（包括沉迷網咖、接觸毒品者等）一方面不能為了「息事寧人」而妥協；另一方面，也不能揮舞「棍子」，亂潑「冷水」。一般需以冷靜的態度，商討、理論的方法，曉之以理，也可以透過身邊的案例讓孩子感受到問題的嚴重性，同時應設法安排一些健康有益的活動，來幫助孩子消解心中的「壓抑感」和「孤獨感」，讓

孩子旺盛的精力有「用武」之地。

最後，需要說明的是，在充滿文化氣息的家庭中成長起來的孩子，出問題的機率是非常低的，家長平時可鼓勵孩子帶著問題找書讀，並有計劃地引導孩子多讀一些大眾科學書刊和人物傳記故事，讓孩子從中得到一些教科書裡，「讀、寫、背」所難以獲得的感悟與啟發。

家庭因素對兒童心理健康的影響

「問題孩子」是遺傳、社會、家庭、學校及個體的偶然經歷等，多種因素綜合作用的結果，其中家庭環境的影響，則具有特殊的意義。家庭環境對兒童與青少年身心發展的影響，是以一種多因素、多方面的複雜方式來實現的。以下幾方面是影響兒童與青少年心理健康的主要家庭因素。

(1) 家庭結構

家庭結構主要指家庭的人口結構。在家庭人口結構中，一個十分重要的因素就是家庭結構的健全完整程度。有人曾對 1,095 名中小學生的家庭結構與其心理健康的關係進行調查。結果發現：生活在不完整家庭（由於死亡、離婚等原因而造成的雙親一方或雙方不在的家庭）裡的中小學生，有心理健康問題者所占的百分比為 13.8%，而完整家庭中有問題孩子所占百分比只有 0.2%，充分說明健全完整的家庭結構對兒童的心理健康發展有著良好的作用。近年來的一些關於離婚與兒童心理健康的研究普遍證實，由於父母離異，使子女的內心產生嚴重的焦慮與矛盾。多疑、孤僻、冷漠、心神不定或神經質，甚至導致心理變態及反社會行為，這主要是因為破裂的家庭結構給孩子帶來了過分緊張的生活氣氛和感情衝突，家庭缺乏溫暖和關懷，致使他們失去了生活目標，於是在思想觀念、情感、行為、性格等方面出現動盪，易於偏向不良的方向發展。因此，動員各種力量穩定家庭結構，對於保證下一代身心健康成長有著極為重要的意義。

(2) 家庭氛圍

所謂氛圍，就是指人所處的環境氣氛和情調，它是在某一環境中的人們相互影響、相互制約過程中產生的某種心理情緒和環境氣氛。良好的家庭氛圍，可使孩子活潑、開朗、大方、好學、誠實、謙遜、合群、求知、好奇；相反的，不良的家庭氛圍，則會使孩子膽怯、自私、嫉妒、孤獨、懶惰、無禮、任性。因為兒童在適應家庭環境的過程中，常以父母和其他家庭成員（祖父、祖母、外公、外婆等）為最親近、最直接的模仿和認知對象，並以模仿式的學習來感受事物、熟悉環境、發展自己的習慣行為，形成自己的心理定勢（mental set）和性格特徵，然後在以後與社會環境的接觸當中，就開始以長期在家庭氣氛中薰陶出來的心理模式、性格特徵、習慣行為，來判斷自己在家庭之外世界的適合與不適合，在現代大多數核心家庭中，由父母間形成的家庭人際關係和由父母與孩子之間構成的家庭教育關係（如：育人態度與方式方法等）所支配的家庭氣氛，對兒童的心理健康有十分重大的影響，往往父母的眼神、語言交流、行為舉止、性格表現、作風習慣和對兒童的態度，都能無形地給兒童心理極大的刺激和啟示，並在其適應過程中，形成他們自己心理和性格上的特徵。因此，家庭生活品質的好壞是兒童心理健康水準的重要相關因素。

(3) 教育態度與方式

從發展的觀點來看，對孩子的教育應該是成人以自覺的、持續不斷的努力，去開發兒童的一切潛在能力，即父母有責任和義務向孩子提供一切條件，包括環境、人際交往等，關心他們德、智、體、美的全面發展。

當然，教育態度與方式絕不能是千篇一律的，而應是根據孩子的不同發展水準、不同的性格特徵而有所差別。如果父母雙方都能採取合理的態度和正確的教育方法、孩子會很容易顯示出獨立能力、積極性、友好態度和穩定的情緒；反之，如果父母對孩子採取溺愛、嬌縱、順應的態度，孩子也容易表現出適應能力差、依賴、任性和偏執的性格特性。因此說，導正家長對子女的教養態度是一件十分重要的事情。沒有正確的教養態度，就談不上良好的教養方法，目前在子女教養問題上失誤的主要表現為：有些家長對子女過分嬌寵，以致愛而失教，對孩子沒有明確的教育要求，對他們的學習、行為表現聽之任之，根本談不上如何培養孩子的獨立性、自信心和自制力等；還有的家長，則一味採取高壓手段，不顧孩子的發展特性和合理要求，而採用懲罰來實行管教，信奉「棒打出孝子、嬌養出逆郎」的古訓。從科學角度看，這些教養方式顯然都是錯誤的，對孩子身心的健康成長極為不利，也容易造成不良後果。曾有項研究，就家庭教育方式對 1,095 名中小學生進行調查，結果表明：在有心理健康問題的學生中，家長採取態度不一致，以壓力為主、歧視、經常打罵等不良教育方式的百分比，均高於正常學生，其差異有極顯著的統計學意義（$P<0.001$）。值得指出的是，家庭教養方式上的種種缺陷，不僅對兒童的身體發育和精神成長都有有害的影響，而且不可避免地要在下一代建立家庭時反映出來，這是值得每位家長認真思索的。

(4) 家長的文化素養和抗壓性

父母的文化素養和心理狀態潛移默化地影響著兒童的心理成熟和生長發育。

就文化素養而言，一般說來，若父母的文化素養高，常對子女有更高的要求和期望，他們用自己的知識和強烈的求知欲去影響和教育子女，培養他們頑強的進取精神，同時在兒童的學習上也能給予較好的指導。相反，文化素養較低的家長，往往本身不思進取，對子女的要求不高，他們不僅自己不學習，也不關心子女的學習，甚至只顧自己的娛樂而影響孩子的學習。很多研究成果都表明父母的文化素養與子女的心理健康密切相關。

就抗壓性而言，可以這樣說，父母對孩子影響最大的是行為和與之密切相關的心理狀態，而不是言辭說教，因為兒童是生活在一種與父母的心理神奇的融合、感應和參與的狀態之中。他們對父母內心的重大變化經常

有迅速的反應，父母的心理障礙也會毫無例外地投射到孩子的心靈上。孩子在心理上，甚至生理上的某些病態，往往可以在其父母的精神狀態中找到原因。因此，父母在對子女進行教育的同時，也必須意識到要想改變孩子身上的某些東西，就應先看在他們自己身上是否能夠被改變，努力使自己具備明朗、樂觀、善良、坦誠的抗壓性。這樣，才能使孩子具有一個生長良好個性和優秀人格的溫床。

該怎樣創建一種有利於子女健康成長的良好家庭環境和氣氛呢？筆者認為至少應注意以下幾個方面：

1. **以身作則，身教重於言教**：兒童對一種家庭氣氛的心理承受力，表現在他對家庭成員（主要是父母）形象的適應和接受，父母在家庭生活中扮演的角色，最直接地影響著兒童的心理健康。因而父母時刻要意識到身旁有一雙天真無邪的眼睛在看著自己，在生活和工作中處處以身作則，凡要求孩子做到的，自己首先做到，多示範、少說教。
2. **要有民主的行為作風**：作為父母要尊重子女的獨立人格，作風民主、和藹可親，這對子女身心的健康成長將產生極為有利的深遠影響。在家庭生活中，父母對子女既是長輩，也是教師和朋友，切忌把「社會角色」帶進家門；要學會理解和尊重子女，站在子女的角度，才能發現他們的內心世界，千萬不能按家長自己的主觀意識，隨心所欲、揠苗助長；家庭內出現矛盾和分歧時，切忌急躁、粗暴，盡可能地熱心腸、冷處理，把複雜的問題簡單化。
3. **和諧的家庭氣氛**：家庭成員相互尊重、理解、信任和關心是治家、教子的基本條件。家庭和諧的關鍵是居於核心地位的父母雙方。因此，有責任感的家長，為了家庭的幸福和子女成才，有必要認真研究一下作配偶的特殊藝術和家務分工。
4. **樂觀向上的精神風貌和高尚的審美情趣**：父母樂觀、鎮靜、愉快的情緒對孩子可以產生具大的感染力，父母應自覺克制來自各方面的煩惱、傷感和憂鬱，控制自己的不良性格，以樂觀向上的精神風貌讓孩子感到家庭是溫暖迷人的。另外，家庭中的物質環境和心理氣氛，也應充分考慮其教育的影響。目前有些家長對家庭陳設、衣著服飾、吃

喝娛樂等十分注重，對子女的智力投資、學習休息和身心健康卻漠然處之，這是萬萬不可的。任何一位家長都不應低估這種「潛移默化」的巨大力量。

第二章　「問題孩子」面面觀

任性

有一個孩子，三歲前主要是由爺爺、奶奶照顧。兩位老人家很寵愛孫子，家裡條件也很好，孫子從小就是要什麼有什麼。只要孫子一鬧，他們總是設法滿足孫子的要求。

孩子三歲以後，就和他媽媽在一起了，他就用對付爺爺、奶奶的方法對付媽媽。這個孩子很倔，每次都和媽媽唱反調，媽媽打他，他也要堅持到最後，直到媽媽答應他的要求。

所謂任性，就是放縱自己的性子，想幹什麼就幹什麼，不想幹什麼就不幹什麼。這種孩子沒有紀律觀念，缺乏自控能力。

從孩子任性的形成來看，多數是由於父母無意或有意的嬌慣和遷就造成的。父母越是遷就退讓，孩子就越容易任性。所以面對孩子的任性，父母不能心軟。比如有時候和孩子去商店，看見某一個不適合他玩的玩具，孩子纏著父母一定要買下來不可的時候，那麼不論他哭也好，鬧也好，就算在地上打滾也好，父母都必須統一意見，態度一致，明確地告訴孩子，不可能給他買這樣的玩具。

只要堅持不買，那麼孩子哭鬧一會兒，自覺沒趣，只得自己收場。對付孩子的任性，就像壓一根彈簧，你一鬆，它就會反彈。

專家評析

誰都知道孩子任性是家長給寵的，這一點幾乎沒有爭論。當然，也有研究人員認為這與遺傳基因有關，但即使如此，也不是主要原因。

問題是，既然大家都明白不應該放縱孩子，為什麼還有那麼多孩子被寵得不像樣呢？

很簡單，家長「心太軟」，控制不住自己的感情，對孩子做了很多無原則的讓步，等到把孩子慣出了很多壞習慣，失去了家長的權威，再糾正就困難了。

任性，雖然算不上什麼大的缺點、錯誤，但也應引起家長們的注意，特別是 12 歲以上學生的家長們，如果不注意幫助孩子克服這個壞習慣，今後就可能

給他們的學習、工作、生活帶來一定的影響。由於任性，他們在工作中就難於與同事們相處，更談不上協調配合了；由於任性，在家庭中也很難與家庭成員和睦相處。因此，我們應該幫助孩子克服掉任性的壞習慣。

怎樣才能幫助孩子克服任性的壞習慣呢？

首先，要從孩子小的時候入手。當孩子出現任性行為時，利用當時的情境特點，設法把孩子注意力轉移到能吸引孩子的一些新穎事物上去。如果有的孩子哭鬧，撒嬌等，在保障安全的條件下，家長不要去理他，當他感到利用哭鬧等「武器」已經不靈時，他自然會停止哭鬧，到這時再進行講理教育動作，這種方法對於容易心軟的家長，可能難以做到。最好是當孩子提出無理的要求時，家長可以利用各種實際例子的方法，給孩子講清任性行為可能帶來的後果，使孩子從中受到啟發和教育，這樣可以保護孩子的自尊心，又可以把任性的弱點轉化為積極心理性格。特別是孩子在 12 ～ 15 歲之間，正處於青春期，孩子的大腦皮質神經系統日趨健全，對很多問題已經有一定的分析能力，對自己的行動也有一定的克制能力，如果方法得當、道理講明白，他們還是可以接受的，因而家長要充分發揮有利條件，幫助孩子改掉任性的壞習慣。其次要有耐心，孩子的任性不是一天兩天形成的，克服起來不那麼容易，因此要有耐心，給孩子改正壞習慣的時間。也不要從一個極端發展到另一個極端，強硬地讓孩子一切服從家長，抑制孩子獨立思考的能力。

自私

有一次朋友聚會，同事把她的寶貝兒子也帶來了，這孩子原來給大家的印象是很好的，但是在餐桌上的一個動作和幾句話，大家則對他有了新的看法。經過是這樣的：聚餐時，孩子的母親負責端菜，由於平時在家吃飯母親也是這樣，他便認為大家在吃他們家的東西，於是，在大家夾菜時他便將別人筷子撥開，將好吃的菜全擺到自己面前，嘴裡說出：「想吃我們家的東西，不可能！」大家先是一愣，然後面面相覷，孩子的母親也非常尷尬，趕緊說了他幾句。他覺得委屈，就大哭起來，結果這次聚會大家都很掃興。

對於這件事，我們都有一個同感，就是孩子如此自私，和家長教育是

分不開的。天性只是一方面，環境和後天的教育卻有著潛移默化的作用。如果得到好的教育，我想同事的孩子是不會幹出這種事的。發現孩子有自私的苗頭既不要大驚小怪，同時也不能放任不管，孩子現在還小，各種習慣還沒有完全成形，如果發現自己的小孩有自私的現象，就應該馬上去解決。

專家評析

造成孩子自私的原因很簡單：你總是把他放在中心的位置，他自然就習慣自己是中心了；你總像伺候皇帝一樣伺候他，時間長了，他自然就找到「當皇帝的感覺」了。可以說，造成孩子自我中心的根本原因在家長身上，怪不得別人，也怪不得孩子。要知道，自私的孩子是感覺不到自己自私的，他表現出來的只是習慣性的思考方式和行為方式，這種方式使別人感到他是自私的。

作為一種人格特質，以自我為中心產生的消極作用，主要是以自私表現出來。這就導致了以自我為中心的孩子在與外界的交往中排斥「異己」、拒絕開放、忽視理性力量、迴避真誠、吝嗇付出、難以與他人合作、缺乏公德心（為他人、為團體考慮）。因此，父母必須透過教育來擊碎其自私的外殼，讓孩子能夠擁有一份懂得分享的智慧。

家長可以從家庭活動做起，與孩子共同參與、共同分享，讓孩子嘗到分享帶來的樂趣。

(1) 讓孩子與父母分享他的好故事、好主意、好吃的、好玩的。

父母與孩子一同參與「講故事」活動。每次每人編講一個故事或一則笑話。在「為大家」講述的過程中，讓孩子懂得每個人都會說故事。在「講述——傾聽」的互動中，學會分享。平時在討論某個問題時，可以讓孩子充分陳述自己的理由，並且只要求他做到一點：聽別人講完，尊重別人的發言。在坦誠、民主的氛圍中，大家發現好主意、討論好主意、接受好主意，分享好吃的、好玩的。

(2) 讓孩子與父母分享他的所見所聞。

父母應鼓勵孩子與夥伴們交往，讓孩子能了解到世界不是以自己為中心的，每個人都有自己的生活。每天晚飯後，可以傾聽孩子講學校中發生的事情，建議孩子換位思考。隨著孩子學會接納別人的觀點、感受到別人情緒的移情作用漸趨成熟，從而可以進一步促進孩子的社會認知能力的發展。

(3) 讓孩子與父母分享他的夢想。

父母可以引導孩子大膽地公開他的奇思怪想，並且給予一些鼓勵，希望他進一步與夥伴們一同夢想與交流夢想。你應該在孩子逐步走向成熟的時候承認他的成長與一定的獨立性。還可以選擇一些他感興趣的好書贈予他，豐富他的夢想，使他了解同齡人的夢想。可以鼓勵孩子參加社交活動與社會實踐，讓孩子們從中學會客觀地看待問題，學會全面地結合不同的觀點去考慮問題。

(4) 讓孩子與父母分享他的友情。

如果孩子有「自我中心」的封閉性，他或許沒有什麼真正的知己朋友，或是有些狹隘的希望朋友只屬於他自己所有。父母應該常常與他討論有關友情的問題，啟發他學會分享友情。設計一些情境，問問他會怎麼對待朋友，再問問他希望朋友怎樣對待自己，作個比較。

如果父母運用以上幾種實踐活動來訓練孩子的分享行為，那麼孩子將擁有理性的認知、真誠的態度、助人的品格、合作的意識等。

懶惰

一位同事談起自己的女兒時說：「從孩子剛剛懂事起，我們就常常給她灌輸將來考大學、當科學家的想法。孩子上小學了，我便把學習成績作為衡量孩子進步與否和實行獎懲的唯一標準。為了讓孩子把全部精力用在學習上，我寧願自己受苦受累，從不讓孩子幹一點活。她也沒主動要求來幫我。尤其是孩子考上公立中學後，我覺得她十分爭氣，便晚上幫她鋪床，早晨替她疊被、刷鍋、洗碗、掃地和洗衣服等類的事，她從來不沾手。這樣日久天長，孩子逐漸養成了衣來伸手、飯來張口的習慣，十幾歲了，不要說幫家裡幹活，就連自己每天穿什麼衣服、換什麼鞋，都要一一『請示』，『靜候處理』」。

家長對子女的愛是天經地義的，但如何愛卻很有講究。對於孩子的人生道路，家長不聞不問，完全順其自然是不負責的表現，但瞻前顧後像養花、種草那樣為孩子設計未來也是不足取的。

專家評析

孩子懶惰和他的缺乏自理能力大有關係，在「好爸爸」、「好媽媽」的精心照顧下，他不會照顧自己的生活，也不願意為了照顧自己的生活，而付出必要的時間和精力。

出現這種情況，不能完全怪孩子，要怪只能怪他們的父母太能幹了！太能吃苦了！太能無私奉獻了！

有些家長心疼孩子，不讓孩子幹活。他們說：「我們小時候就夠苦的了，可不能讓我的孩子再吃苦了。」這一代家長小時候生活苦，現在已步入中年，上有老下有小，工資低，負擔重，確實夠辛苦的。總結自己的一生，就想讓孩子別像自己這樣，希望他們能享點福，讓他們無憂無慮地生活。於是把一切家務全包下來了，想在孩子前進的路上鋪滿紅毯，擺滿鮮花。這種心情是可以理解的，但做法卻不能提倡。現在生活條件好了，讓孩子吃得好一點，穿得漂亮一點，也是應該的，但要有個限度。從長遠來看，不讓孩子參加勞動，對孩子並沒有好處。蘇霍姆林斯基（Vasyl Sukhomlynsky）說：「幼年和少年時期過著無憂無慮、心滿意足生活的年輕人，在他們剛剛跨進獨立的勞動生活時，往往會感到精神頹喪，對前途失去信心。」生活不可能事事如意，人生的道路不可能是筆直的、平坦的。如果從小沒有磨練，將來一遇坎坷挫折就不知所措，難以承受，甚至頹唐、退縮，以至步入極端。從這點來說，家長從小嬌慣孩子，不讓孩子勞動不是愛孩子而是害孩子。

有不少家長也懂得應該讓孩子參加必要的家務勞動，但是望子成龍心切，總想自己多幹點，騰出孩子的時間讓他多學習一些。特別是在社會升學率競爭激烈的狀況下，有這種想法也是很自然的。但是家長卻忘了勞動也是認識世界的階梯。勞動是孩子認識世界的一個重要途徑。勞動中有許多學問，它能促進大腦的發育和智力的發展，提高孩子的能力。事實證明心靈與手巧是相輔相成的，而笨手笨腳與呆頭呆腦往往是互為表裡的。孩子在勞動中接觸很多事物，就要動腦考慮怎樣把工作做得又快又好，既巧妙又省時間，孩子在勞動中就要觀察、思考，甚至要開展想像。這就發展了孩子的智力，學到很多書本上學不到的東西。

有的家長不讓孩子動手是嫌孩子毛手毛腳，幹不好反而給自己添麻煩。是啊，孩子年齡小，剛開始做家務事做不好，洗衣服沒洗乾淨，洗刷餐具打碎了碗盤，這是常有的事。可是有的家長就煩了，上去搶過來，把孩子攆走，說：

「做點事弄得亂七八糟，還不夠跟你生氣的呢，以後別做了，少給我添亂！」其實誰也不是生下來就會幹活，開始都會笨手笨腳，甚至幫倒忙，這沒關係。我們的目的是培養孩子，不能急功近利，要捨得花本錢，只要堅持讓他練下去，多給具體指導，孩子就會逐步變得心靈手巧。如果剛一幹壞就剝奪了他練習的權力，他一輩子也別想學會幹活。

美國兒科權威專家詹姆斯（James Dobson）博士有一句發人深省的話，值得每一位「舐犢情深」的父母思考：「缺乏自理能力滋生懶惰。懶惰使孩子產生精神鬆懈、懶於獨立思考，易為他人左右等弱點，處處包攬代替的父母不是在愛他們的孩子，而是在害他們的孩子！」

所以，要避免孩子懶惰，提高他的自理能力十分重要。放手讓孩子照顧自己的飲食起居，從事一些力所能及的家務，這樣做可以提升他對生活的熱情及處理事情的能力。隨著自理能力的增強，他會感受到自己安排生活的快樂和滿足，成為生活的主人，並在不知不覺中擺脫懶惰的毛病。

說謊

在一次對近 6,000 個擁有 3 ～ 9 歲孩子的家庭調查中，專家們問了父母這樣一個問題：「您是否曾發現孩子對您說謊？」結果表明，從3～9歲，年齡越大，父母反映孩子曾經向他們說謊的比例也越大。

令人吃驚的是，調查結果顯示，3 歲的孩子中有 52%就已經有過說謊的行為了。這說明說謊在孩子中間越來越普遍，也越來越低齡化。這不能不為父母們敲響了警鐘。

從說謊的性質角度，可以分成「品德型」的謊話和「性格型」的謊話。有的孩子想像力非常豐富，特別是幼兒和小學低年級學生，他們常常把自己的想像當成事實來述說。比如他希望自己的父親是將軍，他就對人家說：「我爸爸是將軍。」這當然是謊話，但這種謊話就可能屬於性格型的，不能輕易看成是品德問題。品德型的謊話是透過說謊來謀求私利或者損害他人，這種謊話的性質是比較嚴重的。

從說謊頻率的角度，可以把謊話分成「偶發型」的和「一貫型」的兩種。偶爾說謊，這是絕大多數孩子都難免的，家長要重視，但不必大驚小怪。如果孩子經常說謊，給人的印象是「這個孩子沒有實話」，那就嚴重了，必須加強教育。

從說謊的時間角度，可以分為「事先說謊」和「事後說謊」兩種。事先說謊是有計劃的騙人，事後說謊是為自己的不當言行「補漏洞」，兩者性質有所不同。一般說來，前者比後者性質要嚴重。

從說謊的原因角度，可以分為「主動說謊」和「被動說謊」兩種。主動說謊是有意騙人，被動說謊有時是迫於壓力。一般說來，前者性質比後者要嚴重。

從說謊對象的角度，還可以把說謊分為「專人型說謊」和「普遍型說謊」。有的孩子專門對某個人（比如媽媽或者某個同學）說謊，對其他人都誠實，這種說謊就屬於專人型說謊，這種孩子不可輕易認定為不誠實，因為問題可能在對方身上。如果一個孩子對誰都說謊，這叫普遍型的說謊，那恐怕就是素養問題了。

有些家長認為，孩子只要說話不算數就是不誠實，這恐怕要慎重。因為孩子常常迫於家長和老師的壓力，訂出一些他明知無法實現的學習計畫和學習目標，說孩子不誠實，稍嫌過重；孩子可能對自己的能力預設過高，大話放出去，最後無法兌現，這是認知問題，不是品性問題；孩子可能想得挺好，決心也挺大，但是做起來不能堅持，沒有狠勁，結果沒成功，這是意志問題，說成不誠實也不合適。

總之，家長不能輕易給孩子扣上「不講誠信」的帽子，但是必須十分注意培養孩子的誠信意識。

專家評析

不少家長對待孩子撒謊的辦法是非打即罵，然而許多事實證明：家長不去仔細調查、分析孩子撒謊的原因，而不分青紅皂白地斥責和毒打孩子，往往會事與願違。孩子撒謊的原因很多，有時候倒不是出於本意，而是做錯了事怕遭到家長的打罵。這種情況，大多數是家長平日教育方法不當所致：孩子有過認

錯後，挨打挨罵的切身體會，於是就想方設法編造一套謊話搪塞過去。家長靠打罵的方法來改變孩子撒謊的習慣，顯然是不能達到預期效果的。

要糾正孩子撒謊的習慣，家長應該在日常生活中，有意識啟發孩子說實話的心理，注意檢點自己的言行，從下面幾方面做起：

(1) 尊重孩子

家長要尊重孩子，包括其隱私。不要千方百計想知道孩子的小祕密，給孩子留一個自由的天地。

(2) 相信孩子

如發現孩子說謊，家長應該跟他講道理：偶爾說一次謊話是可以原諒的，但經常說謊就會失去父母、老師和同學們的信任。

(3) 家長要以身作則

孩子愛說謊大多與家長常說謊和不遵守諾言有關。因此，要想使孩子成為一個誠實的人，家長就要做孩子的好榜樣。

(4) 了解孩子的朋友

愛說謊的孩子，其朋友可能愛說謊的多。因此，家長要了解孩子的朋友是誰，他們在一起經常做什麼。這對綜合治理孩子的撒謊環境大有好處。

(5) 發現

孩子撒謊，家長應掌握好處理的分寸，不要強迫孩子坦白，而要他懂得應該誠實待人的道理，家長還要盡力去做好勸導工作。

奢侈浪費

美國一些百萬富翁的兒女，父母只給他們很少的零用錢，他們只好自己去打工賺錢。所以在學校裡，你常常可以看到，這些少爺、小姐正在「撿垃圾」：把草坪和人行道上的破紙、飲料罐收集起來交給學校，學校便給他們一些報酬。他們這麼做，一點兒也不覺得難為情，反而為自己能賺錢而感到自豪。還有一些家庭經濟並不困難，但卻要讓八、九歲的孩子去送報賺零用錢，其目的也就是培養孩子自力更生、勤儉節約的習慣。

美國著名喜劇演員大衛．布倫納（David Brenner）中學畢業時，父親送給他一枚硬幣作為禮物，並囑咐他：「用這枚硬幣買一張報紙，一字不

漏地讀一遍，然後翻到廣告欄，自己找一份工作，到世界上闖一闖。」俗話說「有錢難買幼時貧」、「窮人的孩子早當家」。取得很大成功的大衛回首往事時。認為那枚硬幣是父親送他的最好禮物，它使大衛懂得了生活的艱辛，衣食的來之不易。

日本是世界上最發達的國家之一，人均國內生產毛額（GDP）占排名世界第二，多數家庭非常富有，但父母對孩子卻很「苛刻」。有一次一個由日本小學生組成的訪問團來到中國某市，與當地的小學生進行交流。相對於中國孩子，日本小學生穿著顯得很樸素。大家在一起聚餐，日本孩子很少有剩飯的，而中國孩子一碗飯裡，剩半碗的情況較多。

臨別時，中國孩子盡忙著買禮品，多數人買了非常昂貴的布娃娃等大件玩具，送給日本孩子，拿都拿不走，最後只好托運。而日本孩子送給中國孩子的，大多是一張張寫滿深情話語的卡片。「禮輕情義重」一直是中國的傳統美德，但現在中國的孩子反而要向鄰國的孩子去學習這樣的道理，這真讓人深思啊！

一位父親在談起兒子時說道：「我的兒子今年 13 歲，上國中一年級了。不久前，我發現他產生了一種和其他同學比『大方』的想法。比如，校外教學時，他聽說有些同學帶了 100 元零用錢，就要求大人給他 150 元；踢足球時，穿一般的足球鞋就可以，現在卻吵著要買名牌球鞋，還說『不少同學穿的是進口名牌，我買國產名牌已經是低標準了』。為了他上學方便，去年特別買了輛輕便自行車給他，結果沒騎多久，他就又吵著要買變速車。」

還有一位「暴發戶」，一時高興便匯了 20 萬元給還在讀小學的兒子。從此，孩子走路有風。在家裡，生活起居由保姆侍候；在學校，值日生、作業僱人完成。結果這位原來成績還不錯的孩子，很快在學校裡成了存款第一，學習成績也成了倒數第一。

孩子亂花錢的想法越來越嚴重，這主要是由以下三個方面的因素造成的：

(1)「眾星捧月」造成的。

現在的家庭大部分都是由爺爺奶奶、爸爸媽媽、孩子三代人構成的，大多數家庭只有一個孩子，這樣就形成了爺爺奶奶、爸爸媽媽，還有外婆、外公、姑姑、舅舅、阿姨等，眾多親人組成一個團體，來照顧一個「寶貝」，他們爭相獻愛，可以說孩子是有求必應，伸手必給，惟恐孩子不高興，特別是逢年過節，一眾親友更是不甘落後，爭相給壓歲錢，往往是一個春節過後，孩子少則有幾百元，多則幾千元的收入。家長又不加強對孩子的引導，孩子想買什麼就買什麼，花錢大手大腳，一點也不知道愛惜，他們不知道錢的來歷，認為錢來得很容易，沒有一點節儉意識，養成亂花的習慣也就不足為奇了。

(2) 互相比較造成的。

孩子的思想還沒有成熟，很容易受到外界因素的影響。由於社會中比較風的興起，他們學會了在同學中、鄰居中互相比較，不以亂花錢為恥，反以隨便花錢為榮，認為誰的錢多，誰就威望高，誰的錢少，誰就沒有威望。這樣使得一些家庭條件較差的同學，為了在同學中建立自己的威望，便想方設法從家裡、從親朋好友那裡要錢，然後在同學面前瀟瀟灑灑地花錢，以顯示自己的大方。雖然家長也有怨言，但「愛子無商量」，也不得不滿足孩子的要求，孩子亂花錢的情形，也就越來越嚴重了。

(3)「市場」辦進學校造成的。

隨著市場經濟的發展，人們的經濟觀念越來越強，學校並不是無感。他們看到地方經濟發展了，人們的生活隨之改善，也走了以商補校之路，在學校辦起了商店、小吃店，賣起了小吃和學生用品。這樣極大地方便了學生，學生下課後，隨時都能買到吃的、玩的，給學生花錢創造了機會。

正是因為以上三個方面的原因，使得孩子亂花錢的想法越來越嚴重，這應該引起全社會的重視。21 世紀是科學高度發展的年代，要求我們培養高素養的人才，而只知道花錢不知道創造的人是無法適應社會需要的。

專家評析

孩子們手上的錢越來越多，浪費金錢的情況也越來越嚴重。現在的孩子對於如何正確看待金錢，如何合理使用金錢似乎還常常犯糊塗，這對於他們今後形成正確的價值觀，樹立節儉的意識，學會有效的理財方式都是不利的。

怎樣才能糾正孩子奢侈浪費的習慣呢？我們建議：

(1) 告訴孩子節儉是一種美德。

讓孩子懂得金錢是父母用辛勤的勞動和汗水換來的，尊重父母就應當愛惜父母為他所買的任何東西，而不是越新越好，越貴越好。讓孩子懂得養成節儉的習慣，將對他的一生都有好處。

美國詹姆斯．杜布森博士在《勇於管教》(*The New Dare to Discipline*) 一書中提出的尋找疼愛和管束之間平衡的五條原則中，有一條就是不要讓孩子沉浸於物欲之中。

(2) 讓孩子感到並非想要什麼隨時就能夠得到。

其實，如果孩子想要什麼，馬上就能得到滿足，這是養成孩子奢侈習慣的最直接原因。因為這麼容易就到手的東西，孩子是不會產生珍惜的心理的。所以得到的越容易，浪費的就越多。

(3) 在必要和適當的時候滿足孩子的要求。

就像吃飯一樣，飢餓的時候，吃起來才香，而飽腹之時，即使山珍海味，也食之無味。因此，只有孩子產生強烈的願望且這一願望是非常合理的時候，父母滿足孩子的要求才是必要和恰當的。

(4) 讓孩子明白世界上有比金錢更重要的東西。

比如親情、友情、時間等，這些都是用金錢買不到的，也是其他東西所不能代替的。

(5) 指導孩子如何合理使用零用錢。

首先，可以指導孩子制訂零用錢使用計畫，規定每天、每月所給零用錢的額度。根據孩子年齡的大小、實際用途和支配能力，定時定量地給予。讀一、二年級的孩子，每次可少給些，時間間隔可短些；隨著年齡增大，一次可給得稍多些，時間間隔也可長些，如每星期或每十天給一次。其次，我們有必要過問孩子把零用錢都花在什麼地方了。比如在每次給錢時，可讓孩子說說上次的零用錢都怎麼花的。如果孩子使用不當，應及時指出，如有必要可以暫停零用錢的發放。有些父母給孩子一本小記帳簿，讓孩子將他們每一筆支出都記下

來，過幾天查一下孩子的小記帳簿，這不失為一種好辦法。

偷竊

據老師們反映，近年來學生偷拿同學財物的現象有所增加。現在孩子多是出手闊綽的「小富翁」，手頭零用錢很多，心裡又沒有個數，丟了也不知道，這就給偷拿財物的學生提供了方便。

既然孩子有錢，為什麼還要拿別人的？這是因為錢雖多，卻趕不上消費欲望的增加，「欲壑難填」。有些孩子的手機幾千元一個，互相請客動輒數百元，這樣比較下去，家長給多少錢也不夠。而且獨生子女如果教育不當，會有一種「萬物皆為我所用」的思想，他們在家中習慣了一切都是屬於自己的，搞不好到學校以後，也會認為「我的就是我的，你的還是我的」，於是拿別人的財物就順理成章了。

偷竊是一種不良行為，在孩子中間並不少見。一般而言，四五歲的孩子不經同意拿別人東西是因為他們還不懂得什麼東西是自己的，什麼東西是別人的，未經別人許可是不可以將他人的物品占為己有的。對於他們，父母們只要適當地向他們灌輸「所有權」的概念就可以了，沒必要大驚小怪。

但是六歲以後的孩子已經能夠透過是非判斷，知道拿別人的東西是不對的，那麼他們不告而取別人的財物或者家裡財物的行為，就可以算得上是真正的偷竊了。當然，孩子的這種行為和那些社會上的小偷還是有著根本性不同的，孩子偶爾為之的偷竊行為大都是為了滿足一時的物欲需要或者心理需要，並不真正表現他的道德水準，所以對於六歲以上的孩子的偷竊行為，父母首先要予以制止，但不要過多從道德方面，對孩子進行批評，更不要採取暴力手段，讓孩子認識他的錯誤的嚴重性。

父母應隨時隨地教育孩子關於整個社會必須遵守的行為規範，懂得作為社會的一分子，都應約束自己的行為，不給他人造成傷害。唯有如此，每個社會成員才可以享受平等、幸福的生活。

在對孩子進行此方面的教育時，同樣要注意方式、方法，不傷害孩子的自尊心，不激發他們的對抗與報復心理，或使其產生對自身的厭惡，從而失去自信心。家長只針對事情，而非人的本身，明智的教育既能使孩子改正自己的不良行為，又能使他們樹立正確的道德觀，保持良好的心態，增加對別人的關切之情。

專家評析

孩子偷拿財物這個行為的發展是有規律的，一般都是「家庭 —— 學校 —— 社會」。先拿父母的錢，再拿同學的錢，最後發展到在社會上偷，膽子越來越大，技巧越來越高，道德感則越來越淡泊，最後成為犯罪分子。當然不是所有的人必定這樣發展，不少孩子都一次、兩次拿過家裡的錢，但是並沒有發展到在學校偷，也沒有形成盜竊習慣。這是因為家庭道德教育的「基礎」較好，或者家長發現及時，教育方法得當，問題就解決了。根據我們的經驗，在學校偶爾拿同學財物的孩子如果教育得好，長大可以改正這個行為，但如果在學校多次如此，長大以後要改掉就很困難。

所以，對於小孩子的偷竊行為，作為父母絕不能忽視。下面是比較恰當的教育方法：

(1) 正面教育

先從分析其偷盜的動機入手，進而講理，說明孩子從內心認知錯誤，進而激發出改正的願望。

有些父母，發現孩子有偷盜行為，不進行有效教育，企圖以物質上的滿足使之改正，殊不知欲壑難填，偷盜豈能終結。專家們認為，重要的是讓孩子明白任何人都不可能得到希望的一切。

(2) 切忌粗暴

不要打罵，更不要讓孩子當眾出醜，或給孩子戴上小偷帽子。否則，不僅於事無補，而且會損害孩子的自尊心。

(3) 防微杜漸

有些父母發現孩子有貪小便宜或小偷小摸行為不以為然，使孩子膽子越來越大。古人說：「細漢偷挽匏，大漢偷牽牛。」這是很有道理的。因此，對孩子這種不良行為，家長不能掉以輕心。

也有極個別學生的偷拿行為屬於心理問題，那就必須進行心理治療，只採

用道德教育方式解決不了問題。

說髒話

一位朋友說：『我那 7 歲的外甥，眉清目秀，長得十分討人喜歡。什麼都好，就是嘴巴不乾淨，總喜歡罵人、說髒話。如果說他什麼都不懂，那還情有可原。可是，他什麼都懂，是非觀念清楚。你若問他：「罵人、說髒話好不好？」他會不加思索地告訴你「不好」！這是怎麼回事？應當怎樣教育才好？』

在生活中許多父母發現，有些髒話、咒罵的話，孩子學起來特別快，不一會兒就琅琅上口了。即使是出言謹慎的父母，只要偶爾冒出一句半句髒話來，孩子們往往會立刻學起來，並且把這些話在小朋友之間迅速地「交流」。父母越是顯得對這種情況驚訝，孩子們就越覺得有趣，弄得父母常常很尷尬，很無奈。

孩子為什麼罵人、說髒話？世上沒有無因的果。孩子的罵人、說髒話是學來的，周圍的成人，包括同齡夥伴的罵人、說髒話，是他們學習的對象；影視中的罵人、說髒話，也是他們的學習對象。他們覺得好玩就學，並不以為是錯才學，所以大多屬於無意識的學習。

孩子開始罵人、說髒話時，如果成人及時地予以教育和阻止，一般還是比較容易奏效的；如果孩子開始罵人、說髒話，成人覺得好玩，聽之任之，甚至加以欣賞，那就不好了，只會助長孩子這種壞習慣。

有人訪問了一大批家庭，調查家庭氣氛對孩子罵人、說髒話的影響，發現這樣三種情況：家庭成員和睦相處，長幼有序，孩子都很講禮貌，沒有罵人、說髒話的行為；家庭成員思想活躍，充滿朝氣，孩子多活潑，亦講禮貌，一般亦無罵人、說髒話行為；只有動不動就吵架鬧事，一片烏煙瘴氣的家庭，孩子或倔強或膽怯，不講禮貌，罵人、說髒話。

一位母親說，有一次她為兒子洗澡，小傢伙特別興奮，用手把水拍得四處飛濺。孩子的調皮讓母親很煩躁，於是順口罵了一句「小混蛋」。哪知道說者無心，聽者有意，孩子彷彿覺得這三個字的音節特別有力，從此無論是高興還是氣憤的時候，他都喜歡把「混蛋」兩個字掛在嘴上，不分場合、不分對象地亂說、甚至還別出心裁、無師自通地在混蛋前加上「老」、「大」、「胖」、「瘦」等字眼，以此形容不同的物體。孩子的「語言天賦」讓這位母親很頭痛。

這一案例給我們提了個醒，平時在孩子們面前說話時一定要「小心」，不要「出口成髒」。父母一定要記住，孩子的語言是否通順，用詞是否準確、文明，都和我們平時的語言模式有關，要讓孩子不說髒話，父母應該給他們創造一個好的語言環境。

專家評析

孩子不文明的言談舉止無非來自三個方面：家庭、學校、社會。

家庭的影響是主要的，因為它對孩子的影響先入為主，影響力度最大（耳濡目染）、深度最廣（潛移默化）、時間最長。

學校是文明的地方，對學生言談舉止的影響應該是正面的，但是家長不要忘了，學校除了正規教育之外，還有非正規的「民間」活動，那就是同學之間的私下接觸。同學家長中什麼涵養的人都有，於是各種不文明的言行也就在私下傳播開來，像上面提及的孩子的表現，也有可能傳染給某些小「哥們兒」。

在社會影響中，媒體的負面作用不可忽視。例如黑幫電影、警匪片為了描寫反面人物，總要有些不適當的言談舉止，這是他們的象徵性特徵，不可或缺，但是如果沒有恰當的引導，孩子就會當成新鮮事物學，而且覺得「夠氣派」。

孩子禮貌語言的形成，不是一朝一夕的事情，要從小開始並經常對其進行培養和教育。進行禮貌語言教育，家長要注意做到以下幾點：

(1) 教育孩子從小掌握並運用禮貌語言

如「謝謝」、「請原諒」、「對不起」等，並逐步使其養成講禮貌的習慣。

(2) 教育孩子尊敬、尊重

尊敬家長、老人和老師，尊重同齡人，學會與人友好相處，彼此關心，互相幫助。

(3) 教會孩子接待

教會孩子用禮貌語言接待來訪的親友，給客人端茶、讓座、道別等。

(4) 給孩子立下規矩

孩子在和同齡人遊戲、玩耍時，不准說髒話、不准罵人，更不能用惡語傷人。

(5) 及時給孩子「消毒」

在家庭或社會上遇到有人說髒話、罵人和不禮貌行為時，家長要及時給孩子「消毒」，使之成為孩子的「警鐘」，教育孩子牢記什麼話不能說，什麼事不能做。

(6) 及時給予批評

如果孩子偶爾說出了髒話，一定不要遷就，應及時給予批評和糾正，讓孩子懂得「人人討厭髒話」的道理。

孩子講髒話，家長應該怎麼辦？

(1) 家長要下功夫「淨化」孩子學說話的語言環境

家長首先應該十分注意自己語言的「清潔度」，絕不能當著孩子的面髒話脫口而出。對那些家長之間「髒話戰爭」天天不斷的家庭，更應該引起家長們的注意，否則，孩子沉浸在「髒話海洋」中，其說髒話便會毫不費力且毫無羞恥感了。

(2) 對孩子的第一次髒話要「淡化處理」

孩子第一次說髒話時，要及時巧妙地轉移其注意力，不使髒話在孩子的腦海裡留下深刻印象。孩子第一次說髒話往往是無意識的模仿，如果家長處理的方法不當，就會有意無意地強化了孩子的這種語言意識。

(3) 了解孩子說髒話的原因

孩子說髒話有時是出於某些原因，例如，孩子是對被罵的反擊。對此，家長要耐心地啟發孩子：相互對罵，對誰都沒有好處，還容易打起架來。另外，家長還可以引導孩子設身處地地為被罵的人想想。只要家長循循善誘地進行教導，孩子說髒話的習慣會很快改掉的。

打人

孩子的攻擊行為是老師和家長最頭痛的。班上有一個這樣的學生，就會雞犬不寧；家裡有這樣一個孩子，賠禮道歉就可能成為家長的例行公事。

幼兒和小學生的攻擊行為，從攻擊目的的角度，可以分為「小霸王型」、「小地雷型」兩種。「小霸王型」的攻擊行為有比較明確的目的，就是要把別人「打服」，自己好稱「老大」—— 這種情況多見於小學高年級。「小地雷型」的攻擊行為似乎沒有明確的計畫和目的，也沒有明確的攻擊目標，只是一種隨機的發洩，孩子像「小地雷」，一踩就炸 —— 這種情況多見於小學低年級。

從攻擊行為發作的頻率和破壞程度的角度，還可以把攻擊行為分成「偶發型」、「經常型」、「總爆發型」三種。「偶發型」攻擊行為不算嚴重的問題，誰都有忍無可忍的時候，孩子偶爾發發脾氣可以理解。「經常型」的攻擊行為就屬於心理疾病了。最可怕的是「總爆發型」的攻擊行為，這種孩子平時很老實，很平和，很能忍耐，有些是很內向的，當他們的忍耐超過了極限而爆發的時候，其攻擊性異常猛烈，破壞性很大。

家長必須認真觀察和研究有攻擊行為的孩子，採取切實的措施改善他們的心理狀態，否則長大以後容易闖禍，後果嚴重。

專家評析

孩子打人、罵人是不禮貌的行為。孩子身上的任何缺點都是從無到有，從小到大發展形成的。因此，對孩子打人的壞習慣，父母有責任儘早予以教育和糾正。

怎樣才能糾正孩子愛打人的壞習慣呢？專家給家長的建議是：

(1) 讓孩子明白，打人是一種野蠻行為

家長要讓孩子意識到，人與人之間應該和睦相處，互相幫助和愛護。經常打人是一種野蠻行為，為人所不齒，是不會交到好朋友的。

(2) 讓孩子換一種方法應付惱人的事情

比如，當孩子在玩自己心愛的玩具的時候，別的孩子可能過去搶他的玩具，孩子急了就會打人。這時候，家長應該教育孩子對搶他玩具的小朋友說：「這是我的玩具，讓我先玩一會兒，等會再換你玩。」或者讓孩子友好地與其他

小朋友交換著玩。

(3) 用講道理代替暴力

告誡孩子不要用暴力解決和小朋友之間的衝突，在碰到爭執時，最好是和小朋友講道理。

(4) 平靜地對待孩子之間的衝突

如果孩子之間發生了衝突，家長一定要保持冷靜，不要立即大聲呵斥孩子，讓他們停止爭吵，更不能因為害怕自己的孩子吃虧而護著孩子。應該讓孩子自己說清楚發生衝突的原因，然後讓他們自己提出解決衝突的方法，或者為孩子們提一些解決衝突的建議。當然，最好的方法就是讓雙方都做出讓步。

(5) 警告或懲罰

如果孩子打人的壞習慣老是改不了，家長就應該警告孩子，如果再打人，就將受到嚴厲的處罰。

自理能力差

小愛是個 5 歲半的女孩，父母都是生意人，知識水準一般，家庭經濟條件很不錯。孩子從小到大一直由一位只有十幾歲的小保姆帶，4 歲左右回鄉下跟外公、外婆住了半年多，由於身體比較弱，老人寵愛有加。

家長認為小愛的咀嚼能力不好，總是給孩子吃流質食物。小愛上了幼兒園中班，每天總帶著沖好的奶粉和其他流質食物，如粥、湯、糊等，不吃幼兒園的任何食物，而且這些流質食物還要老師來喂。經過老師勸說，家長也意識到這樣放任孩子不行，願意和老師一起訓練孩子。調整了一段時間，小愛能吃幼兒園的飯了，但吃得相當慢。儘管如此，小愛對吃飯還是不太情願，要看當天的菜是否合口味，特別是對一些較硬的食物，如瓜果等，只會用門牙咬而不懂得用臼齒，甚至有時根本不肯咬。為此，回家有時還得繼續吃流質食物。

小愛在家很懶，即便是她喜歡喝的牛奶，只要放得離她稍微遠一些，要麼乾脆不喝，要麼叫保姆、媽媽拿。

小愛在學習上不願意動腦，一見到題目，連想都不想，馬上說「不

懂」，讓老師告訴她答案。

小愛喜歡叫比她小的孩子幫她拿東西，如鞋、紙、筆等。如果做手工藝，也叫小朋友幫她做，連用黏土捏一個圈，那麼簡單的事都要叫小朋友幫忙。

專家評析

如果父母把孩子捧成「皇帝」，孩子就會把父母當「奴才」。也就是說，如果父母因為愛而姑息縱容，就很容易使孩子形成各種各樣不健康的心理，比如依賴、撒嬌、缺乏自制力、適應能力差等。

現在的孩子大多是獨生子女，多數父母平常對他們重話都不敢說一句，對他們無微不至的關心到了過度的程度。有的孩子叛逆心理很強，有的孩子長大後沒有獨立的性格、獨立的思想，這樣的孩子將來在社會上生存是十分困難的。

許多小孩在與父母發生衝突後，因區區小事，動不動就離家出走，這已不是新聞。我們認為，這些都是家長教育不當的過錯，探究其原因，都與父母的過度關懷、溺愛有很大的關係。正是因為父母的過度關懷，造成孩子心理的畸形和性格上的許多缺陷：自私、反叛、低能、唯我獨尊等。

一位心理學博士在對目前家庭教育現狀分析時警告人們，必須警惕一種教育的盲點：過度關懷。他認為就是由於有些父母有一種「關懷強迫症」(Co-dependency)，從而對孩子造成溺愛。所謂「關懷強迫症」，即一個人特別需要別人依賴自己，總是愛向別人提供不需要的關懷。並且，這種人還強迫別人接受自己的關懷，從而使別人不能獨立。當別人依賴自己的時候，他就會感到滿足，感到自己有價值。

當然，我們並不認為所有的父母關懷孩子都是由於這種原因。其實許多父母都是出於真正無私的愛心關愛孩子的，只是他們為愛而迷惘。不過也應該指出，從某種角度上講，父母過度關懷孩子，並不像一般認為的那樣，是無私的，完全為了孩子好，有時也是父母出於自己的需要，是為了滿足自己某種感覺，得到滿足感。

那麼出路何在呢？

(1) 讓孩子參加集體活動

父母應該打破家庭封閉的小環境，鼓勵孩子多與別的孩子交往。多參加集

體活動有利於培養孩子良好的性格，增強認同感，防止產生孤僻、不合群的性格和羞怯感。西方國家常見的「孤兒院病」，就是孩子的生活天地太狹小，與社會接觸太少造成的。一旦患上了這種心理疾病，孩子的身心發展就會受到嚴重影響。

(2) 培養孩子的獨立意識

從嬰、幼兒起，父母就應該根據孩子的身心特性，從玩耍、學習走路到吃飯穿衣、使用物品等各個方面，盡量讓孩子動手、動腦，訓練他們的獨立意識和生活自理能力，為將來適應社會打下基礎。如果父母什麼事情都包攬代替、嬌生慣養，這就只會助長孩子的依賴、無能、好逸惡勞等，不良個性的發展。

同時，父母還應該及時糾正自己的不良習慣。有些父母在孩子自己動手做事時，總是提醒道：「別這樣，別那樣，不可以做錯了。」父母以為這般叮囑就能使孩子避免挫折或失敗，可是結果恰恰相反，這樣做不但不能鼓勵孩子，反而給孩子增加了心理壓力。因為孩子聽到可能失敗的暗示性話語，心裡一緊張，就更容易失敗，而且過於擔心挫折和失敗，孩子會產生如果不做事情就不會失敗的心態，這樣反而失去了嘗試做事情的興趣，時間一長，孩子對一切事情都缺乏主動嘗試的勇氣。

膽小懦弱

某雜誌曾記載：有個體格單薄、性格內向的小學五年級男生，因為忍受不了本校一位有「小霸王」之稱，高年級生的欺侮，竟然吞下了大量安眠藥，懷著無以排解的恐懼含恨離開了人世。在自殺的前一天下午放學後，「小霸王」曾在他放學回家的路上攔住他，要他明天務必「孝敬」一條菸，否則就會放他的血。在這之前，他曾遭受過多次類似的敲詐和威脅，還多次被打得鼻子、嘴巴出血。這個可憐的小男孩不敢告訴家長和老師，因為「小霸王」威脅他說：「要是敢告訴老師和家長，以後就別想有好果子吃！」過分的膽小懦弱加上求助無援最終使一個幼小的生命離開了人世。

如此令人寒心的慘例，使人在震驚之餘自然地聯想到造成孩子輕生背後的原因：除了教育體制的停滯及其他方面的因素外，最直接最關鍵的還是這孩子自身的性格所致 —— 膽小懦弱，促使他走向夭折。性格膽小怯懦的孩子，一般具有這樣一些特徵：沉默寡言、不好動、朋友很少、說話聲音很小、做事很猶豫、經常不敢獨自出門。

專家評析

老師談到學生膽小，一般是指孩子遇事退縮，特別是指上課不敢發言、發言聲音小、吞吞吐吐等。家長談到孩子膽小，內容要廣泛得多，比如見生人不敢說話、迷路不敢問路、有人欺負不敢反抗、不敢獨自睡一個房間、遊戲中不敢與人對抗、天黑不敢出門、看見電視恐怖鏡頭，晚上睡不著覺、看見蟲子就驚叫等等。

孩子膽小，有一些是因為遺傳的因素，但主要與後天的家庭環境和教育相關。比如，在孩子小的時候，當他走路不小心摔倒時，應該鼓勵他自己爬起來，繼續往前走，而不必大驚小怪。但現實中許多父母一見到孩子跌倒，立刻衝上去把孩子扶起來，又是揉，又是摸，「心肝」、「寶貝」，不停地安慰著。父母的大驚小怪不但使孩子喪失了體驗疼痛、戰勝疼痛的機會，而且還會使他變得怕這怕那，缺乏衝勁和勇氣，這些都會使他形成膽小的性格。

要矯正孩子性格膽小懦弱，家長應力求做到以下幾點：

(1) 鼓勵孩子走向社會

要改變孩子的膽小懦弱性格，首先必須糾正家長的過分保護或過分嚴格。家長要有意識地為孩子創造外出活動及與他人交往的機會，尤其是由祖父母、外祖父母帶養的孩子，更應從家庭的小圈圈裡走出來。應經常帶孩子到公園或其他公共場所去，讓他們走向社會，接觸外界，認識社會，適應社會。家長還應帶他們走訪親友，去各地旅遊，以開闊他們的視野，豐富他們的知識。家長應鼓勵孩子與小朋友們一起遊戲、交往，參加各種文體活動。

(2) 鼓勵孩子不怕陌生

一些內向膽小的孩子，不喜歡多說話，更不善於爭辯，尤其在陌生人面前、大庭廣眾之下，更是如此。對於這種孩子，家長應多為他們創造條件，為其提供大膽講話的機會。比如孩子不敢在生人面前講話，每當客人來時，家長應讓孩子與客人接觸，並求得客人的配合，讓客人有目的地發問，一回生，二回熟，可逐漸改變孩子的懦弱性格。此外，家長可多為孩子提供獨立思考、表達自己意見的機會。碰到事情，家長應多問孩子：「你看怎麼辦？」如果孩子說得對，家長應大加讚賞，給孩子以鼓勵，使孩子獲得自信和勇氣。

(3) 培養孩子的獨立性

培養孩子堅強的毅力和良好的生活習慣，鼓勵孩子去做力所能及的事情，讓他們學會自己照顧自己。當孩子遇到困難時，不要一味包攬，而要讓他們自己想法解決。當然，開始時父母要給予必要的指導，使孩子慢慢學會自己處理各種事，而不能一下子就不管不問，使孩子手足無措，以至於更加膽小。

(4) 不要罵孩子膽小

孩子第一次接觸某事的印象作用甚大，家長要十分留意。比如孩子第一次見到某位老師時，正趕上這位老師心情不好，臉色不好看，孩子就可能從此害怕這位老師。家長這時一定要及時做工作，告訴孩子：「老師不是不喜歡你，她可能是自己家裡有煩心的事情。你以後見面主動和老師打招呼，看看她會不會對你笑。」比如孩子第一次學游泳喝了一口水，死活不學了，那就不要非讓他去，停個一年半載，孩子的害怕情緒淡化了，再找個機會、換個地方、換個方式勸他試一試，或許就成功了。很多孩子的「膽小」都是被罵出來的，可以說是「弄假成真」。

(5) 不要嚇孩子

嚇唬會使孩子長期處於某種害怕的心理狀態之下，容易形成膽怯、畏縮不前的性格，甚至導致嚴重的心理問題。

孩子年幼無知，受到恐嚇就會產生害怕心理。在許多情況下，這完全是父母造成的。當孩子不聽話或不順從父母時，許多父母為圖省事，或者由於無知，喜歡用恐嚇的方法使孩子就範。這種情形在目前的家庭中是屢見不鮮的。

孩子是最相信父母所說的話的，他們受到恐嚇後，只知道害怕，而不知道為什麼可怕。這種害怕心理對孩子的身心發育極為不利，而且使他們對外界產生錯誤認識，認為一切都是可怕的。用來恐嚇孩子的東西可能是魔鬼、大野狼、老虎等。事實上任何醜陋、凶惡的東西都可能被那些草率的父母用來恐嚇無知的孩子。事實證明，恐嚇孩子是有百害而無一利。

電視兒童

小剛放學後，一放下書包就把電視打開「追劇」。一到國定假日，更是「開啟追劇模式」，且常看到很晚，以致早上上學起不來。睡眠不足上課沒精神，成績總是處於下游，媽媽對此很著急，又不能強制不讓他看，思來想去不知怎麼辦才好？

隨著社會的發展，電視作為一種獨特的大眾傳播媒體，越來越直接地影響著人們的日常生活、工作和學習，改變著人們的思考方式和衣、食、住、行。

電視的魅力實在太大了，孩子放學一進家門就坐在電視機前，一看就是幾個小時，作業也不認真完成，就連吃飯都手捧著碗邊吃邊看……，這樣長期下去，孩子的身體健康和學習都會受影響，這可怎麼辦呢？是的，懷有這種感嘆與無奈的學生家長不在少數。

專家評析

看電視其實與學習並不矛盾，重點是給子女講清楚如何掌握時間比例。孩子看電視，時間過長，會影響孩子的視力、睡眠和學習。有的孩子晚上看電視節目，很晚才入睡，第二天起得也晚，急急忙忙吃些早點去上學，在課堂上不能注意聽講，心裡總是想著看過的電視節目，這種現象必然會導致學習成績的下降。二是有些家長放縱孩子，孩子想看什麼電視節目就看什麼，一些不健康的、消極的電視內容，必然會給孩子幼小的心靈帶來傷害。

當孩子過度沉迷於電視時，作為家長該怎麼辦呢？

首先，設法把孩子看電視的時間，控制在每週十個小時之內，這是有關學者研究得出的結論。

其次，給孩子訂幾項看電視的「規定」：電視不要放在孩子的房間裡，以防孩子隨意收看；吃飯時不要看電視，那樣會影響孩子用餐。對於電視節目的選擇，家長要當好參謀，讓孩子多看些益於身心健康的兒童節目，知識性節目及其他優秀的文藝節目。

第三，引導孩子把看電視和討論問題結合起來。電視可以激發孩子的某些興趣，家長可以借機進行啟發引導。比如，孩子看了「國家地理頻道」，對天鵝餘興未盡，你不妨帶孩子到動物園走走。

第四，晚上 9 點鐘之後，不應該讓孩子再看電視。有些母親自己想看電視，因而對小孩也管得不嚴，讓小孩也跟著看到深夜。然而根據孩子的生理特性，一定要讓孩子有足夠的睡眠。對於已入學的孩子來說，晚上保證足夠的睡眠更加重要，否則，白天又怎麼會有精力來學習呢？

總之，任何事物都是一分為二的。怎樣興利除弊，有效合理地利用電視節目對孩子實施教育，同時努力避免電視帶給孩子的不利一面，已成為所有家長面臨的一個重大難題。

網路族

9 歲的小文，剛讀小學二年級，鼻梁上卻戴了一副高度近視眼鏡。小文的媽媽張女士，無奈地告訴記者：前不久孩子受同學的影響，迷上了網路遊戲，視力就直線下降，而且經常說眼睛痛，只好配了一副 500 多度的近視眼鏡。但是近視並沒有阻止孩子沉迷遊戲，相反的，隨著網路遊戲的日益興盛，孩子玩遊戲的興趣更大了，廢寢忘食地待在網咖裡，經常忘記回家。

不久前，記者走進一家網咖進行調查。雖然不是六日，可以看出這裡的生意仍然不錯。21 個上網者中，有 18 個在玩遊戲，置身其間，各類砍殺聲、機器運行聲不絕於耳。樓上一間黯淡的房間裡，坐著幾個十來歲的小孩，正全神貫注地盯著螢幕。原來他們正在玩最近流行的遊戲《傳奇 Online》。談起遊戲，他們都很有興致，能隨口說出目前中國最流行的網路遊戲。《奇蹟》、《魔力寶貝》、《傳奇 Online》我們都喜歡玩，有個孩子解釋說。當問起不是週末怎麼沒有上學時，幾個孩子卻啞口無言了。記者注意到，正對著的狹窄樓梯口，有一行字特別醒目：未成年人禁止入內！此後走訪的幾家網咖，情況大致相似。記者調查了解到，本市現有 20 多所中小學校，而近 75%以上的網咖都坐落在這些學校附近。

網路遊戲是當前最熱門的詞彙。雖然遊戲產業發展至今只有短短 30 年，但它卻以其驚人的發展速度，占占領 IT 的市占率，並擁有了大量的受眾人群，網路遊戲市場也成了最「傳奇」的 IT 市場。但不容置疑的是，網路遊戲產業的崛起，雖然繁榮了市場，卻也不可避免地帶來了負面效應。尤其對於青少年，由於大多數網路遊戲都充斥著血腥和暴力，這直接影響著孩子的身心健康。它往往以其高度逼真的畫面、流暢的動畫、超酷的武器，滿足人們的想像，特別是對一切充滿好奇的孩子，其具有一種特殊的吸引力和殺傷力。

網路遊戲帶來的負面影響是非常明顯的：首先，網路遊戲市場由於競爭激烈，存在無序、混亂的現象。許多遊戲隱含刺激、暴力、色情等不健康因素。而遊戲的趣味性和新鮮感很容易讓孩子上癮，沉迷其中，嚴重影響身心健康。其次，很多網路遊戲是從國外引進，其內容崇尚的精神，無論好壞都對青少年有潛移默化的影響。第三，網路遊戲的點卡、練等等設計，不但讓青少年花費大量金錢，還會讓他們用掉自己的課餘時間，甚至學習時間，在虛擬的世界裡忘記了真正的自己。

因此，沉迷於網路遊戲中的問題孩子，就成為擺在我們面前的一個艱巨的任務。

專家評析

網路這把火，正在以燎原之勢燃燒起來，對每一個家庭來講，均沒有了迴避的退路。作為家長，該怎樣來搭建「防火牆」，讓孩子安全自由地翱翔在無邊無際的網路海洋裡，汲取營養呢？可以採取以下措施：

(1) 制定一份「家庭使用電腦規則」

規定每天上網的時限，平時最好每天不超過半小時，節慶假日每天不超過 2 小時。孩子上網不能無節制，一旦產生網路心理障礙，就很難「回頭」。

(2) 事前給孩子打預防針

在孩子剛上網時就要預先告訴孩子，網路並不是盡善盡美的芳草地，要警惕網路上的陷阱。

(3) 安裝保護軟體，以便「過濾」黃色、暴力內容

目前在很多社區，網路中心管理員都會事先設置好「防火牆」等保護措施，使孩子們上網時遠離色情，家長也可以透過安裝防毒軟體、守門員監控軟體等方式，在自家的電腦上設置防護措施。

(4) 電腦擺放在不太隱蔽的地方

電腦最好放在客廳裡，置於家人的監控下，孩子就不好意思亂來。

同時，政府各級部門也必須重視網路帶來的問題，必須在發展中規範網咖以及網路遊戲，特別是政府部門應引導這個市場的發展方向，制定相應的政

策、法規，還要透過市場手段，引導其向健康方向發展。對於可能引起負面效應的方面要進行規範和有效管理，應嚴肅整治和規範不健康的網咖和遊戲。

另一方面，網路時代對學校德育工作也帶來嚴峻的挑戰，由網路而引起的諸多問題是擺在教育工作者面前的新課題。但是網路本身不是洪水猛獸，關鍵是我們如何引導、教會孩子，以健康的心態，理智地面對網路，學會用網路開發自己的智慧，促進自己的學習。

網咖中的青少年們敲擊鍵盤手指飛速，令成年人自愧不如，而其中的大多數中小學生只是掌握了熟練的上網技巧而已，他們並未掌握上網的道德規範，所以他們經常通宵達旦沉迷遊戲、瀏覽色情暴力網站。為了上網，他們學會了撒謊、蹺課，這就需要我們的家長、學校聯手來教育我們的孩子，如何正確使用網路，使網路真正成為孩子的良師益友，而不令其為玩物喪志的「罪魁禍首」！

賭博

王某在上小學的時候，每天放學回家走在路上，經常看到一群又一群的人在玩牌。一圈完了之後，就見輸了的人掏出一、兩元錢來，交給贏了的人。一次看得入迷，心想這多好玩啊！這比什麼事情都容易學，於是便產生了試玩看看的想法。

有一天，王某便找來幾個同學，他們在一起，先玩一、兩角錢的輸贏。一天，他輸了五角錢，心裡很不高興，就和當時在一起玩的幾個同學吵了起來。學校老師知道後，將情況如實地告訴了其母親。王某的母親聽了卻不以為然，說：「小孩子玩玩錢，這算什麼事啊？」兒子看到媽媽這樣袒護自己，便放開了膽子。

王某16歲時，開始掌管了家中的錢財，手中有了錢，就迷上了賭場。沒有多久，他就把家中的積蓄全都投進了賭場，但他並不因此而罷休，他在賭場上連續失利的心情，驅使他孤注一擲，一天到晚只想著如何在賭場上將輸掉的錢贏回來。家中的錢讓他輸光了，沒有錢，就四處去借，由賭錢到賭命，就這樣越陷越深，負債越來越多，向他逼債討債的人接踵而來，終於因無法償還，而服毒了結了自己的一生。面對兒子的屍體，做母親的悲憤交加，後悔不已，可惜為時已晚，人死不能復生。

中小學生賭博的形式也五花八門。麻將、撲克牌是中小學生賭博的常見形式，但孩子們更熱衷於賭博電子遊戲機。幾年前，曾有個令人震驚的報導：面容憔悴的母親焦急萬分地來到報社求助，她的兒子因沉迷於賭博機，已離家出走 38 天。一個中學生在電子遊樂場裡泡了 23 個小時，將 500 多元現金全投進了賭博機裡。

專家評析

孩子們常常誤以為賭博就是「好玩」，可以調節緊張的學習生活。殊不知，賭博是社會的一個「毒瘤」，它像糖衣炮彈一樣，腐蝕著孩子們的靈魂，侵害他們的健康。

正在求知階段的孩子參與賭博，會分散孩子的精力，影響他們的學習。賭博很容易上癮，孩子們在賭博的時候，大好的青春時光不知不覺地流逝了，該完成的學習任務必然會受到影響，大打折扣。長時間參與賭博，還會擾亂休息時間，以致睡眠時間不足，飲食起居的正常規律也被破壞，時間久了，會影響身體健康，出現食欲不振、消化不良、噁心、嘔吐等反應，甚至引發嚴重的失眠、精神衰弱、記憶力下降等症狀。

賭博活動的結果與金錢、財物的得失密切相關，孩子們在參與時往往全力以赴，精神高度緊張，精力消耗極大。贏錢時情緒激動，興奮異常；輸錢時又心煩意亂，脾氣暴躁。孩子們都知道賭博是不好的行為，要受到家長和老師的指責，參與賭博活動經常提心吊膽，害怕被大人發現，背著沉重的精神負擔，久而久之，還會引發神經系統和心腦血管系統的疾病，甚至危及生命。

家長可以幫助孩子採取如下措施：

(1) 拒絕賭博，從家庭做起

據調查，很多孩子染上賭博，最初的形成都是在家庭成員的影響下。要教育孩子不賭博，首先家長不賭博。同時，要讓孩子懂得賭博的不良性。

(2) 幫助孩子樹立正確的金錢觀

要讓孩子知道，金錢雖然是生活中很重要的東西，但絕不是生活的目的。靠自己的誠實勞動獲取的報酬最為珍貴。

(3) 關心孩子的學業壓力和交往挫折

在學習上碰到困難或者人際交往上遇到挫折時。孩子容易喪失信心，養成惡習。家長要關心孩子的學習和生活，幫助孩子走出困境。

(4) 對別人的意外之財不眼紅

教育孩子對別人的意外之財不眼紅、不嫉妒、不羨慕、不仿效，要把精力投入到學習中去。

(5) 培養孩子的課餘興趣

培養孩子一、兩種課餘興趣，讓孩子的課餘生活豐富多彩，充滿樂趣，從而抵制賭博的誘惑。

不孝

幾個孩子在一起商量到公園去玩，A 說：「咱們大家都去，誰也不許不去。」B 說：「不行！」大家問他：「為什麼？」B 說：「我們家老 K 不讓去。」C 說：「我們那老頭兒聽我的。」D 說：「我們家那掌勺的也沒問題。」……。街頭對話使我想到一個問題，不少家庭，父母子女的關係是倒過來的，本來應該是孩子孝順父母，可不少家裡反倒是父母「孝敬」孩子。家長對孩子伺候得別提多周到了，可孩子動不動還跟家長拍桌子瞪眼。

有一天我到農貿市場買菜，聽到一個賣水果的老人說：「如今還有孝順的孩子嗎？沒有！不信你找看看！」

老人說得太絕對了，情況還沒嚴重到如此程度。但是我覺得下面的說法可能比較接近真實情況：孝順家長的孩子，越來越少；「孝順」孩子的家長，日漸增多。

某青少年研究所曾對 1,600 多名從小學五年級到高中三年級的學生做過一次問卷調查，在 1,514 份有效回收問卷中，有 45.8%的學生承認自己與父母或家長吵過架或打過架，15.8%的學生在過去一年中與父母發生了兩次到 5 次摩擦，11.8%的學生與父母吵架達 5 次以上。此外，在晚上 12 點以後，有流連於街上及離家出走等行為的學生比例，也分別高達 20.3%和 5.4%。

一名長期從事中小學德育工作的資深老師表示，媒體上不時有打罵親人、弒父弒母之類事件呈現，反射出忽視孝順教育帶來的惡果。他說，一旦孩子們走進社會後連孝心都不具備，何談對大眾、對公司、對周圍社會成員的尊重和合作呢？因此，讓學生從小接受孝順教育非常重要。此外，父母的言傳身教，對於孩子來說是最好的孝順教材，孩子受父母的影響很大，只有孝順自己父母的人，才可能得到子女的尊重和孝順。

專家評析

孝順父母是中國的傳統美德，是社會主義精神文明的重要內容，是一代新人的基本素養。進行孝順父母的教育不但有利於家庭，而且有利於國家的進步、社會的穩定。試想，一個連生他養他的父母都不愛的人，怎麼能愛國家、愛大眾呢？再過一些年，中國就要進入老年社會，一大批老人無人贍養，社會將成什麼樣子。孝順父母的教育亟待加強，必須加強。

現在不少孩子心中只有自己，沒有他人；只知道接受愛，不知道愛別人。要解決這個問題應該選一個破口，我認為抓「孝順父母」的教育就是一個很好的破口，它可以有效地把家庭中的「溺愛」，變成「逆愛」，即不但家長要愛孩子，孩子也要愛家長，讓孩子從小就懂得知恩必報，增強孩子對父母、對家庭的義務感和責任感，從而培養起對國家、對大眾的責任感和義務感。

那麼，怎樣培養孩子孝順父母呢？我認為除了導正觀念外，主要是日常生活中的訓練，逐步形成習慣。

(1) 要在家裡建立一種自由平等、長幼有別的關係。

要使家庭成員和睦相處，就必須建立一種合理的家庭關係。在家裡搞封建的家長制、「一言堂」是不對的，應當讓每個人都有自由平等的權利。家長要尊重孩子的人格，尤其在處理孩子的事情時，要盡可能尊重孩子的意見。但是，一個家庭又不能如一盤散沙、各自為政，總要有人做「家長」。一般地說，父母親有著成熟經驗，又是家庭生活的供養者，自然是家庭的核心和主事人，孩子應該服從。而現在，比較普遍的現象是許多獨生子女受寵，成為「小太陽」，家長則成了受他照耀的「月亮」，久而久之，孩子就形成了一種「小霸王」性格，不把父母放在眼裡，處處想顯示自己、支配別人，根本不願為別人服務。這種狀況必須改變，樹立家長自己的權威，才有可能使孩子孝順長輩。

(2) 要讓孩子知道父母為他付出的辛勞。

現在，不少孩子不知道父母親每天在忙些什麼，不知道自己吃的、穿的、用的東西是哪裡來的，反而覺得自己吃好、穿好、用好是天經地義的。孩子有了這種觀念，自然就很難從心底孝順父母親。因此，家長要有意識地讓孩子了解自己的工作和家庭經濟情況。家長說的越詳細，越容易使孩子相信和敬重家長。

(3) 父母本人要做孝順長輩的模範。

孩子對待父母的態度，往往是從父母對待爺爺奶奶的態度中，繼承下來的。我國古代有這樣一個故事：有一對中年夫妻對年邁的父親很不孝順，他們把老人趕到一間破舊的小屋裡住，每頓飯用小木碗端來一些很不好吃的東西，還經常責難老人。有一天下午，這對夫妻看見愛子在雕刻木頭，就湊過去問孩子刻什麼，孩子說刻的是木碗，準備等到你們兩人年老時用的。這對夫妻猛然醒悟，把老人請回正屋住宿，每天吃的都很滿意。孩子對他們夫妻二人的態度也改變了。據了解，現在中年夫妻冷落、怠慢老人的情況是滿嚴重的，有的夫妻不僅不關照老人，還要「肖想」老人的財產，這給孩子的影響就更不好了。為此，年輕的夫婦不僅要帶好孩子，而且還要照顧好老人，絕不能「添了小子，忘了老子。」如果平時和老人相聚的機會不多，星期天、國定假日家長一定要帶上一些禮品和孩子一道去看望老人，到老人住處後要主動問候，自己動手做飯燒菜，盡可能地替老人做家務，讓孩子親眼看看爸爸媽媽是怎樣孝順父母的。

不久前，某中學的一場德育課，收到意想不到的效果：在德育課上播放剖腹產影片，幾乎所有看到影片的學生，都在課堂上痛哭失聲 —— 長期被忽視的現實被重新審視後，學生才第一次親身感受到母愛的偉大。

在現場，我們看到一些學生流著眼淚後悔地反省：『以前我和媽媽吵架，她說生我時候痛得就想死，我還不信，以為她在騙我。沒想到生孩子真的這麼不容易，我不該那樣對我媽，以後回家我要天天幫她做家務事，不讓她那麼累。」、「我也是剖腹產生下來的，可長這麼大，我從來沒孝順過我媽，太不應該了，以後我再也不能在家當「少爺」了 』，學生們發自內心的悔悟，引起了學校不少同齡人的共鳴。一些學生回家後，特別為媽媽買了鮮花，有些學生還主動請纓每天幫媽媽洗碗。

無禮

中國是世界上四大文明古國之一，曾被稱為「禮儀之邦」。早在 2,500 年前，中國偉大的哲學家、教育家孔子就非常重視「禮」的教育。他說：「不學禮，無以立。」意思就是說，不懂「禮」，不學「禮」，一個人就不能在社會上立足。道理其實很簡單，因為「禮」是社會關係的基本準則、規範和儀節，如果你不遵守它，你就必然會遭到社會的譴責、懲罰和拋棄。

令人痛心的是，近代以來，中國的文明逐漸衰落了，而與此同時，被我們稱為蠻夷之邦的西方國家的文明卻日益興盛、發展起來。他們從原來是中國的學生而搖身一變成為中國的老師了。我在 2001 年 1 月曾帶 15 名學生到紐西蘭、澳洲參訪。給我印象最深的是，那裡環境的優美、整潔，人與人之間互相尊重、友好。例如，他們總是把「謝謝」、「對不起」等禮貌用語掛在嘴邊，尤其是說「謝謝」。我推估，一般人每天要說幾十次。

我們去的學生中，有國中生、有小學生，有男生、有女生，每個人都有很可愛的一面，時常受到外國朋友的讚揚。但其中一些同學的行為，也使我感到難過和羞愧：曾因一些同學在深夜仍在旅館裡吵鬧，而遭到外國房客的譴責；也曾因在吃到飽餐廳吃飯時吵鬧，並不斷地來回跑動去拿取食物，而使外國人避開我們，到遠處的餐桌就座；還有吃飯時、上車時的爭先恐後，不禮讓老師、不禮讓別人等等。

前不久，我在報紙上看到一則，關於一個中國學生出國旅行團，因學生在飯店吵鬧、亂按警報鈴，而被趕出去的新聞。對此新聞，我在感到痛心的同時，也並不感到奇怪，因為我有親身體會。用學生因為出國太興奮，來作藉口是不能成立的。在中國，在校內，一些學生的禮貌程度又如何呢？不講文明、不講禮貌的行為隨處可見。

中國的學校正在努力形成「三大辦學特色」，即「嚴格管理特色」、「國際化教育特色」、「傳統文化特色」。這些特色其實都是要以文明禮貌教育作為重要內容的。

嚴格管理就是要教育、培養我們守公德、守秩序、守紀律，眼中、心

裡有他人，有大眾。國際化教育，培養國際人，不僅僅是學一、兩門外語，還要學習、熟悉世界各國文化，其中最基本的是社會風俗習慣，人們相互交往、溝通的規則、禮節。

中國傳統文化博大精深，中國古代作為禮儀之邦，重視講究「禮」的教育，就是傳統文化中，值得中國民眾繼承和發揚的優秀文化遺產。比如：尊敬師長、孝順父母、尊老愛幼、對人彬彬有禮等。

讓我們每一個人都講文明、講禮貌，從自己做起，從具體的事做起，做一個文明有禮的人。

專家評析

中國素以文明古國和禮儀之邦稱譽於世界。講究文明不僅是一個國家社會風氣的反映，也是每一個人文化素養、道德修養上的重要表現。

從孩子本身來說，養成了文明禮貌的習慣，就會從小和別人友好相處，積極追求美好的東西，成為成才的「激素」。

從家庭來說，文明的孩子給家庭帶來生氣，使家長減少了不必要的麻煩。從全社會的角度看，孩子從小養成文明禮貌的習慣，就能較早地了解到自己做為公民的責任，從而自覺地遵守社會規範的要求。

在一個有教養的人身上，必須有良好的文明禮儀。在一個缺乏教養的人身上，勇敢就會成為粗暴，學識就會成為迂腐，機智就會成為狡猾，樸實就會成為粗魯，寬厚就會成為諂媚。我們經常可以看到或聽到，有些孩子，客人來了不知道問好，甚至不願讓大人接待客人；有的孩子滿嘴髒話，口出狂言，甚至打架罵人。孩子們身上的這些問題，主要責任不在他們自己，而在於家長沒有及時地進行培養和教導，放鬆了對孩子的要求，甚至聽之任之、不加約束，以為「船到橋頭自然直」。家長應當克服糊塗觀念，自覺地培養孩子文明禮貌的習慣。

培養孩子良好的禮儀習慣並不難，如能按下面的要求去做，就會達到良好的效果：

(1) 首先要使孩子學會做人

要幫孩子樹立平等待人、尊重他人的思想。對別人的尊重，是一切良好禮儀習慣的前提。做什麼事都要「想到別人」。「想到別人」有一個很重要的現

實內容就是尊老愛幼、尊敬師長。而尊老愛幼、尊敬師長是中華民族的傳統美德，應該繼承發揚。

但在生活中，在尊敬長輩方面，很多孩子往往比較放縱、任性，這方面的例子俯拾皆是。更有甚者，有的孩子在日常生活、學習中一旦滿足不了自己的意願，小至吵嘴鬧彆扭，大至離家出走，發展成為社會問題。家長應該防微杜漸，以免釀成嚴重的後果。

(2) 注重培養孩子懂禮貌的美德

講禮貌，是在人際交往中互相尊重、謙虛恭敬的表現，是孩子應該養成好習慣的第一件大事。

其實，父母也可以在日常生活中注意培養孩子文明用語，教他尊老愛幼，尊敬師長，凡事要想到他人，與人交往要體現出語言美、行為美、心靈美，讓孩子懂得禮貌待人是做人的基本原則。

(3) 要對孩子進行行為訓練

孩子是否做到文明禮貌，重要的是表現在行為上，家長應當關心和指導孩子的行為，使其養成良好的習慣。比如，教育孩子到別人家去時先敲門，得到允許後再進門，不能胡亂闖進別人家裡；教育孩子在家裡接待客人時，學會讓坐、倒茶、送客，並且不影響大人之間的交談。

父母要給孩子講解待客的「規矩」，使孩子懂得一定的行為規範。如親友來訪時，聽到敲門聲要說「請進」；見了親友按稱謂主動親切問好；拿出茶點，熱情招待，不應顯出不高興的樣子或獨自去吃；當大人談話時，小孩子不應隨便插話；小客人來，應主動拿出玩具與小客人玩；共同進餐的人未完全入席前，不得動餐具自己先吃；客人離開時要說「再見」，並歡迎客人再來。

可以讓孩子參與一些力所能及的待客活動，透過直接參與，使孩子待客的動作和技巧得到練習並逐步養成行為習慣。

到公共場所去時，要教育孩子愛護環境衛生，不隨地丟垃圾，不隨地吐痰；遇到上車、購物時不要擁擠，應當自覺排隊等候，依次序而進。

要教育孩子特別尊敬老年人，關心行動不便人士，主動幫他們做事，給他們溫暖。

嫉妒

蓓蓓現在上幼稚園中班，她是一個漂亮活潑，聰明伶俐的女孩，深受老師的喜愛。老師見她聰明，做什麼事都愛請她幫忙，她也能做得很好，因此老師常表揚她。可最近媽媽發現蓓蓓有時回家嘴把嘟得高高的，很不高興。在媽媽的追問下才知道，原來是因為前幾天幼兒園老師表揚別的孩子，沒有表揚到她，所以她才生悶氣。媽媽還發現每次去表弟家，如果媽媽抱抱表弟或親親表弟，蓓蓓就又哭又喊，「不要！不要！」並且對表弟表現出很強的敵意，甚至要打表弟，她這種失控的行為，使媽媽很難堪。媽媽漸漸意識到蓓蓓的嫉妒心太強了，應該及時給她排解。

嫉妒是在別人比自己優越時，所產生的一種憎恨情緒。它是一種心理活動，這種心理活動是從人的早期情緒分化而來的。在新生兒時期，嬰兒得到了生理上的滿足，吃飽穿暖了就會表現出愉快的情緒。反之，生理上得不到滿足，如飢餓、疲倦等都會引起哭鬧。3 ～ 4 個月時情緒分化成快樂與苦惱，5 ～ 6 個月時，苦惱的情緒又分化為懼怕、厭惡、發怒。1 歲半以後，從苦惱的情緒中進一步分化為嫉妒和一般的苦惱。

嫉妒在不同年齡的孩子身上，有不同的表現形式和內容，幼兒的嫉妒，往往表現得比較直接，如看到別的孩子親近自己的媽媽，他會立即跑過去，把那個孩子推開，惡狠狠地說：「這是我的媽媽！」，這就是戀母的嫉妒。又如當別的孩子擁有比自己更多更好的玩具時，嫉妒心強的孩子就會去搶別人的玩具。

蓓蓓所表現出來的，就是一種很強的嫉妒心理，她總想自己比別人優越，使自己永遠處於中心地位。在她的心目中，只允許老師表揚她，媽媽關愛她，一旦老師表揚別的孩子，媽媽關愛表弟，她就受不了，就以攻擊的形式表示其嫉妒心。

有的孩子感到自己不如別人就哭泣流淚，大發脾氣；還有的孩子則會以冷言冷語、背後說壞話、吹毛求疵，來表示其嫉妒心。

專家評析

嫉妒是一種十分自然的反應。兒童的思考方式是以自我為中心的，情緒反應強烈，自控能力差，還不會理性思考，因此他們會根據外界事物對他們的利弊，做出直接的情緒反應，他們希望獨占占父母和老師的寵愛，希望是總是處於受表揚的優越者的地位，他們不能分析這種希望能否客觀合理，也不會進行自我調節。所以，對兒童來說，嫉妒是一種十分自然的情感。

儘管嫉妒是孩子的一種可以理解的正常情緒反應，但是如果嫉妒情緒過多過強，時間一久，它就可能成為孩子人格的一部分，從而使得寶寶在成長過程中，常會因嫉妒別人的成功而導致自己的苦悶，甚至演變成對別人的仇恨。從另一方面來講，孩子嫉妒心過強，不僅會影響他的愉快成長，還會影響他的身心健康。因此，如果家長發現孩子的嫉妒情緒過多過強，不應聽之任之、放任不管，而應對孩子進行正確的引導。

值得注意的是，嫉妒心強的孩子往往自尊心和虛榮心也強。由此而發，嫉妒情緒既有許多負面因素，但也有一些正向因素。

負面因素是指，嫉妒心使人心胸狹窄，容不得別人超過自己，自私而缺乏關心他人；嫉妒會製造矛盾，影響團結；嫉妒會孤立自己，不利於健康成長；嚴重的嫉妒會變成一種仇恨，而採取報復行動。

正向因素是指，家長可以利用孩子的自尊心和虛榮心，激勵他的競爭意識，使他能積極努力，勇敢競爭。因此，嫉妒利用得好，也可以成為一種積極向上的原始動力。

很多孩子好勝心強，總希望自己處處贏過別人，這是無可非議的。但是嫉妒心強的孩子往往自尊心、虛榮心都很強，家長可以適當利用孩子的虛榮心、自尊心激勵他的競爭意識，使孩子積極努力，這樣才能超過別人。家長應該告訴孩子，你希望得到老師的表揚，別的孩子也希望得到表揚，在大家都努力獲勝的情況下，結果可能是這次你勝利了，下次又變成他勝利了。因此，只要孩子積極表現，那麼不管結局如何，都是屬於讓人喜愛的孩子。而且這樣的孩子既希望自己獲勝，也能在心理上容納別人的成功。

那麼，如何幫助孩子克服不足呢？

嫉妒心強的孩子，往往是由於自身存在某種方面的不足而導致產生嫉妒情緒，家長要幫助孩子找出自身的不足，幫助他努力克服。如有的孩子看到別的小朋友畫畫，畫得比自己好而產生嫉妒心，家長可幫助他提高繪畫的能力。這

樣孩子在比較自己和其他孩子的繪畫水準時，能夠有足夠的自信，而不會因為自己沒有信心導致嫉妒他人。只要孩子各方面能力都得到相應的發展，嫉妒心就會相對減弱。

(1) 培養孩子的自信心

家長要從小培養孩子的自信心，用鼓勵、表揚的方式對待孩子，當然，這種鼓勵和表揚是適當的，不誇大其詞的，這樣，孩子就會形成自信的心理。自信的孩子往往比較樂觀，他在對待別人的成功時，心態平和，而且相信自己也會成功。所以，自信心是排解孩子嫉妒的一劑良藥。

(2) 引導孩子正確競爭

孩子產生嫉妒心理後，家長不妨把它引導到樹立孩子正確的競爭意識上面。為此，家長可以告訴孩子，別人領先獲勝後，自己要做的事情不是生氣，而是應該激起自己的鬥志，勇於和對方展開競賽。這次你獲勝了，下次我要透過努力超過你，和你比一比。同時家長還要告訴孩子，別的孩子獲得成功了，肯定有許多優點值得你去向他學習，你要把對方的長處學到手，這樣你也能不斷進步，取得成功。

(3) 為孩子樹立良好榜樣

在日常生活中，家長的一言一行都會影響到孩子。家長首先要自己養成開朗、豁達的個性，不為一些瑣事而斤斤計較，如果家長在孩子的面前，總是說一些嫉妒的怨言，孩子會以為爸爸媽媽也經常這樣，那麼嫉妒是一種正常的行為。相反如果家長為孩子樹立良好的榜樣，久而久之，孩子就會在潛移默化中，形成豁達的個性，就能減少嫉妒情緒。

第三章
父母應注意的教育問題

讓孩子學會社交

未來社會需要我們的下一代人具有社交和活動的能力，然而今天的獨生子女恰恰缺乏與人互動、合作的機會，他們身上或多或少有著不合群、自私等影響社會化進程的表現。為了保證我們的下一代具有良好的素養，我們應重視幼兒社交能力的培養，在這方面我們做了以下幾個方面的工作：

(1) 透過自帶玩具學習社交方法

在家庭中，孩子一般只限於與家人互動。進幼兒園後，社交範圍明顯擴大，他們要學會與同學互動、分享、合作。為了讓幼兒感受團體生活中與同學互動的樂趣，我們規定每週兩天讓幼兒自帶心愛的玩具上幼兒園，並在團體面前把玩具的性能和玩法介紹給同學。活動中，我們讓幼兒討論「怎樣和同學一起玩」、「別人想玩你的玩具時，該怎麼辦」、「你拿到同學的玩具時，該怎麼說」、「你想玩別人的玩具時，該怎麼說」等話題，讓幼兒說自己的想法，從而明白與人相處的方法，如要愛護玩具，不強奪、搗亂等。在活動中，我們仔細觀察幼兒的表現，啟發他加強同學間的互動，及時鼓勵幼兒積極的社交行為。活動結束後，我們讓幼兒講講「你最喜歡誰的玩具」、「你和小朋友是怎樣玩的」、「你把自己玩具讓給誰玩了」等，讓幼兒交流各種社交方法，體驗社交的樂趣。

(2) 透過節日活動增加社交機會

愉快的社交經驗可以提高幼兒的自信心，而自信心的增強又會引發更強的社交主動性，兩者相互促進，形成良性循環。節日活動就是為幼兒創造愉快的社交機會，提高社交能力的有益活動。如在「慶祝三八婦女節」、「與媽媽同樂」的活動中，為了提高孩子的社交能力，我們讓大班和小班或中班和小班小朋友一起開同樂會，從排練節目到布布置會場，我們都讓兩班的幼兒一起參與，如共同製作小吊飾和小禮物、合作完成海報、

共同排練《我的好媽媽》、《誇媽媽》等歌曲表演。我們還特別地設計了各種需要兩個班幼兒合作的內容，如讓小班幼兒找一位哥哥一起唱首歌給媽媽聽，找一位姐姐一起把禮物送給媽媽等；大班幼兒的活動則以幫助小班幼兒為主，如「請你幫助小弟弟把紅花戴到媽媽胸前」等。不同年齡班的孩子在一起活動，他們感到特別有趣。孩子們既享受到了節日的快樂，又體驗了社交的樂趣。

在慶祝「兒童節」活動中，為了讓幼兒體驗同伴之間友好相處、互相幫助的快樂，發展社交能力，我們精心設計了「大帶小」的自助餐廳活動。活動前，我們先為幼兒創造機會，讓大班哥哥姐姐和弟弟妹妹一起設計並繪製餐廳標誌、餐券、服務員的帽子和圍裙等。節日那天，除了部分幼兒擔任餐廳服務員，他們一方面要幫助弟弟妹妹，另一方面要督促弟弟妹妹清楚地向服務員說明自己所需的東西，如「請給我一份蛋炒飯」等。這一活動使幼兒在不同的社交情景中，與不同的社交對象進行社交能力的發展。

(3) 透過遊戲擴大社交範圍

當幼兒有了一定的社交能力時，以班級為單位的小團體遊戲就無法滿足他們模仿社交活動的需要了。為了擴大幼兒的社交範圍，我們開展了全園性的興趣遊戲，包括玩沙、玩水、小小旅行團、木偶表演、做做玩玩、畫畫玩玩、唱唱跳跳、科學小實驗、編織等，每種活動由兩位教師固定帶領和指導，每週一次。每週的這一天是孩子們最高興的一天，每個幼兒可以根據自己的興趣和意願參加其中某一組的活動，每次可去不同小組。由於活動內容是孩子自己選擇的，而且每組由不同年齡的孩子組成，就像一個臨時的「大家庭」，因此，孩子們完全處於平等、和諧的氣氛之中，表現出積極的求知欲望。他們能以良好的情緒與周圍人互動，在兒童世界中學會處理和解決一些問題，克服膽怯、害羞的心理，學會自主、謙讓、合作，提高社交能力。除此之外，我們還組織一些全園性或平行班的角色遊戲，選擇適合團體互動的內容，如超市、遊樂場、小小廚神餐廳等，讓幼

兒在一個更自由、更廣闊的空間中，在一個模擬的小社會環境裡獲得各種社交技能。

我們意識到：要提高幼兒的社交能力，既不是一朝一夕就能完成的，也不是光憑說教就可以達到目的的，而是需要老師做一個有心人，為孩子創造各種社交環境，並進行悉心指導。只有這樣，才能結出纍纍碩果。

對孩子要信任

1996 年，美國有一位身無分文的青年，他特別看好電子商務，並下定決心在這個領域發展自己。那麼資金的問題如何解決呢？他首先想到了父母，當時他父母有 30 萬美元的養老金。當他向父母說明了他的用意後，他的父母商量後，就把錢交給了兒子，並說道：「我們對網際網路不了解，更不知道什麼是電子商務，但我們了解、相信你——我們的兒子！」這位青年就是如今個人財富達 105 億美元、大名鼎鼎的亞馬遜公司的執行長——貝佐斯（Jeff Bezos）。

不能說貝佐斯的成功完全歸功於他的父母，但他父母所擔任的角色確實非常重要。除了早期的資金支持外，更為重要的是他們對貝佐斯的信任，給貝佐斯帶來了無窮的精神力量。

也許，有家長會說：「如果我有 30 萬，也會給我的孩子，幫助他發展的。」可憐天下父母心，這一點我們不懷疑。但除了錢，我們的家長還能給孩子些什麼呢？

由這個創業成功的案例，聯想到目前中國孩子的學習，中國的父母在為孩子做了那麼多物質貢獻的同時，是不是要問一下自己：「我給了孩子多少鼓勵與信任？」

在現實生活中，學生因智力原因而導致的學習困難或者成績不理想是很少的。絕大部分學生的學習困難，很大程度上是與該生的情緒、興趣、心理環境等因素密切相關。而家長對孩子是否信任，直接導致孩子出現情緒、興趣上的波動，影響孩子學習的心理環境和學習效率。從那些學習成績較差的同學情況來看：父母對他們的學習能力是持否定態度（不信任）的，為了幫助他們走出學習的困境，父母一般採取的方法就是，使出渾身解數把他們牢牢限制在書本學習這一單一的學習領域裡。事實證明：這樣做的結果，往往不理想，甚至造成相反的作用。孩子埋頭在書本這個小圈圈裡，一方面，縮小了孩子的學習空間，破壞了孩子的學習興趣，使學生產生拒學情緒；另一方面，割裂了書本知識和現實生活的連繫，從而降低了孩子自我調整和消化、吸收的能力。

父母和老師對孩子缺乏信心是現實生活中比較常見的現象，即使家長老師聲稱對孩子有信心，但實際行動中卻充分表現出對孩子沒有信心。

因此，不能只在嘴上對孩子有信心，而要表現在行動上，尤其是那些學習成績不理想的同學的家長要特別注意這個問題。因為任何孩子都希望自己是最棒的。有些孩子成績上不去，屢遭挫折，心裡很壓抑，心情十分煩躁，他們多麼希望父母說幾句鼓勵的話，以減輕心裡的負擔。如果家長不理解孩子此時的心情，偏要在孩子身邊一遍遍嘮叨此事，即使家長的用意是好的，但招來的卻是孩子對家長的反感，並且傷害了孩子的自尊心，導致孩子自卑、怯懦、缺乏進取的勇氣，甚至拒學。相反，如果父母對孩子有足夠的信任，即便孩子遇到了困難，他們也能夠充滿自信，積極發揮自我意識，有效地進行自我調整，把困難轉化為促進自己努力進取的動力。這不僅有利於激發孩子的學習興趣，保持良好的學習情緒和心理環境，從而提高孩子的學習效率和學習成績，同時也鍛鍊了孩子的自主性、創造性以及對自己和他人負責的能力。

信任會產生奇蹟！

懲罰不如讓孩子自己體會

在公車站等車時，目睹兩個母親對孩子的教育方式大異其趣，令人回味。

一個母親帶著 3 歲小男孩等車，男孩擦完鼻涕後，隨手將用過的衛生

紙扔在地上，母親頓時變臉，厲聲嚷道：「小心被抓去當垃圾蟲，要罰錢的！罰款 100 元，知道嗎？」然後，母親趕忙將衛生紙撿起來，丟進垃圾桶。小男孩看著生氣的母親，茫然失措。

同日，在另一公車轉運站，一年輕母親帶著兩三歲小女孩。女孩吃完餅乾後將包裝紙丟到地上。母親靜思片刻，蹲下對她說：「看，你把乾淨的地面弄髒了，多不好。快把紙張撿起來，好嗎？」女孩乖乖將包裝紙撿起，丟入垃圾桶。母親說：「你看，現在地上乾淨了，人人都會稱讚你是個愛整潔的好孩子。」女孩聽了，細嫩臉上笑意盎然。

不同母親教育孩子培養環保意識，方式大不相同，一個用懲罰意識來約束孩子，讓他產生恐懼感，只知道亂丟垃圾要罰款，但不明白為什麼不該扔垃圾。另一母親採用啟發方式，讓孩子親身體驗丟垃圾與撿垃圾前後的不同，從錯誤中學習。

讓孩子們透過自身的體驗來學習事物，會令他們印象深刻。在錯誤中學習，不單使孩子知其然，還可知其所以然，培養判斷和思考能力。

愛因斯坦（Albert Einstein）說：「培養學生的獨創性和喚起他們對知識的愉悅，是教師的最高本領。」孩子的求知過程，應是一種歡愉和自發過程，不該是痛苦的，更不應該充滿約束和懲罰。細心開啟孩子的求知心靈，讓他們體會學習知識的樂趣和重要性，才可使學習過程充滿樂趣和挑戰。

在孩子面前談話應該注意什麼？

一些家長不太注意在孩子面前的談話內容。其實，大人談論的許多話題，會對孩子產生影響，尤其對心思細膩的孩子影響更大。因此，家長在孩子面前談話應有所注意。那麼家長應注意什麼呢？以下幾點是值得家長考慮的。

(1) 不講別人的壞話

背後說別人的壞話，會造成矛盾和分化。更嚴重的是孩子會認為家長心地不善良，人前人後兩個樣，久而久之，孩子會看不起父母。

(2) 不談論別人的隱私

隱私是被當事人視為大忌的事，家長絕對不要在孩子面前談論別人的隱私。

(3) 不說孩子無法理解的事

比較小的孩子無法理解，諸如男女情感、性，以及重大災難和戰爭等問題。哪些話能說，說到什麼程度，都要看孩子的理解能力。當夫妻的感情和婚姻出現問題時，應特別注意不要在孩子面前爭吵和相互傷害，更不要單獨對孩子說對方的壞話，否則會對孩子的心理造成永久的傷害。

(4) 不討論會使孩子擔憂且無能為力的事

家庭生活出現了困難，孩子有分擔的義務，但如果孩子太小，知道後又無能為力，這只會給孩子造成不必要的精神負擔。家長在孩子面前的談話千萬不可無所顧忌，這是關係到孩子能否健康成長的重要問題。

學會和孩子討論問題

我們做家長的責任就是教育孩子、引導孩子，所以我們必須學會教育引導的方法，而傾聽孩子的述說、與孩子共同討論是一個非常有效的途徑。家長透過傾聽和討論可以了解孩子的想法，並將自己對問題的分析講給孩子聽，這種方式能夠引導啟發孩子面對和解決所遇到的問題。家長和孩子討論問題時要注意以下幾點：

(1) 不要打斷孩子的話

家長要有耐心讓孩子按自己的想法把話說完。

(2) 不要輕易否定孩子的想法，因為孩子有時也是對的

家長應該把「你的想法不對」改成「你的想法也許是對的，但我們都需要再好好地想一想，看看是否還有其他的可能」。如果家長希望孩子改

變對問題的看法，那麼，家長就必須向孩子證明另一種意見能把問題解決得更好。

(3) 使用孩子熟悉的語言

家長在表達自己的看法時，要用孩子熟悉的語言，深入淺出，不要離題太遠

母親對兒童的性格有哪些影響？

母親的態度對孩子性格的形成有很大的影響，據調查有以下一些關聯，但不一定完全確切，可供參考。

母親是支配型的，孩子的性格是服從、無主動性、消極、依賴、溫和。母親對孩子過分照顧，孩子幼稚、依賴、神經質、被動和膽怯。母親對孩子保護，孩子缺乏社會性，但深思、親切、非神經質，情緒是穩定的。母親對孩子溺愛，孩子就任性、反抗、幼稚和神經質。母親對孩子順從，孩子就會無責任心、不服從，並有攻擊性。母親常忽視孩子，孩子的性格就變得冷酷、具攻擊性、情緒不穩定，但創造力強、是社會性的。母親常拒絕孩子，孩子的性格有神經質的、反社會的、粗魯的、企圖引起人們注意及冷淡等特徵。母親的態度是殘酷的，孩子的性格是固執的、冷酷的、神經質的、遇事逃避的、獨立的。母親是民主型的人，孩子的性格是獨立的、直爽的、善於合作的、親切的、社會性的及有創造力的。母親是專制型的，孩子的性格就是依賴的、反抗的、情緒不安的、以自我為中心的、大膽的。

溺愛有哪些主要表現？

為了孩子健康成長，父母應該給予孩子充分的愛，但愛得過度就變成了溺愛，溺愛和放任一樣，對孩子的健康都是有害的。那麼，溺愛有哪些表現呢？

1. 家長屈服於孩子，有求必應、百依百順、沒有原則、沒有要求。
2. 包攬孩子的一切，過度照顧，本來孩子自己可以做的或應該做的也不讓孩子做。
3. 給孩子提供的物質生活過於優越，甚至超出了家庭正常的經濟能力。
4. 不給孩子接觸困難和艱苦環境的機會，不讓孩子受一點委屈。
5. 常當眾誇耀孩子的長處和優點，處處為孩子的缺點辯解。

另外，家長還應該意識到：雖然被溺愛的孩子可能身體健康、聰明伶俐。但這些孩子的非智力素養卻存在缺陷，如任性、自私、依賴性強、不能與人平等相處、性格軟弱等，這必然影響孩子智力的正常發展。這些孩子長大後，難以適應正常的社會生活和競爭環境，還有可能產生行為問題。

重智輕德的危害性

在市場經濟大潮的衝擊下，不少家長都自覺或不自覺地把學習好擺在首位，甚至是唯一的位置上，對孩子一味強調只要學習好就行，將來就能出人頭地，就能生活得富裕幸福。並且，總是和物質掛鉤。久而久之，勢必在孩子的心目中打下這樣一個深深的烙印：「只要我學習好，我就能擁有一切。」、「只要我學習好，我就有實力，我就什麼也不怕。」滋長了一種功利性極強的個人主義，如果任其發展下去，很可能培養出一些學習上的資優生而思想品德上的「劣等品」。現實告訴我們，因私心太重而違法者有之，殺人者有之，遺棄父母者更是屢見不鮮，造成不少家庭和個人的悲劇。這實在是家庭教育的盲點。作為家長，應該教育孩子培養社會責任感，樹立正確的人生觀，關心社會的發展和國家的前途，把個人的前途和國家的、社會的發展聯結在一起，從而獲得學習的動力，使孩子在德智體美勞全方面平衡地發展，孩子才有希望成為高素養的人才。家長切不可把教育孩子看作是一種「投資」，一種功利行為，是「自家的事」，那就大錯特錯了。孩子是自家的孩子，但更是國家的未來。樹立起新的、科學的、

進步的教養觀，這是時代對每一位家長提出的要求。家長應該徹底扭轉「重智輕德」的做法，加強對孩子的德育教育。

教育孩子的最好時機

一些家長常有這樣的感覺，教育孩子的方式方法沒有什麼不妥之處，而孩子很反感，教育效果也不佳。產生這種情況的最大可能是家長對孩子進行教育的時機沒選擇好。家長不能根據時間、地點和孩子的情緒來進行教育，孩子是難以接受的。那麼，家長教育孩子應選擇哪些時機？

(1) 孩子取得成就時

此時，孩子感受到了成功的喜悅，心情特別好。家長應在稱讚和鼓勵的同時，不失時機地指出孩子存在的不足和提出進一步的要求，在這種情況下孩子是樂於接受的。

(2) 孩子遇到困難和失敗時

家長不要訓斥孩子，而應幫助其進行分析，肯定成就，找出問題所在。讓孩子不但學會怎樣走出困境，而且加深了與父母的感情，樂意聽從父母的教誨。

(3) 有較大過失時

這時的孩子會有負罪感、畏懼感，只要父母能體諒其過失，在指出嚴重後果的同時，找出原因，孩子是能接受批評教育的。

(4) 受到委屈時

這時的孩子覺得自己沒有做錯什麼事而受到誤解和指責，家長應保持冷靜的態度，在仔細調查分析的情況下，客觀公正地對待孩子。

(5) 對某種事物產生極大興趣時

家長既要鼓勵、支持，又要正確引導，教育孩子鑽研知識、挖掘潛能、持之以恆。

(6) 在別人取得成就和榮譽時

家長應鼓勵孩子向楷模、榜樣人物學習，並提出適當的目標要求。

(7) 新階段開始時

如新學期一開始、剛入隊或入團時，孩子會產生新鮮感和「從頭開始」的強烈願望和決心。家長應因勢利導，及時向孩子提出更高的要求，孩子會樂於接受。

只要家長認真思考和實踐肯定會發現更多教育孩子的好時機。

家教中的雙向反思

當孩子出現了不良行為或犯了錯誤的時候，家長不要一味地指責或批評，更不要拳腳交加，也不要不聞不問或遷就掩飾，而要靜下心來，和孩子一起尋找問題的根源。在檢查自己責任的同時，教導孩子了解自己的錯誤，這就是「雙向反省」。在教導孩子了解自己錯誤的過程中，家長的打罵和遷就都是不可取的，給孩子留有反省自己行為的機會，才不失為明智之舉。從心理學的角度來看，反省可以淡化因突發事件而引起的緊張氣氛，減少兩代人之間的心理抗衡，有助於達到家庭教育的預期效果。一般來講，孩子出現不良行為和犯錯誤，總有能歸咎於家長方面的原因。出現這些情況，通常不是家長教育的不夠或方法不適用，就是孩子直接或間接地受到了父母的不良影響。所以，出現問題後，在孩子反省的同時，家長也應當進行一番「自我反省」：問題出現在哪裡，自己應該承擔什麼責任，必要時進行自我批評，然後和孩子一起找出今後的改進辦法和努力的方向。「雙向反省」是適應社會發展的家教新風尚。

正確對待孩子的情緒

生活在世界上，任何人都會碰到不順心的事，孩子們也不例外。在這種情況下，孩子往往透過吵鬧、哭泣等形式來「鬧情緒」。可有些家長常常以打罵、訓斥的辦法，制止孩子鬧情緒，這是不公平的，也是不正確

的、不科學的。家長應該允許孩子發發牢騷、出出怨氣，釋放心中的不滿情緒，以得到心理平衡。具體說來，家長應該做到：

(1) 冷靜對待孩子鬧情緒

當孩子突然發脾氣、大哭大鬧時，說明他確有不順心的事。家長要見「鬧」不驚，不必急躁，更不能強行制止。應該採取「冷處理」的辦法，使「熱衝動」的孩子怒氣消得差不多時，再和他談心。

(2) 當孩子傾訴的對象

一般來說，孩子心裡有事是憋不住的，急切需要向人傾訴，而家長恰恰是其第一個傾訴的對象。這時家長不可採取不理不睬的態度，而應該靜聽傾訴。孩子也許本來心中有「火」，當他把話說出來以後，「火」也就熄滅了。

(3) 家長不要忘記給孩子加以疏導和勸解。

父母向子女道歉

如果一個人做錯了事，傷害了別人，就必須向人家道歉，這是人人都明白的道理。那麼，家長罵錯了孩子，該不該向孩子道歉呢？可能有些家長認為，向孩子道歉不但會有縱容的作用，而且有損家長的威信和尊嚴。所以，這些家長往往想不到或根本就不願意向孩子道歉。家長要想在孩子的心目中建立起威信，學會道歉就是其中一個有效的方法。道歉是勇於正視現實、嚴於律己的表現。因此，家長罵錯了孩子，應主動向孩子道歉，求得孩子的原諒。孩子便會對家長產生更深一層的信任，而不會降低家長的身分身分。另外，做家長的向孩子道歉，還能幫助孩子建立自尊，並有利於培養孩子尊重他人的良好習慣。

當然，家長也不要輕易地向孩子道歉，家長對孩子還應該有一定的權威性，以便進行教育和指導孩子的生活。隨便道歉，不但會降低家長的威信，還容易使孩子變得更加任性、驕橫、缺乏責任感或對家長的話充耳不聞。

如何用體罰教育孩子

對犯錯的孩子進行體罰，歷來有不同的看法，以下幾個觀點會對家長們有所啟發。

(1) 對孩子的每一次過失，都要進行體罰嗎？

不。體罰絕不能是經常性的，而且對不同的過失，應採用不同的方法處理。

(2) 體罰用手還是用其他物品？

最好是用小木板或小樹枝等，非日常用品。因為手是來表達愛的，手是用來撫摸、擁抱孩子的，如果家長習慣用手打孩子，當你用手表示愛時，也會使孩子嚇一跳。

(3) 體罰孩子是否有年齡限制？

對於一歲半以下的孩子是不該體罰的。對嬰兒來說，任何較強烈的晃動和擊打都有可能造成大腦的損傷或死亡。一歲半左右的孩子還不懂得什麼是對錯，體罰是毫無意義的。但小孩去摸危險物品時，家長用語言制止往往無效。家長不妨使勁打他的小手，讓他感到痛，使他懂得聽從家長意見的重要性。什麼時候停止體罰沒有嚴格的年齡界限，但從大多數情況看，孩子上小學後就應逐漸停止體罰，10 歲後應完全停止體罰。

(4) 家長因為自己心情不好就可以責打孩子嗎？

這種做法絕對是錯誤的。但孩子的有些錯誤又是非體罰不可，這就需要家長「精心設計」，因為體罰的目的是讓孩子把疼痛和犯錯的內容連結起來，疼痛能教會孩子不犯同樣的錯誤。孩子還應逐漸懂得在家庭生活中是如此，在社會生活方面也應該避免自私、暴怒、違法等，否則也會因此而受到懲罰。

正確處理孩子的隱私

孩子和所有的人一樣也有自己的隱私，做家長的不要隨便闖入孩子的隱私空間，對孩子的隱私進行粗暴的干涉是不會收到好的效果的。保護孩子的隱私空間是對孩子的尊重，家長也會因此得到孩子的尊重。孩子的隱私空間有三種情況，家長應該區別對待。

(1) 家長必須知道的

如發現孩子有了不良嗜好，或結交了不好的朋友等，家長必須了解這類隱私，以便進行教育。但必須謹慎行事，把握好時機，用「愛心」和「耐心」進行教育。否則，孩子可能產生叛逆心理而越走越遠。

(2) 家長可以給予指導的

隨著孩子的年齡不斷增長，獨立人格的逐漸形成，其隱私的保密性也越來越強，家長就不應該隨便翻閱孩子的日記和拆看其信件。如果孩子願意給家長看，家長應給予指導，對積極的內容表示讚賞，對不好的傾向說明自己的意見，說明讓孩子提高認識。包括孩子對家長說的心裡話，家長均應為之保密。

(3) 不必干涉的

孩子喜愛的物品以及正當的興趣愛好，家長就不必干涉了。當孩子逐漸長大，有了正確的人生觀和理想後，家長就更不應該干涉孩子的隱私了。

孩子可以批評父母

有些父母被舊的倫理觀念，禁錮著頭腦，他可以對孩子進行說教、責難、打罵，卻不給孩子解釋和反駁的權利。孩子一旦據理力爭、直陳父過，家長便會火氣十足地說：「你竟敢說我……」

孩子為什麼不能批評父母呢？

真理面前人人平等。父母可以教育子女，子女也可以批評父母，這種民主平等的雙向交流不僅創造了融洽的家教氛圍，而且是家庭教育水準的一個標誌。孩子的意見，無論對錯與否，都勇氣可嘉，父母應該聞過則喜。孩子勇於指出父母的錯誤，說明他對父母的言行，進行了觀察和思考，有了判斷是非的能力。

教育理論告訴人們，孩子對父母有一種崇拜心理，總認為他們是了不起的人物，認為他們「事事正確」。這種崇拜心理，使許多孩子失去了對父母言行，進行分辨和思考的機會。因此教育專家給出忠告說，父母應歡迎孩子對自己進行批評，在必要的時候，甚至可以故意露點「破綻」，出點「差錯」，「製造」失敗。比如你故意對孩子說：「月亮會自己發光。」孩子會根據已有的知識，指出錯誤，爭論一番，以此來破除他對你的崇拜心理。孩子勇於直言，才能獲得自信。

請記住：「父母犯的一個錯誤就是往往自己說的太多，總是想充當主角，其實父母應該做的恰恰是應多聽聽孩子說話。」

做孩子的榜樣

知識教育是父母「教」給孩子的，但品德教育不是「教」的，而是父母「做」給孩子的。

心理學家認為，在和睦融洽的家庭中成長的孩子，性格大多比較活潑開朗，有良好的個性，且積極向上。反之，孩子發生心理缺陷的機率，會大大提高。因此，孩子周圍的成人，特別是其父母，要特別注意自己的言行。

孩子是父母的作品。天下有不是的父母，沒有不是的孩子。字寫得不好，不能責怪紙和筆，孩子沒有教育好，不能怪孩子。家庭教育不僅是基礎的，而且始終處於主導地位。家庭教育對孩子的影響以及精髓之處，學校教育是永遠也替代不了的。

孩子會不自覺地效仿父母的言行，因此要求孩子不要做的事，父母首

先就不能做。另外，父母對孩子從小就要講信用，答應了的事，一定要兌現，不答應的事就一定不去做。這樣父母在孩子的心目中就會有威信，在以後培養孩子過程中，才能對孩子進行有效的教育。幼兒期的心理發展決定一個人一生的心理因素。具有良好心理素質的人，在社會中會有更好的發展，因此關注幼兒的心理發育，對其一生都有重要意義。

父母應多鼓勵孩子

鼓勵是家庭教育中比較重要的方法之一，每個孩子都需要不斷的鼓勵才能獲得自信、勇氣和上進心，這就像植物必須每天澆水才能生存一樣。清代教育家顏元說過：「數子十過，不如獎子一長。」許多家長經常不自覺地，在行動和語氣上表現出對孩子的不滿意。如孩子初次自己用餐具吃飯，弄得滿臉飯菜，有些父母乾脆自己來喂。小孩子幫助大人收拾碗筷，不小心打碎了盤子，大人馬上說：「快離開，笨手笨腳的。」這些言行無疑使孩子心中剛萌生的信心受到打擊，也阻礙了孩子嘗試挖掘自我能力的意願。同時反應出家長不相信孩子的能力，但是如果不讓孩子去嘗試和學習，孩子長大後也不可能會做事。因此，家長應該盡量避免表現出認為孩子是失敗者。相反，家長必須明白「去做」和「做成功」是兩回事，「失敗」只是表示技巧不夠熟練而不應影響「去做」的價值。家長對孩子「不完美的勇氣」要給予不斷的鼓勵和培養，否則孩子會隨時產生挫折感，影響心智的發展。

每個孩子都具有潛在能力，只要給他們嘗試的機會並鼓勵他們去做，他們都會作出成績來的。那麼，家長怎樣鼓勵孩子呢？

1. 家長對孩子要多用鼓勵的話，盡量不用強制性的和譏諷的語言
2. 對孩子提出的要求或期望要明確具體，如果孩子清楚了奮鬥的方向和目標，便會努力去實現
3. 對孩子表現出的好行為和取得的好成績，家長應該及時表揚。還可以運用預期表揚的方法，鼓勵孩子按照家長期望的方式行事

4. 家長不要強迫孩子去做家長喜歡而孩子沒有興趣的事，如果硬逼著孩子去做，必然引起孩子的不滿
5. 家長應該教會孩子透過觀察自己的行為和家長的表揚來鼓勵自己，這可以使孩子看到自己的力量和增強自信心
6. 家長還應教孩子體會因表現好而受到讚揚和鼓勵時的幸福感受，不斷提高自我形象

總之，孩子需要從家長及師長那裡不斷得到鼓勵，只有這樣孩子才能獲得動力和勇氣，才能把潛在的能力變為實在的能力。

不要在用餐時批評孩子

一些家長白天忙工作，晚上有交際活動或看電視，只有在吃飯的時候才注意到孩子，對孩子審查一番、批評一通，這種做法有害孩子的健康。如七八歲的孩子，雖說大腦重量已有成年人的十分之九，神經細胞的數量也接近成年人，但還不成熟、很稚嫩。如果孩子吃飯時，神經受到不良刺激，大腦皮層受到抑制，咀嚼起來就會食之無味，影響食欲，甚至影響消化功能，久而久之，孩子的健康必然受到損害。進餐時的批評，不僅影響孩子的健康，而且由於心理上的壓力，也會影響孩子智力的發育。還有些家長非常喜歡在進餐時說個沒完，如果說出一些不該讓孩子知道的話，還會給孩子造成不良的影響和刺激，那就更不應該了。

父母應該尊重孩子

現在的孩子最需要的是什麼呢？已經不是吃和穿了，而是尊重。許多家長認為孩子年齡小，他們只需要愛護、關心和培養，而沒有了解到他們從出生起就是一個獨立的個體，有自己獨立的意願和個性，他們應該是自己的主人。兒童心理學家認為，如果孩子受到應有的尊重，其大多數能和父母進行很好地合作，並且待人和善、懂禮貌，與大人談話沒有局促感，

自我獨立意識也很強。那麼，做家長的應該怎樣尊重孩子呢？

(1) 對孩子說話的口氣和方法要注意

在任何情況下和孩子談話，不但要認真聽，而且有時要蹲下來，以免使孩子產生「低人一等」的感覺。對孩子說話不要採取命令的口吻，如孩子做錯了事，不能說「你是個壞孩子」。這樣會給孩子的心理留下自卑的陰影，而應該說「我想你不是有意的，下次就不要再這樣了」。再如，孩子換衣服，不要硬性指定穿哪件，可以說「你穿這件好，還是那件好？」同時說出自己的建議，目的是讓孩子從小就知道自我選擇。

(2) 不要「人前教子」

不少家長喜歡在外人面前指責、訓斥自己的孩子，其實，這種做法會深深地傷害孩子的自尊心和自信心。有位西方哲人說過：「如果當眾宣布他們的過失，使其無地自容，他們愈是覺得自己的名譽已經受到了打擊，設法維護別人的好評的心思也就愈加淡薄。」可見人前教子的做法是不可取的。

(3) 孩子成長需要尊重

有些家長帶孩子外出做客，如果主人給孩子吃的東西或小禮物，家長常代孩子說「他不吃」、「他不要」。孩子如果表示出願意接受主人的好意，便會遭到家長的訓斥。家長應該明白孩子並沒有錯，不應該受到指責。總之，孩子的成長特別需要尊重，對此家長們應予以足夠的重視。

糾正孩子的問題要及時

當孩子出現不良苗頭時，就要及時糾正，絕不可姑息縱容，如果等長成惡性腫瘤時才驚慌，施以大手術，那時癌細胞可能已經擴散全身，為時已晚，就算能夠摘除，也是元氣大傷。獨生子女的母親因為孩子的特殊地位，捨不得指責、批評，對孩子出現的不良傾向，認為無關緊要，孩子還小，慢慢就會改正的，於是聽之任之。而孩子還沒有太多判斷能力，既然

母親認可，便更加放任，長此以往，就養成了壞的習慣。

比如酗酒，這是一種不良習性，在《尚書》中，就有周公告誡後代不要酗酒的文誥，即《酒誥》。周公告誡姪子成王誦說：無若殷王受（即紂）之迷亂，酗於酒德哉！

周公是西周的開國元勳，古代傑出的政治家，周武王的弟弟。武王伐紂後第二年死去，由兒子姬誦繼位，稱成王，周公因成王年幼而輔政，他擔心成王像商紂王那樣昏亂，縱酒貪杯，荒廢國事，因此加以訓誡勉勵。

周公為了國家的利益和後代的基業，積極防患於未然。後來很多母親也很重視教育後一代不要酗酒，指出酗酒有敗壞名聲、給自己帶來禍患、辱沒先人、禍及家庭等諸多害處。

為此，那些母親都勸勉他們的子女不要貪杯，從小就培養子女的好性情，而她們發現孩子有酗酒的惡習時，就堅決加以制止，在沒有上癮之前就剷除了。

大多數獨生子女家庭，生活環境都很不錯，物質上的滿足往往是無止境的，當母親總有不能滿足孩子要求的時候，如果對於孩子的要求不加以正確引導，常會導致不良的影響和後果，所以，對待自己的孩子，一要防患於未然；二要及時糾正孩子的錯誤；三要講究方式方法，這樣才能培養出人格健全的一代。

袒護孩子要不得

晚上，回家的途中，母子倆邊走邊說白天的見聞。

孩子：「媽媽，今天在幼兒園，有個小朋友打我了。」

母親：「是嗎？快告訴媽，打你哪了？痛不痛？」

孩子：「不痛！」

母親：「那你為什麼不打他呢？是不是他先打你的？」

孩子：「不是。是我先搶他的座位，他不給，我把他推倒了，他就打

了我，老師批評了我倆。」

母親：「什麼？你挨了打，老師還批評你？下次，不用跟老師說，誰打你，你就用力打他，不能讓別人欺負你，知道嗎？」

孩子：「可是，我們老師說，打人不是好孩子，互相謙讓才是好孩子。」

母親：「……」

年輕的媽媽，你是否遇到過類似情況，採取過類似措施呢？如果是這樣，那說明你已經走入了愛的盲點。建立在血緣關係基礎上的親子關係，滲透著一種本能的牢固連繫。但這種親子關係一旦超出一定限度，你就將步入愛的盲點。

在許多母親的感覺裡，不僅孩子在腹中時是自己的，而且生下來後，還是自己身上掉下來的一塊肉，仍然是自己的。因為骨肉相連，息息相通，孩子高興，母親就高興；孩子若是悲傷，母親更是痛苦。所以在母親對孩子的態度中，袒護的現象比比皆是，如母親總是喜歡聽人家誇獎自己的孩子，即使明知孩子在這方面並不突出，心中仍是甜滋滋的。母親本人講孩子的缺點還可以，但卻不願聽到人家講，雖然心知人家說的是事實，但在感情上就是不能接受，甚至認為是別人故意找麻煩、多管閒事。還有的母親看到自己的孩子在小夥伴中吃了虧、被欺負，她們容易激動，不問清是非，就責罵、嚇唬別的孩子，甚至還動手打別的孩子，替自己的孩子出氣。

這種過分的親子關係易導致孩子自私的性格，影響他的人際關係，更為重要的是阻礙了孩子的社會性發展。

正確回答孩子的提問

如何回答孩子的提問是一個很多母親都感到頭痛的問題。而母親如何回答孩子的提問，這本身對孩子的影響也很大。

美國心理學家塞德茲（Boris Sidis）對自己的兒子進行早期教育實驗，卓有成效，他在《俗物和天才》（*Philistine and genius*）一書中談到：當孩子天真地提出一串「為什麼」的時候，成年人的態度實際上面臨一種抉擇，是愛護還是壓抑兒童的研究精神。

1954 年度諾貝爾生理學和醫學獎金得主之一、美國病理學家韋勒（Thomas Huckle Weller），生於醫生家庭。他小時候，有一次養在魚缸裡的小魚死了，他好奇地剖開魚肚，發現有乳白色的小蟲在蠕動，先問小蟲是不是魚的後代，又問是這些寄生蟲將小魚害死的嗎，還問寄生蟲是怎樣鑽進魚體內等等。韋勒的父親耐心地解答孩子的問題，並告訴他：「寄生蟲不僅魚體內有，人體內也有。你要好好讀書，長大了研究怎樣消滅寄生蟲。」順水推舟的教育兒子努力學習知識。正是這次由許多「為什麼」連輟起來的問與答，引導了韋勒成才方向，使他後來在病毒學研究方面取得了重大成就。

但是許多母親卻都討厭孩子的提問，這是大錯特錯的。母親這種冷漠的態度只能壓抑孩子的研究精神。作為母親，孩子問什麼，就應該回答什麼，教育孩子，絕不能嫌麻煩，敷衍推卸，應付了事。不管是給孩子講神話故事還是講人的故事，都要真實，要合理，不能似是而非。只有這樣的教育，才能發揮孩子的潛在能力——發揮與生俱來的天才。

培養孩子要投其所好

一位母親看見自己的同事給她女兒買了一架鋼琴，這位同事還向她介紹孩子學鋼琴，怎樣地陶冶情操，發展智力。並說才藝上有一技之長，可以參加學校裡的藝術班、才能班，將來可以免試進國立高中，進國立大學。這位母親聽了同事的一席話，也動心了，於是，把自己積攢儲蓄兩年的錢拿去買了架鋼琴。錢花了，鋼琴到家了，可是讓兒子學琴，他卻不願意。兒子活潑好動，在鋼琴旁邊坐不住，學的時候 10 根手指不聽使喚。媽媽為他報名參加鋼琴訓練班，可他不去，怎麼說他也不去，沒辦法，只

好媽媽自己去，就這樣鋼琴在家裡放了半年，鋼琴表面以及媽媽的心裡都蒙上一層灰。

這位母親曾找我諮商，她說她這樣用心良苦卻得不到孩子的回應，真是好心沒好報，現在的孩子真沒辦法管。聽完這位母親的一頓牢騷，我就明白是怎麼一回事了，我問她：「你的孩子喜歡什麼？」她說：「我的孩子喜歡踢球，踢足球，是小足球迷。看電視也愛看足球比賽節目，有空就和同學去踢足球。」我說：「你不發展他踢足球的興趣、偏讓他彈鋼琴，這不適合他的胃口，不適合他的需要，怎麼能得到他的回應呢？他壓根就不喜歡彈鋼琴。你要想好心得到好報，首先必須了解孩子的興趣、孩子的愛好。然後，盡力滿足他的興趣，他的愛好，正確地引導他，這樣你的用心才不會白費，他才會有出息。」

還有一位母親說她的孩子注意力不集中。我問：「從哪裡得知的？」她說：「我星期天幫他複習國語，一個多小時後，他就心不在焉，聽不進去，經常寫錯字。」我問她：「孩子多大？」她說：「小學五年級。」我說：「你怎麼不讓他休息一下？」她說：「很快進入六年級了，我希望他能考上一個好的國中，不抓緊時間怎麼行？一氣之下，我就罵了他一頓，他哭了，向他奶奶告了我一狀，奶奶也哭了。」

其實，她的用心是好的。可是，她不了解孩子的注意力能堅持多久。根據兒童注意力發展情況，一般小學五六年級的孩子能集中注意力 45 分鐘就不錯了。讓他過一小時後還繼續專心致志去學習，一般比較困難，她不了解孩子注意力發展規律，並且違背了這個規律，強行按照自己的意願去讓孩子長時間學習，那是不可能的。所以，過分地用心良苦並不能解決問題，作為母親，應多從孩子的角度想想問題，這樣才能取得事半功倍的效果。

教育環境對孩子的影響

孟子三歲時家住鄉下，附近有一塊墳地，村裡人死後，都埋在這裡。

那時候，人們很注重辦理喪事，每遇到埋葬死人時，有舉旗的、引幡的、奏樂的、送葬的、攙扶的，熙熙攘攘。幼小的孟子，見到這種送葬的情景，也模仿起來，與一些小朋友玩起喪葬的遊戲。孟母看到這種情景，覺得這個地方不利於孩子學習，於是決定將家遷到廟戶營。

廟戶營是一個小鎮，這裡居民較多，且有做買賣的，每逢市集日，更是熱鬧。孟母搬到這裡，鄰居是一個屠夫，天天殺豬，這對幼小的孟子來說，也頗有吸引力。沒有多久，孟子就做起殺豬的遊戲來。孟母看到孩子的這些模仿舉動，很為孩子的前途憂慮，心想，這樣下去，豈不是分散了孩子的精力，延誤了孩子學習。為了不耽誤孟子的學習時機，她就決定再次搬家，到城南郊去住。孟母帶著小孟子來到城南郊，住在學校附近，小孟子每天聽到的是孩子們的讀書聲，漸漸地，也學著讀起書來。孟母心中有說不出的高興，等他大些，孟母就將他送進學校。

孟母煞費苦心，三遷其居，其目的就是要為孟子，提供一個具有良好文化氛圍的環境，讓孩子能在這種環境中得到文化的薰陶，健康成長。果然，孟子沒有辜負母親的苦心和期望，最後成為儒家一代宗師，成為了中華民族萬世不忘的「聖人」，其地位僅次於孔子。

而我們大部分母親，整天忙於所住環境只要方便就行，因而忽視了環境對孩子成長的影響。如果你是這樣的母親，為了孩子的身心健康，請學學孟母吧。

減輕孩子的學習壓力

對於學習壓力，不同的人有不同的看法。有的人認為持續過強的壓力，對孩子是一種沉重的精神負擔，容易引起孩子的心理障礙。有的則認為，就應該有些壓力，因為「人沒壓力輕飄飄，井沒有壓力不出油」，越是學習成績不好的孩子，就越應該給他們壓力，考試、排名次就是為了刺激他們的上進心。這種學習壓力將迫使他們樹立遠大抱負，向更高目標努力。

可實際情況是怎樣的呢？根據一個調查與測試表明，學習成績的好壞與壓力的大小在一定範圍內成負相關。這說明有些時候給孩子太多壓力會事與願違，也就是說壓力大，成績反而差，成績差又會導致壓力增加，結果成績更差，從而形成惡性循環；壓力小，成績較好，成績好，壓力會更小，學得更輕鬆，結果成績更好，形成良性循環。所以，當壓力大到一定程度時，那些成績較差的孩子會選擇逃避，他們會以看電視、玩電子遊戲等來逃避學習。而成績較好的同學要是外來壓力過大，如母親向他提出一些不切實際的要求，同樣也會妨礙孩子的學習，致使成績下滑，並可能形成惡性循環。一位教育研究者也說過，「80%的學習困難與壓力有關。解除那個壓力，你就能解決那些困難。」

那麼，如何減輕孩子的壓力呢？

(1) 不要給孩子定下不切實際的奮鬥目標

一些父母不顧孩子的自身實際狀況，只知道讓孩子這個拿第一，那個要得優秀，結果讓孩子產生巨大的壓力。

(2) 讓孩子有足夠的休息和娛樂時間

要是孩子不能得到充足的睡眠，休息的不好，就會感到身心疲勞，從而無法集中精力學習，這肯定會給孩子帶來壓力，讓孩子感到緊張。娛樂是化解孩子壓力的較好途徑，與孩子一起玩遊戲，使孩子沉浸在快樂之中，壓力也就被拋至九霄雲外了。

(3) 共度悠閒時光，接受大自然的陶冶

你與孩子一起欣賞美麗的自然風光，靜聽鳥兒歌唱，與蝴蝶一起跳舞，在大自然寬大而溫暖的懷抱中，一切煩惱、緊張、壓力都將置之腦後。

言教不如身教

「身教重於言教」，這是古訓，是中華圈傳統家教的重要經驗，很值得

我們現在的家庭教育發揚光大。目前有不少家庭教育忽視身教，有的甚至只是重視言教，結果產生了負面影響，到時後悔都來不及了。

現在的母親都渴望孩子學習好，將來能考上大學。因此，母親一再叮囑孩子要好好學習，可是自己下班回來就看電視，一看看到十一、二點，或者一到週休日，家裡約人玩麻將，一玩就是一整天，把家裡搞得雜亂不堪。在這種家庭環境中生活的孩子，他們的學習積極性能不受到影響嗎？

作為母親，教育孩子好好學習，教育孩子勤奮努力，這是對子女負責任的表現。但如果能身體力行，自己也抓緊時間學習，孩子會看在眼裡，記在心上。母親會透過心理的模仿、感染等，來強化孩子的學習信心，促進孩子學習積極性的增長。

比如，有的母親教育孩子要注意交通安全，而自己卻不遵守交通規則，紅燈亮時，強行通過。或許你也曾有過這樣的事，孩子說：「媽媽，紅燈。」，可你說：「沒關係，走，否則就不知道要等到什麼時候？」。這樣你平時對孩子遵守交通規則的教育，被你的行動全抵消了，而你對孩子交通安全的教育，也就沒有任何效果了。

還有些母親要求孩子講文明禮貌，自己卻髒話不少，因而她的孩子也髒話連篇，有時說話的口氣、語調和他母親一模一樣。有人說這是遺傳，其實不是，我認為這是孩子，從他母親那裡學來的。

不可忽視性教育

性是人類生活中的重要組成部分，它關係到青少年的健康成長、家庭幸福和社會安定。性可以作亂，使人走向邪惡；也可以產生光輝，給人帶來美好的感受。重點在於父母要關心孩子的性心理，隨時給予科學的指導。

遺憾的是，在中國，由於長期封建思想的束縛，對性向來諱莫如深，以致性被蒙上了一層神祕色彩，使一代代人受不到科學的性教育，只能被動地忍受著性的困惑，甚至走向歧途。

心理健康專家在觀察治療的病人中，形形色色的性變態患者有不少：一位戀物癖的男性，21 歲，工作和學習都很好，人也正派，唯一的毛病就是見到女性的乳房，就喪失理智，不由自主地去觸摸。有一天，在遊樂場突然去摸女性的乳房，被依性騷擾婦女罪，送進監獄。他痛苦，悔恨，決心痛改前非，但釋放後沒多久，又重蹈覆轍。經醫生分析，這是不當的家庭教育產生的惡果。原來他小時候，沒有喝過母親的母奶，對別的孩子依偎在母親懷裡喝母奶的情況，非常羨慕，對女性的乳房也由此產生了濃厚的興趣。在他三、四歲時，有一天看到母親午睡時，露著乳房，就上去撫弄，被母親痛罵了一頓，於是就更強化了對女性乳房的興趣感，成人後發作，變成了不受控制的變態心理。可見，如果當初母親不是痛罵，而是告訴孩子，媽媽的乳房是喂孩子喝母奶的，因為媽媽身體不好，沒有奶水，所以你沒有喝到媽媽的母奶，甚至可以叫孩子試著喝幾口，用小手撫摸一下，孩子的心理就會感到滿足，不會感到好奇，不至於心理上受到壓抑，更不至於成人後性變態而走向犯罪。

由此可見，性教育不是如許多家庭所認為的那樣可有可無，或者放任自流。有時不經意間的言行，都可能深深地影響到孩子的一生。

性是一種生理和心理現象，這種現象在嬰兒時期就有表現，尤其是青春期表現更為明顯。幼兒從初生就已具備了性的生理基礎，男嬰出現陰莖勃起，女嬰會有陰蒂變硬，陰唇滑潤的反應等等，嬰幼兒這種行為，既不形成興奮，也不含挫折、攻擊成分，如果父母處理不當，日後會對孩子的健康和良好品格的形成，產生不良影響。隨著青春期的到來，開始性成熟，性意識逐漸發展。如女孩子的月經、戀愛、分娩，男孩子的夢遺、自慰、兩性生活等等。這些現象做母親的都應該密切關注，要隨著孩子年齡的增長及時地給予講述或指導，防止孩子生殖系統和各種疾病的發生，也可減少不必要的迷惑、恐懼、焦慮和害羞的心理。

培養孩子的理財能力

在市場經濟的今天，學會如何理財，不僅是生存的需要，也是非常現實的選擇。一些已開發國家普遍注重下一代的經濟教育，甚至在幼稚園裡就已安排個人理財的課程，灌輸理財之道，培養兒童的理財能力。

所謂理財教育大致有 4 個方面：即存錢、投資、預算和花錢。在中國的學校裡沒有開設這樣的課，因此要使自己的孩子具有這方面的能力，那就只有父母多加注意了。

在有些國家，採取用孩子自己的錢去買自己需要的東西，來培養孩子的理財意識的方法，這也是行之有效的。它可以讓孩子在眾多的商品中，選擇自己需要的商品，同時了解商品價值，學到價錢、重量、商標等知識，從而增強自信心和獨立性，以減輕對父母的依賴。

做父母的都應該儘早給孩子幼小的心靈灌輸理財的觀念，培育孩子正確地、合理地使用金錢的概念，以使孩子能夠儘早地自己安排自己的生活，這將使孩子終生受益。

如何培養孩子的金錢觀呢？國外的教育專家提出了以下幾點建議：

(1) 教孩子儲蓄

鼓勵孩子將自己的零用錢存入銀行，並用孩子的名字開戶，6 歲以上的孩子會明白錢存入銀行既安全又可以增值。

(2) 給孩子零用錢

每月給孩子固定的零用錢，讓其學會收支平衡。當孩子想買東西時，家長可給予提醒，但讓其自己做決定。

(3) 不要用錢獎賞和懲罰孩子

孩子該做的家務活不要付錢，只有做了額外的工作才可付錢；不要用錢鼓勵孩子學習，要讓孩子明白學習是為了自己，而不是為了父母或金錢。

(4) 別對孩子保密家庭的經濟

在家庭會議上可以告訴孩子，每天的開銷都是靠父母的收入來支付，這樣可遏制孩子的超前消費意識，使其學會分擔家庭經濟負擔。

(5) 給孩子講講父母的工作

讓孩子明白工作和錢的關係。告訴孩子這是為了維持生活和實現人生目標的手段。還可帶孩子參觀父母的工作場所，讓孩子對工作有深刻的認識。孩子將來想要自立，就應該從小樹立勞動觀和價值觀。

培養孩子的學習興趣

法國教育家盧梭特別重視兒童學習興趣的養成，他說：「要啟發兒童的學習興趣，當這種興趣已經成熟的時候，再教給他學習的方法。」，古往今來，有多少人在興趣的強烈吸引下，從小就沉浸於某個知識領域，從而形成終生的志向，作出了非凡的成就。愛迪生從小就喜愛做各種小實驗、甚至模仿母雞蹲在雞窩旁孵小雞。在這種強烈的興趣下，使愛迪生一生熱衷於各種科學實驗，成為偉大的發明家。孩子的興趣並非天生就有，特別是有蹺課、拒學行為的孩子的學習興趣已經淡化，要使孩子學習興趣萌發和強化的確不容易。不過，只要家長用心，辦法還是有的。例如，愛迪生上小學沒有幾週，就因不習慣於學校呆板的行程和沉悶的氣氛，對學習喪失了興趣。他的母親南茜（Nancy Edison）發現後沒有責備他，而是經常帶他到小河邊，一面欣賞美麗的景色，一面讀書寫作業；他們還一同登上瞭望塔，一面乘涼，一面講述羅馬帝國興衰的歷史知識。這種學與玩相結合的方式，很快使愛迪生恢復了對學習的熱情。

當一個人在學習或工作上取得成就時，會自然地產生一種喜悅的心情，得到莫大的樂趣，更加熱愛學習和工作。成年人是這樣，孩子更是這樣。有一對中年夫婦，不管工作和家務多忙，每週都要對孩子的作業仔細檢查兩遍，把孩子的學習情況做出簡要紀錄，並把孩子做過的作業簿收藏起來，過一段時間就拿出來讓孩子比較一下，經常告訴孩子學習上有哪些進步，還有哪些不足。這樣，孩子對自己的學習情況心裡有數，信心足、動力強。有的家長只把眼睛盯在考試分數上，考好了給物質獎勵，考差了就大加訓斥，這只能給孩子帶來精神壓力，有的孩子還可能為了取得高分而抄襲、作弊。雖然這些孩子分數考上去了，但對學習的興趣卻降低了。

孩子不愛學習的原因是多方面的，如教材的難易度不夠適當，教師的水準不夠理想，社會上不正之風的影響等，而這些因素是孩子自己無法解決的。家長了解了這些原因後，就不難找出孩子自身問題的所在。下面的措施有助於改變孩子不愛學習的狀況。

(1) 幫助孩子獲得成功的體驗

孩子學習的積極性，主要來自不斷得到成功的體驗，只要能取得成功，從成功中得到快樂，他就會愛學習。要做到這一點，家長對孩子的期望值就不要離孩子的實際水準太遠。孩子得到成功的體驗，就會有自信心，也就願意去尋求更高的目標。如果孩子已經對學習失去了信心，家長就要幫助孩子選擇一門比較容易取得成功的功課，作為起點，建立信心。

(2) 幫助孩子解決學習上的實際問題

最常見而易被家長忽視的孩子學習的實際困難，有以下幾種：一是學習上的「絆腳石」。孩子有時沒有聽懂某一內容，而又不敢問老師，造成了知識上的缺漏。如果沒有及時彌補，且連續出現，就成了學習上的「絆腳石」。家長發現後，要鼓勵其向老師請教，認真鑽研，儘快消滅「絆腳石」。如果「絆腳石」太多，家長就要採取補課措施。二是和教師的關係。有些孩子因與教師發生摩擦，便放棄了這門學科。這時家長必須及時和教師取得聯絡，消除誤會。

(3) 家長不可忽視孩子的理想教育

從長遠看，要使孩子有持久的學習興趣，最根本的是要教育孩子樹立遠大的理想。

正確看待孩子的考試成績

當家長的，都希望自己的孩子在校表現突出，特別是學習成績優異。一旦看到孩子分數考低了，往往非常著急，其實孩子都希望自己能考出好成績，一次考不好，他們比家長更難過，甚至心中非常害怕，擔心自己的家長不能理解自己。針對孩子一兩次考不好，我們的做法是：

(1) 全面了解情況，找到確切原因

首先，父母先從自己本身找原因，回想一下最近對孩子的學習，哪方面沒有盡到責任，哪些方法不當；其次，主動找到孩子的老師，了解孩子在校的學習情況；最後，找一下他的同學，掌握孩子近期課外活動情況。綜合上述情況認真分析後，再心平氣和地和孩子交談，諒解和鼓勵孩子，並分析原因。例如：有的因為上課時不集中精力聽，有的因為嬌、懶而不認真複習和做作業，有的因為特別聰明而貪玩，不專心學習，有的因為部分知識未掌握好，學習新課程有困難等。

(2) 幫助樹立信心，培養學習毅力

自信心，是指一個人能夠充分評估自己的力量，相信自己能取得成功，並達到目的的一種心理狀態。自信心是孩子克服心理障礙，學習向上的精神支柱。做父母的要幫助孩子樹立自信心，使孩子點燃前進的火炬，告訴孩子「只要努力學習，就可以學習好功課！」當孩子學習取得進步時，就及時鼓勵，使孩子的自信心得到強化，並不斷地累積經驗教訓，制定相應措施，鼓勵孩子樹立一定要趕上去的信心。

(3) 科學地指導孩子

①做好考試前的準備工作

將孩子考試用具準備好，使孩子在考試前精力充沛，自信心強，沒有

僥倖心理和緊張心理。

②掌握答題的基本方法

首先要認真審題、仔細推敲，不看錯題目、不漏做題目；其次是合理安排時間，先易後難，抓住重點，克服難題；最後，在時間允許的情況下反覆檢查，反覆驗算，不要急於交卷。

(4) 幫助孩子消除心理壓力

當孩子經受失敗和受挫的巨大精神壓力的時候，做父母的必須沉著冷靜地面對現實，要克服焦躁情緒，最重要的是要抓住和抓緊時機，幫助孩子克服壓力、戰勝自我，重新建立起信心，去迎接新的挑戰。

首先父母要幫助孩子消除心理障礙，克服消極心理，放下思想包袱。要讓孩子了解到：一時的成績下滑屬於正常現象，失敗和挫折伴隨人的一生，凡事絕沒有一帆風順，一個人的成長過程中，不可避免的會有成功，也會有失敗。毛澤東先生曾這樣指出：錯誤和挫折教訓了我們，使我們變得聰明起來了。這也就是說要我們學會正確地去對待失敗和挫折，要學會從失敗和挫折中，去汲取經驗和教訓。

常言道：「失敗為成功之母。」父母要和孩子一起共同分析成績下滑的原因，幫助孩子找出學習中存在的問題，同時還要指出孩子的缺點和不足，並且要幫助孩子制定出今後改進的具體方法、步驟和措施，重新點燃孩子的希望之火。

培養孩子專心學習

現在孩子學習不專心的比例相當高，據抽樣調查，比較嚴重的占 20% 左右，有時不專心的占 30%左右，也就是說將近一半孩子學習不夠專心。

孩子學習不專心的表現是各式各樣的，年齡不同表現也不同。同樣，不專心的原因也是多方面的。

(1) 身體原因

有些孩子學習不專心是由於身體原因。如：蛀牙、皮膚搔癢、腸胃不適、感冒咳嗽或疲勞、困乏、飢餓等。由於身體不舒服學習時，無法專注於學習的內容。

(2) 心理原因

有些孩子由於心理壓力過重，自尊心受到傷害，心理不平衡，很難把精神專注於學習中。如遭到諷刺、挖苦；受到不應有的干涉；與家長發生摩擦等等。

(3) 外界刺激干擾

如電視節目聲音過大或家中發生爭吵以及其他噪音等，這些與學習不相干的因素，容易在大腦皮層建立新的興奮記憶，干擾注意力的集中。

孩子學習能否專注，對孩子現在的學習和將來的成才，都是非常重要的。良好的注意力是打開孩子智慧的窗戶。只有在學習上能夠集中自己的注意力，才能進一步提高記憶、觀察、想像和思考的效率。所以，注意力的培養對開發孩子的智力，培養其他各種能力，提高學習品質，是必不可少的前提和基礎。

專注不但對學習成績有直接作用，對將來成才更是必備條件之一。法國科學家注意觀察蜘蛛腹部底端有幾對「紡絲器」(Spinneret)，蜘蛛絲就是從「紡絲器」的小孔中流出來的。他又進一步研究，終於發明了人造纖維，為人類的紡織品，帶來了絢麗多彩的新原料。

(1) 提高責任感

注意力具有指向性。因此，明確目標、任務可提高注意力。任務明確、具體，就能提高有意識注意。

要想提高課堂聽講的注意力，就要事先預習，帶著問題聽課，這節課要講的主要內容是什麼，哪些是必須掌握的重點知識，哪些是這節課的難點，一定要認真聽。若能對這些問題都做到心中有數，聽課的目的就會更明確，任務也變得非常具體，這樣就能提高課上的注意力，取得較好的聽

課效果。總之，任務越明確，越能自覺控制注意力。

一個人對學習的專注程度，往往與有沒有責任感密切相關。他愈是對學習有高度責任感，他就愈能長時間集中注意地學習，即使在有干擾的情況下，也能抵制干擾，專心學習。

如果一個孩子，對學習沒有責任感，一天一天混日子，學習時就會心猿意馬，思想開小差，那一定學不好功課。因此，為了能集中注意力，首先要有高度的責任心。

(2) 創造良好環境

人在不安靜的環境中，最易分散注意力。如：沒有自己的書房，常受家人的干擾；住在商業街，周圍環境直到深夜才會安靜下來；做不了多久的功課，就有人來找他出去玩；孩子學習，家長看電視，聲音極大；孩子學習，家長聽音樂，太吵鬧；孩子學習，家長接待客人，吵吵鬧鬧；孩子學習，家長打麻將，拍桌子、跺腳……等，家長應為孩子創造安靜、適宜學習的環境，要防止出現以上的情況。

另外，書桌上不要擺設足以吸引自己注意力的東西，如果牆壁上貼滿明星照，桌上擺滿心愛的小玩意兒，都會妨礙孩子做功課的專心程度。

(3) 訓練紀律性

學習的注意力與一個孩子有沒有嚴格的紀律性和意志力有很大的關聯。

應該從小就培養孩子嚴格遵守紀律，一切行動聽指揮。做到上課不隨便說話，不做小動作。當守紀律的行為，成為一個孩子的性格傾向時，孩子就會以其全部精力去完成其學習任務，不會在學習時把注意力分散到一些不必要的地方去。

家長一定要從小培養孩子在上課時遵守紀律、克服干擾，養成專心聽講的好習慣。

(4) 激發興趣

心理學研究表明，對於有興趣的事情，容易引起注意。孩子看動畫電

視，打遊戲機，不用提醒，他也能專心致志，因為有興趣。興趣可以提高人的注意力。

孩子只要有了學習的欲望、需要，就能自然而然地把注意力集中到學習上來。因此家長一定要激發孩子的學習欲望，全力培養孩子的學習興趣。

培養孩子善於思考

學習有兩種類型：一種是不經過思考的學習，一種是經過自己思考的學習。我們可能有這種體驗，沒經過思考的東西，即使學了也會很快地忘得一乾二淨；學習理解了的東西記得最牢，往往會一生受用無窮。這就是「學而不思則罔」，「思而得之則殆」的道理。

而孩子們現行的學習方式，無論在學校，還是在家裡，主要是第一種，也就是不經過自己思考的學習。原因當然有教育本身的問題，也有學生自己的問題。在孩子所接受的學習和教育中，有些知識根本不需要思考或者根本不容許孩子去思考，家長和老師們往往只關注學生記住了多少內容，考了多少分，而不注意留心孩子是不是融入了自己的思考，久而久之，孩子也就會懶得去思考。如果這種傾向不能得到扭轉，那麼這一代孩子仍然是缺乏創造力的。

狄慈根（Joseph Dietzgen）說過：「進步乃是先取出盆中的嬰兒，然後再倒掉盆裡的水。」我們可以由讀書而搜集知識，但必須利用思考把糠和米分開。在資訊社會的今天，當書本、報刊、廣播、電視、電腦上，各種資訊滾滾而來的時候，缺乏思考和判斷力的孩子們，如何取得「去偽存真、棄粗取精」的進步？這是每一位家長和老師不得不考慮的問題。

學會思考，是人的一生中最有價值的本錢。培養孩子獨立思考和獨立判斷的能力，應當始終放在教育的首位，而不應當把獲得知識放在首位。

培養孩子思考的習慣和能力，需要循序漸進，持之以恆。

下面就是培養孩子思考能力的具體方法：

(1) 培養孩子觀察的習慣

觀察會把孩子帶進問題的世界。在孩子提問的過程中，他的思考能力得到了鍛鍊和提高。

(2) 努力培養孩子在生活上不依賴父母的習慣

家長可以根據孩子的年齡特性和發育情況，適時地訓練孩子的生活自理能力，讓其料理自己的生活瑣事。因為，培養孩子的獨立生活能力是培養獨立思考能力的第一步。

(3) 開發和保護孩子的好奇心

獨立思考能力強的孩子，往往具有較強的好奇心。家長應該努力開發和保護孩子的好奇心。孩子出於好奇弄壞了玩具、鐘錶之類的東西，家長不要予以懲罰和打罵，而應引導其弄清裡面的原理，還可以給孩子買一些小工具，讓其完成一些小製作、小發明。

(4) 培養孩子的獨創精神

獨創精神是獨立思考能力的重要組成部分。獨創精神是指發明或發現一種新方法，用來解決某一問題。獨創精神是人類對未知領域進行科學探索中最寶貴的特質。家長可以為孩子訂一些科學報刊，培養孩子學習新知識、探索新問題的興趣。平時還可以訓練孩子在思考問題時，開闊思想、獨闢蹊徑。對孩子超出常規的想法，應予以鼓勵，這種不同尋常的想法，很可能就是今後科學創造的萌芽。

培養孩子閱讀興趣

好書能給孩子帶來很大的影響，家長應該培養孩子的閱讀興趣。下面幾個方法對家長會有啟發。

(1) 講故事法

孩子都喜歡聽大人講故事，故事能使孩子產生豐富的聯想，激起對故

事情節的探究，從而引起孩子的閱讀興趣。使用這個方法，需要家長對所要講的故事進行篩選，還要講究一些技巧和藝術。

(2) 讀書法

家長可以根據孩子的年齡特性和知識智力水準，選擇適合孩子興趣的書來讀。一些古今中外的著名兒童文學作品，都可以拿來給孩子讀。好的作品能使孩子得到薰陶和美的享受。家長給孩子讀書時，可以進行必要的解釋。給孩子留一些問題，在下次讀書前進行討論。時間一久，孩子就會爭搶著讀書。

(3) 電視引發法

現在的電視節目豐富多彩，家長可以選擇一些根據名著改編的連續劇，或根據著名童話、寓言、傳說改編的動畫等，讓孩子觀看，然後拿來這些名著的通俗讀物和漫畫給孩子閱讀，使孩子能進一步理解，從而引發其閱讀的興趣。

(4) 環境薰陶法

環境對培養孩子的閱讀興趣有著潛移默化的作用。家長可以在家裡設立一個圖書角，還要形成全家讀書的習慣。另外，家長應多帶孩子到書店和圖書館走一走、看一看，讓孩子理解書籍對人們生活的作用和意義。總之，不論哪種方法，家長都要考慮孩子年齡特性和個性特徵。對不愛讀書的孩子，不要操之過急，更不能施加壓力。家長要有耐心，可變換引導的方法，經長時間的引導和薰陶，孩子一定會產生讀書的興趣。

培養孩子的抗壓性

人的抗壓性會在人的一生中起重要作用，而良好的抗壓性對孩子的成材和日後的事業成功都是不可缺少的。目前，有些家長對孩子的身體健康和智力開發十分重視，卻忽視了孩子的心理健康和良好抗壓性的培養。那麼，怎樣培養孩子良好的抗壓性呢？家長可以從以下幾個方面做起：

(1) 培養孩子的自信心

要培養孩子的自信心，重要的一條就是要「解放」孩子，鼓勵孩子大膽地去想、去說、去做，多讓孩子做力所能及和透過努力可以做到的事情，同時教育孩子辦事不要輕率、魯莽，使孩子逐步建立起自信心。

(2) 培養孩子的成功意識

當孩子有了成績和進步時，家長都要適時、適當地給予表揚和鼓勵，這時孩子會樂意接受更高的要求。在孩子表示對某事或某種活動有濃厚的興趣時，他會探求、發現和鑽研，家長應不失時機地給予幫助和支持。

(3) 糾正孩子的嫉妒心

嫉妒心的負面影響很大，會使人變得心胸狹窄，容不得別人超過自己，自私、缺乏關心別人的情感。嚴重的嫉妒心會影響團結、孤立自己，不利於進步和成材。家長應幫助孩子建立信心，以及努力超越別人的健康心態。

(4) 培養孩子的「肚量」

有些孩子氣量小，看自己的優點多，看別人的缺點多，常拿自己的優點與別人的缺點比，不願意接受別人比自己強的事實。因此，家長應幫助孩子客觀地看待自己和別人，還要透過具體事例來教育孩子「嚴以律己，寬以待人」，使孩子逐漸心胸開闊、豁達樂觀。

培養孩子的音樂興趣

音樂教育是美育的重要一環，所以許多家長都很重視對孩子進行音樂教育。但是，如果教育方法不對，也很難取得理想的效果。因此家長首先應該對孩子有真正的了解。在了解的基礎上，充分利用孩子的特長和優勢，來激發其學習音樂的興趣。例如，性格外向善於表演的孩子可以學習舞蹈，性格內向的孩子可以學習樂器，天生音色好的孩子可以學習唱歌。這樣，孩子才願意學，而且有信心學好。家長實際培養孩子時，應該考慮

以下幾點：

(1) 孩子有進步要及時表揚。家長要以欣賞的態度去聽和看孩子的表演，如有進步要及時給予鼓勵和表揚，切忌指責，不要傷害孩子的自尊和打擊其積極性。

(2) 鼓勵孩子參加有規模的藝文演出，並幫助孩子做準備。在平時多為孩子創造表現自我的機會，如外出做客或有客來訪，在可能的情況下給孩子幾分鐘的時間進行表演，並給予鼓勵。這樣做可以增強孩子的膽量、信心和成就感。

(3) 讓孩子多接觸音樂。家長應多帶孩子看藝文演出，多欣賞音樂會，多和有音樂才能的人交流。家長還要注意培養孩子藝術的情懷和應有的修養。同時家長也應加強自身的音樂素養，提高欣賞能力，積極參與孩子的活動，以維持孩子的興趣。

培養孩子的自己動手能力

不要替孩子做任何孩子自己可以做的事情，如果我們過多地做了，就剝奪了他們發展自己能力的機會，也就剝奪了他們自立自強的機會。

在現實生活中，許多父母為了讓孩子專心學習，什麼家務事都不讓孩子做。有個國中一年級學生說：「媽媽掛在嘴邊的總是唸書唸書、功課功課，除此之外沒有別的。」當然，父母關注孩子的學習是沒有錯的，但是，只關心孩子的功課就太片面了。

一般來說，父母都希望自己的孩子多才多藝、成人成才。一個大城市的青少年活動中心舉辦諮商會，藝術類的項目最熱門，舞蹈、影視表演、朗誦、繪畫等等班級，都人滿為患。希望孩子從小掌握一些藝術類的知識與技能是可以理解也是必要的，但是，從孩子的成長和發展過程看，除了必要的藝術類知識和技能外，父母不要忽略了一個既簡便易行又可以促進孩子發展的環節 —— 讓孩子動手做事。

我們把這種教育叫做「早當家」，其具體的做法就是一句話：「自己的事自己做。」為什麼這樣提倡呢？因為經驗證明了孩子只有在做事中，才能成長為有責任心，有思想並且擁有理想的人。

培養孩子的自己動手能力，有利於開發孩子的智慧，豐富孩子的生活，提高孩子的情商。

讓孩子走出虛榮心過強的惡性循環

虛榮心過強的孩子，往往會出現這樣那樣的問題，虛榮心無疑是一種可怕的壞習慣。父母要幫助孩子分析原因，引導孩子正確對待學習與生活，從現實出發，鼓勵孩子克服虛榮的壞習慣。

虛榮心是一種表面上追求榮耀的自我意識。具有虛榮心的人，用扭曲的方式表現自尊心和榮譽感，追求表面上的好看和形式上的光彩，面子高於一切，不顧條件和現實去追求虛假的聲譽。

心理學研究認為，虛榮心是以不適當的虛假方式來保護自尊心的一種心理狀態。虛榮心是為了取得榮譽和引起普遍注意而表現出來的一種不正常的情感。

虛榮心的產生與人的需要有關。每個人都有受尊重的需要。這種需要包括成就、力量、權威、名譽、地位、聲望等。有了成就，就可能受尊重；有了力量、權威，就可能受尊重。權威、名譽、地位、聲望都與尊重息息相關。

家長應該對孩子的虛榮心理防微杜漸，儘早予以教育和糾正：

(1) 父母要及時發現孩子的虛榮心

比如孩子是否喜歡別人稱呼自己的頭銜？孩子是不是稍有成就便自吹自擂，唯恐他人不知道等等。

(2) 父母要創造條件滿足孩子自尊的需要

自尊，是進步的動力。沒有自尊的需要，就不會有進取的欲望和行

為。當孩子取得成功，有了進步，做了有益於他人、有益於團體的事時，都要給予鼓勵、贊許。從這個意義上講，家長不要吝嗇「讚揚」，要以多種形式在孩子心中播撒陽光。一方面要滿足孩子的自尊心的需要，另一方面，更要讓孩子懂得自尊的內容，即什麼樣的自尊才是真正的自尊，什麼樣的人才是真正值得尊重的。具有虛榮心的孩子一般都比較敏感。在他們因為虛榮心作怪而說了些謊話、做了些錯事之後，不宜直接去拆穿他們，以免斷了他們脆弱的心靈之弦。

(3) 父母還要從孩子小的時候，培養孩子學會「自我認同」

「自我認同」是心理健康的重要標誌。它包括：正確地認識自己，愉快地接受自己，恰當地評價自己。其中最難辦的是「愉快地接受自己」，因為不但要接受自己的長處，而且要接受自己的短處；不但要接受自己的優勢，而且要接受自己的不足；不但要接受自己的完美之處，而且要接受自己的缺憾之處；不但要接受自己的過去，而且要接受自己的現狀。爸爸是環境衛生工人，就是環境衛生工人；自己臉上有塊疤，就是有塊疤，這就是現狀。讓孩子愉快地接受自己不是件容易的事情，需要父母做很多努力。不管做什麼努力，都應該引導孩子看到自己的過人之處。「尺有所短，寸有所長」，每個人都有超過他人的地方，讓孩子懂得這些，看到這些，就對自己有了信心，也就消除了虛榮心。

培養孩子的幽默感

現代醫學研究表明，孩子在歡樂而富有幽默感時，就會使副交感神經活動增強，有助於增強胃腸功能，提高身體免疫力，還能使心胸開闊、思考積極、思路敏捷。許多國家都很重視對孩子幽默感的培養，中國以東方式的含蓄委婉見長，不乏幽默。那麼，怎樣培養孩子的幽默感呢？

1. 良好的環境，家長們努力創造一個輕鬆愉快且充滿幽默語言的生活氛圍，這是培養孩子幽默感的環境基礎。
2. 家長對待人生的樂觀態度，能對孩子產生潛移默化的影響。

3. 家長本身要加強自身修養，豐富自己的知識，擴大自己的興趣範圍。
4. 多與孩子交談，多說一些有趣可笑且意味深長的笑話、歇後語。
5. 讓孩子多看一些幽默漫畫，提高孩子的理解能力，不斷啟發孩子的想像能力。

培養孩子抵抗外界誘惑的能力

培養孩子的抗誘惑能力，對孩子良好品德的形成是非常重要的。具體的做法是：

1. 對孩子的合理要求也不應無條件滿足，而應適當延緩，並適度地讓孩子體驗挫折，使其能夠承受各種不滿足而保持心理平衡。
2. 對孩子進行情感教育，從而建立起孩子對家庭的義務感和責任感。
3. 幫助孩子建立正確的價值觀，在金錢和道德面前樹立科學的價值觀念。
4. 讓孩子養成獨立思考的習慣，培養孩子判斷是非和選擇正確行為的能力。家長不要代替孩子思考和決定，尤其是孩子在猶豫不決時，更要給孩子思考和分辨是非的機會。
5. 引導孩子了解社會的複雜性。家長應該經常和孩子討論正反兩個方面的社會現象，以便了解孩子的內心世界。
6. 鍛鍊堅強的意志力。孩子抗誘惑的能力低，主要是意志薄弱，因此家長應創造機會，使其經受艱苦的磨鍊練，培養良好的意志力。

培養孩子要有主見

俗話說：「強將手下無弱兵。」但是父母過於能幹，對於孩子來說未必是件好事。能幹的父母往往喜歡事事包攬，事事替孩子拿主意，結果父母成了諸葛亮，「鞠躬盡瘁，死而後已」，而孩子卻成了扶不起的阿斗，無主見的他們，前途堪憂。

所以，雖然說「強將手下無弱兵」，但兵總是兵，不是將。我們在培

養孩子的時候，不是要把他們培養成合格的兵，統一行動聽我們的指揮，而是要把他們培養成將軍，能自己領導自己的生活。所以我們要放手讓他們有自己的看法、自己的主張。

孩子無主見的毛病，並不是一朝一夕形成的，它是長期被父母或老師「牽著鼻子走」的結果。這使得孩子遇事容易產生一種「隨便」的想法，把自己的決定權輕易地拱手讓人。久而久之，他們就失去了自己獨立主張的習慣，盲從、輕信成了他們的通病，這顯然不利於他們今後在社會上立足和成就一番事業。因此，父母在平時的生活中，要常常給孩子拿主意的機會，要鼓勵他們發表自己的意見，不要怕得罪人，更不要怕遭遇挫折。父母要讓他們明白，發出自己的聲音，不附和於他人的看法，是一種相當寶貴的人格特質。

培養孩子的自我保護能力

如今很多孩子缺乏自我保護能力，這是人們的共識。

家長和學校當然都看到了這一點，於是加強防範，把孩子保護地密不透風。但是，成人對孩子保護越多，孩子的自保能力越差，於是就需要更細密周到的防範，於是孩子的自保能力就更差，似乎永遠長不大 —— 形成惡性循環。

所以，我們需要一種更明智的、介於粗心大意和過度保護之間的教育原則和教育行為。

孩子的自我保護，包括自我保護意識和自我保護能力兩個方面。具體說，家長要教育幼兒和小學時期的孩子，在以下一些問題上特別注意：

(1) 家庭中

在家庭中，使用電器時防止觸電，使用瓦斯時防止中毒，小心失火，了解一旦發生火災等事故的緊急處理方法。小心竊盜。知道家中有陌生人來如何處理。注意飲食安全。

(2) 學校裡

在學校裡，預防下課休息時間和體育課的意外傷害，預防落水，知道如何處理被同學欺負、搶錢等事件，知道如何處理恐嚇信，如何保護自己的物品不遺失。

(3) 社會上

在社會上，預防交通事故，預防迷路，知道迷路後的處理方法，小心被拐，學會用適當方式求助。當心性侵害，當心傳染病，維護自身的合法權益。

當然這裡無法說得十分全面，只是舉其大者。家長一定要讓孩子「掌握」這些事情，而且知道「如何處理」。

培養孩子自保能力的基本方法是「有預案，有演練」。家長不但要給孩子介紹有關知識，而且要設計一些情境，演練孩子的能力。不要只進行口頭的自保教育。

家長注意不要把安全教育變成「恐嚇教育」。有的家長經常用很多孩子被拐賣、被殺害、被強暴的新聞嚇唬孩子，結果孩子連門都不敢出了，上廁所都要有家長在門外看守。這種安全教育適得其反。

培養孩子良好的思考習慣

有些孩子思考習慣不好，愛鑽牛角尖，思維呆板，不敏捷，這對孩子成才的影響是很大的。家長不能只抓知識的學習而忽略思考習慣的培養，思考習慣的培養非常重要。偉大的物理學家愛因斯坦說：「學會獨立思考和獨立判斷比獲得知識更重要。不下決心培養思考習慣的人，便失去了生活的最大樂趣。」有的父母把一切事物都安排得十分妥善周到，從來就沒有什麼事，需要孩子自己去考慮，長此以往，會扼殺孩子的思考能力，更談不上解決問題的能力了。父母要培養孩子獨立思考的習慣，給孩子創造一個思考的空間。

思考好比播種，行動好比果實，播種愈勤，收穫也愈豐。一個善於獨立思考的孩子，才能品嘗到秋收的瓊漿玉液，享受到大地賜予的豐收喜悅。

思考習慣的種類很多，我認為當前尤其是要培養孩子的優良的思考能力，防止孩子思考上鑽牛角尖、思想膚淺、思維死板等壞習慣，使孩子成為思維最靈敏、主意最巧妙的智者。

一個人思考能力的高低，主要從他思考的深刻性、敏捷性、靈活性和獨創性等方面進行判斷。

思考的深刻性即指對事物進行深入的分析和綜合，能抓住事物的主要方面，透過現象抓住本質。如：概括能力、推理能力、理解能力、運用能力等等。

思考的敏捷性指迅速而又準確的運算、判斷能力。

思考的靈活性就是想法敏捷，不呆板、不固執，應變能力強，能從不同的角度提出問題和分析問題。舉一反三、觸類旁通是想法靈活性的具體表現。

思考的獨創性是指獨立思考，創造出新穎的有社會價值的智力素養。這些良好的思考習慣，家長一定要認真培養。

引導孩子克服自卑，樹立自信心

自卑的孩子很難取得成功，因此父母應把幫助孩子克服自卑，當作第一要務。孩子需要自信，猶如幼苗需要陽光。如果孩子產生了自卑感，會像幼苗遭受暴雨冰雹的襲擊，影響其茁壯成長。父母應堅持不懈地幫助孩子克服自卑，建立自信。

自卑是人的一種心理缺陷，自卑的形成往往源於兒童時期。懷有自卑心態的人是不健全的，這對一個人終生的發展，都有負面的影響，甚至會毀滅一個人的發展前途。因此，家長應關注自己的孩子有沒有自卑心態，

一旦發現，須儘早幫助克服和糾正，以避免形成自卑性格。自卑的表現多種多樣，如：過度膽怯怕羞，不願與人接觸；十分在意別人對自己的評價；自暴自棄，甚至自虐；缺乏自信；語言表達能力差，不能承受挫折，不能正確對待壓力等。幫助孩子克服自卑心態，建立自信有以下幾種的方法：

(1) 要孩子克服自卑感，首先父母自己要有自信心，否則就不一定能成功

父母要多教育孩子，讓孩子知道任何人都有自己的優點和缺點，不管是身體方面還是其他方面，要引導孩子能夠揚長避短。父母要多鼓勵孩子。積極的言語能使人產生積極的情緒，改變負面的心態，因而家長可以有意識地用「你真聰明」、「你一定行」之類的話為孩子打氣，或是在此基礎上，讓孩子根據自己的實際情況，每天上學之前，都唸上幾遍，在一段言語暗示之後，再滿懷信心地去上學。

美國參議員艾摩．湯瑪斯，在小時候因身體原因，就有著較強的自卑感，他的媽媽就是透過引導兒子實踐言語暗示說明兒子克服自卑感的。他的媽媽這樣說過：「…兒子，你的身體不太好，你可以用你的頭腦為生，用自己的良好語言表達能力、宣傳鼓動的力量……」因此，艾摩在媽媽的教育下，避開了身體上的劣勢，克服了自卑感，終於獲得了成功。

父母可以多給孩子講，許多人都有著自己的缺陷，都會產生自卑感，重點是要能夠克服自卑感。

亞里斯多德、達爾文、伊索、拿破崙都有口吃；亞歷山大、莫札特、貝多芬、拜倫都因身體佝僂、口吃、身材矮小、耳聾等，而產生過自卑感，但他們不因此而灰心，不喪失生活的勇氣。他們堅定了成就大業的信心，結果都取得了成功。如果他們克服不了自卑感，是不可能取得成功的。

(2) 父母要引導孩子正確認識自己，發現自己的長處和優點

沒有比較就沒有鑑別，要認識自己就得拿別人來做比較。我們較不提倡逆向比較，即用自己的長處去比別人的短處，但對於「羨人之長，羞己之短」的孩子來說，選擇別人的短處，作為逆向比較的對象，對於消除自卑心態，達到心理平衡，能收到意想不到的效果。

父母可以讓孩子選擇一些自己想達到的人格、心理特性，或是人生中重要的性格目標，如自信、樂觀、負責、勇敢、團結、熱情、聰明、獨立、果斷、自主等，一一羅列在本子上，然後根據自己的理解，分別給這些詞彙下定義，並隨時補充、修正、完善這些詞彙的定義。這個工作可透過下述三種過程完成：

1. 透過自己的生活實踐
2. 看書學習
3. 與人交流、向人請教學習

重複上述工作，直到你的孩子對所下的定義，感到滿意和完善為止，到那時再讓他看看自己時，他已經成了一個對生活、生命充滿了熱情、積極向上、非常自信的人。

(3) 鼓勵孩子克服恐懼心理，勇敢面對挑戰

每當孩子遇到困難、不敢接受挑戰時，就要求他們先在頭腦中想像自己完成任務時的勝利情景。這種隨意幻想式的預演勝利法，對於幫助孩子戰勝恐懼心理，愉快地接受富有挑戰性的任務，具有立竿見影的效果。

如何對待孩子的叛逆心理

我們作家長的在一起談話時，常常談到一個普遍而尖銳的問題，有些家長抱怨他們的孩子，不聽話，愛頂嘴。孩子不聽話的原因是很多的，但在許多的時候，孩子的不聽話與叛逆心理有關。叛逆心理是指孩子產生與

事物發展常理，背道而馳的一種心理狀態，從而做出「叛逆」舉動行為。你要我這樣，我偏要那樣。比如：孩子放學回到家裡，父母就告誡他別忘了做功課。孩子放下書包，洗手吃飯，剛端起飯碗，父母又催促他快些吃完飯去做功課。孩子放下碗筷，想與家中的小狗先玩一會再去寫功課，結果馬上遭到父母的指責。這個時候原來想做功課的孩子卻大聲抗議：我偏不做。

所以我們做家長的在日常生活中必須與孩子建立良好的關係，及時排除一些誤解，切忌讓孩子產生情感障礙和心理隔閡。

每個人都有獨立的傾向，每當孩子感到其自主權地位受到侵害，自尊心受到傷害時，也會產生叛逆心理。

孩子隨著年齡的增長，他們的自尊心、自我防禦機制在很多孩子身上有較多反映。

因而父母要放棄「封建家長制」的作風，採取平等民主的態度，充分尊重孩子的興趣和意願，如果父母總是採取粗暴的方式命令孩子這樣那樣，必然會導致孩子的「不聽話」。

當父母禁止孩子某些行為時，必須說明充足的理由，讓孩子信服，許多父母都把孩子不聽話的責任，推給孩子一方，實際上，父母不良的教育方法是孩子不聽話的主要原因。

為什麼有的家長教不好自己的孩子？因為他們認為自己最了解自己的孩子，其實卻最不了解自己的孩子。這就像用眼睛看物體，當物體離眼睛太近了，進入了「盲點」反而看不清楚了。

家長要做到對孩子有效的教育，就必須充分了解孩子，做孩子的師長和朋友。

在任何情況下不應打人，在一些問題上，應給孩子幾分鐘的解釋時間。不要因為一次考試不好而把舊帳全翻出來。給孩子一些與家長平等說話的時間。家長應該把孩子當成學生一樣，耐心地觀察他們的發展、變化。要積極參加家長會。與學校老師取得聯繫，了解孩子的表現。家長應

隨著孩子年齡的增長，逐漸改變單純的父子、母子關係，轉化為朋友的關係，與孩子平等對話、交談，共同面對成長中，遇到的問題。這樣孩子就願意和父母講心裡話。父母就能比較全面的了解孩子。

只有了解自己的孩子，教育才能有成效。

鼓勵孩子多參加課外活動

學校裡的活動遠遠不只是在教室裡發生的事情，放學後的課餘活動能為你的孩子提供豐富的資訊和機會。從合唱團到體育活動，以及藝術、戲劇、科技、閱讀等各種課外活動小組，大多數學校都有大量的活動可供孩子們選擇。其中絕對會有一項令你的孩子非常感興趣的活動。

如果學校裡沒有任何一項活動能使你的孩子感興趣，你可以去和校長談談看申辦一個新活動小組的問題。因為缺乏師資，有些學校裡經常會缺少某些課外活動。所以你需要付出一定的時間和努力，徵尋志願者，考慮開辦一些活動。

培養孩子的收藏愛好

孩子是天生的收藏家。但是，如果一旦收藏品被放到了壁櫥裡架子頂部的鞋盒裡的時候，它還有什麼樂趣可言呢？又會有誰去享受它給人帶來的樂趣呢？你可以幫助你的孩子使它變得更精彩，你可以讓你的孩子用一種有趣的、獨特的方式，展出他的收藏品。如果你的孩子有一個很珍貴的收藏品，應該用一種更適當的方式來展出它。如：

(1) 幫你的孩子準備一個空信封，它專門用來收集郵件上的郵票

當收集到一定程度後，幫你的孩子把收集的郵票貼在一個大硬紙板上，之後把這個硬紙板裝上木框掛起來。以後還可以更換新的。

(2) 稱呼你的孩子們為貝殼學家吧

他們可以在任何地方收集空的貝殼：海邊、小樹林、公園、花園、池

塘和小溪等等。你的孩子可以把它們展示出來，同時在每一個貝殼上標明它是在哪兒找到的。可以用舊牙刷對髒貝殼進行清洗，加上顏料可以使貝殼變得更加光彩奪目。

(3) 很多孩子都收集毛絨玩具等物

可以把它們在孩子的房間裡布置好，或是把它們用夾子夾好吊在天花板上。

(4) 讓他們盡量去模仿吧

不管是恐龍、駿馬、小狗，還是跑車，每一個孩子都有自己特別鍾情的東西。給他們買些他們特別想要的瓷器或是塑膠製品吧，然後把這些東西展現在大家的面前。

別讓孩子失去天真爛漫的性格

教育孩子就像種樹一樣，需要的是呵護和等候。

如果我們仔細觀察，就會發現一個有趣的現象：孩子們向父母詢問的往往是「大」問題，例如：天有沒有邊界？人是從哪裡來的？有沒有外星人？等等。其中有些問題甚至對今天的自然科學來說，還是未解之祕。而我們大人所關心的往往是「小」問題：雞蛋一斤多少錢？張三什麼時候退休？李四的工作怎麼樣？等等。

但是只對「小」問題感興趣的大人，卻擁有「話語主控權」，於是他們當中的不少人認為孩子們所關心的「大」問題是「無理取鬧」，經常冷眼對之。有些身為父母的人，甚至認為孩子應該像他那樣「通情達理」、「樣樣精通」，成為「小大人」才是聰明的孩子。這是一件令人感到悲哀的事情，孩子的想像力往往就是在大人的這種誤解中消失的！

孩子就是孩子，孩子應該有孩子氣。很多父母之所以經常與孩子發生爭執，就是因為沒有把孩子當孩子看待，而是用成人的標準去要求孩子。在現實生活中，我們確實發現有孩子不像孩子，孩子沒有孩子氣的狀況。

比如：一個 10 來歲的小孩，對父母問的事，評頭論足，發表「高見」，還不時跟父母爭論一番。可惜這些「高見」往往是生活當中一些雞毛蒜皮的事，不過顯出一點聰明而已！

心理學研究發現，孩子的「早熟」不是什麼很值得提倡的事情，因為孩子會因此而失去天真爛漫的性格，快樂的童年很快消失，太早進入大人世界，對他們的成長是極為不利的！因為缺少幻想是人生黑白的開始！

更為糟糕的是：「小大人」這樣的孩子心理壓力通常都是很大的，因為他們太早地明白了大人世界的許多東西，太早地承擔了一些不該有的心理包袱，而心理壓力很大的孩子是不會幸福的。

正確對待孩子的以自我為中心

獨生子女難免有些自我，這裡說的以自我為中心是比較嚴重的。

這種孩子心中只有自己，沒有他人。為了個人的利益，他們誰都不顧，包括自己的親人和朋友。這是一些很自私的孩子，絲毫不利人，專門利己。

這種孩子不善於換位思考，缺乏同情心，有時會表現得相當冷酷。對於窮人，對於學習成績不如自己的同學，他們看不起，不想幫助。但是在自己需要別人說明的時候，卻會毫不猶豫地支使別人。在他們看來，別人為他們服務都是應該的。所以這種孩子不知感恩，不會孝順。

這種孩子往往是老虎屁股摸不得，不能吃虧，只能占便宜，不能謙讓，只能搶先。吃了虧他們就要報復，占了便宜則洋洋得意。

如果一個孩子習慣於只為自己而活著，我們可以想像，他們是很難關心群體、熱心公益事業的，他們體會不到助人的樂趣。再往大了說，他們能愛國嗎？能關心人類的命運嗎？恐怕困難。

可想而知，這種孩子心胸狹隘，難有真正的大志，難以討人喜歡。他們即使學習成績很好，也不會得到同學的擁護，因為沒有人喜歡自私的人。實際上，自私者反而更不喜歡自私者，因為他從對方那裡得不到好處。所以幾個自私的孩子湊到一起，他們之間的關係常常會搞得非常糟糕。孩子的年齡越大，這種人際關係就會越加傷害他們的心靈，最終一定會影響他們的生活品質，簡單點說，他們將得不到幸福和快樂。

要特別注意的一點是，自我的孩子並不是自主意識太強了，他們只是太自私了，自主意識強弱與是否自私是兩回事。自主性強的孩子有較少的依懶性，能獨立思考，能分辨自己的權利和他人權利的界限，懂得自己和他人不可分割的關係，這種孩子反而不容易自私，不會隨便侵犯他人的權利，容易與他人合作。

要克服孩子以自我為中心的毛病，家長要採取以下幾點措施：

(1) 教孩子換位思考

家長要找各種機會，引導孩子理解對方，站在對方的角度想一想，懂得「己所不欲，勿施於人」的道理。

(2) 家長可以帶孩子參加一些公益事業和慈善事業，這對克服以自我為中心很有幫助。

(3) 家長不要過分照顧孩子，要努力和孩子平起平坐

比如一位媽媽，自己渴了，孩子那裡有水，打一聲招呼，拿過來喝就是了，用不著「請示」。家長要給孩子做出「維權」的榜樣，向孩子證明「我也有喝水的權利，不光你有」，這樣才是平等。

(4) 家長要克服自身的以自我為中心，不要把孩子看成實現家長「戰略部署」的工具

孩子是一個獨立的個體，前途首先是他自己的事情，家長是幫助者，而不是塑造者。家長若有此「平常心」，就不會過分殷勤地圍著孩子轉了。孩子失去了「人造衛星」，慢慢地也就淡化了「中心感」。

培養孩子守信用的良好品德

守信用是孩子立足於社會必不可少的要素，每個父母都應予以重視。失信是不道德的行為。一個言而無信的人是不會得到別人尊敬的，同時也沒有人願意與其合作。

人與人合作的基本前提，就是要守信用。教育孩子守信用，指要求孩子在人與人的交往中做到守時守信。守時守信的孩子更受人歡迎，更容易獲得社交的成功。守信的人，別人就願意與他合作。因此，做父母的要以身作則，言而有信，這樣才能讓孩子重信用，知道該怎麼做。

守信用能博得他人的信任。有一個美國孩子，他父親早逝，父親去世時留下一堆債務。若依常理來說，欠債人已去，把他的商品拍賣分掉，債務差不多也就算了。但是這孩子一一拜訪債主，希望他們寬限時日，並保證父親留下的債務自己將分文不少地還掉。後來這孩子果然歷二十年之功，把父親留下的債務連本帶利、分文不差地全還了。周圍的人都非常感動，知道他是一個可靠之人，也都非常願意和他做生意。結果他不但博得了別人的合作，也贏得了他人的尊敬。在以後的工作中，他越來越順利。

守信用是做人的一項原則，因此每位父母都必須從孩子還小時，開始對孩子進行信用教育。我建議從以下幾方面培養孩子守時守信：

(1) 培養時間觀念

守時就是要求孩子有良好的時間觀念，而培養孩子良好的時間觀念，養成不拖拉的好習慣，應該從孩子小時起步，讓孩子在很小的時候就感知時間，懂得及時做到答應別人的事。縱使孩子與朋友的約定沒有什麼價值，也要令其遵守。孩子必能在這些小小的約束中，學習到如何以自己的力量處理自己的行為。久而久之，孩子面對任何事情都會守信踐諾。

(2) 說到做到

你應該教育孩子對別人要守信用、負責任，答應別人的事要兌現；如果經過再三努力仍沒有做到，應誠懇地說明原因、表示歉意。告訴孩子在

答應別人之前，要慎重考慮自己有沒有能力和把握做到，對不能做到的，就不要輕易答應。

(3) 及時鼓勵

當孩子守時守信時，不管事情多麼微小，你要及時鼓勵褒獎，相反便加以提醒。

幫助孩子樹立正確的競爭意識

家長幫助孩子樹立正確的競爭意識，可以做下面幾方面的工作：

(1) 為孩子講解競爭規則

家長首先要讓孩子明白正確的競爭規則，競爭的規則是公開、公正、公平。只要能力強，並有不屈不撓的精神，就一定能勝利。培養孩子要從小做起，從平時做起，苦練好本領。

(2) 要給孩子鼓勵

家長要鼓勵孩子勇敢地向困難挑戰，要有必勝的信心。同時，還要幫助孩子建立歡迎別人超過自己的心理，樹立文明競爭的觀念。如果孩子沒有獲勝，但其畢竟為此奮鬥過，家長也要給予鼓勵以便鞏固其自信心。

(3) 培養孩子正確對待失敗

孩子失敗後，家長要及時進行引導，幫助孩子找差異，指出不足之處，總結經驗，下次爭取好成績。這樣的做法不僅能淡化孩子失敗後的沮喪心理，還能給孩子一個新的目標，使其多了一個期望。

積極引導孩子戰勝恐懼心理

孩子產生恐懼心理，久而久之對孩子的健康極為不利。聰明的父母應該巧妙運用孩子樂於接受的、科學的教育方式、方法，引導孩子戰勝恐懼。

(1) 給孩子樹立良好的榜樣

兒童的恐懼多源於觀察與模仿，看到別人對某一事物害怕，他們也會對某種事物感到恐懼。如打針時看到別的孩子恐懼、哭鬧的樣子，他也會哭起來，如果旁邊打針的孩子很放鬆、若無其事，他也會受暗示，從而減輕對打針的恐懼。孩子對某種事物的害怕，可能是模仿來的。因此，在孩子產生恐懼心理時，家長有必要檢查一下自己的言行，看看有沒有粗心大意地把焦慮不恰當地傳遞給孩子。另外，透過讓孩子模仿，也可以減輕孩於的恐懼，如孩子怕狗，讓他觀看年齡相仿的孩子與狗一起嬉戲，多看幾次後，有意識地安排孩子逐步靠近，多次反覆，孩子的恐懼就會減輕。

(2) 採用正確的教育方式

向孩子進行科學教育、講道理，不要採用各種恐嚇手段隨便嚇唬孩子，要從孩子小的時候，就培養孩子勇敢、鎮定的情緒，不過分保護孩子，也不勉強孩子做不願意做或不敢做的事。同時，注意豐富孩子的知識面，擴大視野，讓孩子多接觸大自然、社會，多參加有趣的活動，讓孩子明白了其中的道理，一些無謂的恐懼也就很容易消除。

(3) 不要大驚小怪，甚至嘲笑、懲罰孩子

家長要耐心解釋，並鼓勵孩子參與一些能有效消除恐懼感的活動。家長要尊重孩子的感受，但不要表現得過分熱情，過分關心和注意，否則不僅鼓勵了孩子的恐懼感，而且還可能使孩子的恐懼感增強；也不能輕視恐懼感，不要試圖借助嘲笑或生氣來改變孩子的畏懼行為，有時孩子在表面上可能不再抱怨了，但恐懼依舊有存在的可能。作為家長，盡可能讓孩子按自己的節奏面對和克服恐懼感，讓孩子描述他的恐懼經歷和情感。你了解孩子越多，越能幫助孩子對付他的恐懼，如果孩子害怕黑暗，給孩子解釋為什麼會有黑暗，以及黑暗並不可怕的道理，或者帶孩子走進黑暗的屋子裡去開燈，然後說：「你看，你已經進了黑屋子，你並沒有害怕呀！」反

覆多次，孩子的恐懼感就會逐漸消失。

培養孩子的領導力

領導力不是天生的，而是後天培養出來的。這種孩子主動性強、好奇心強，喜歡嘗試新的活動並起帶頭作用，往往成為核心人物，有一定的號召力，有熱情，有感染力，充滿朝氣。他們希望引起別人注意，在這種表現欲望支配下，孩子很有希望成為領導人才。家長在培養孩子的領導力時應做到以下幾點：

(1) 經常詢問、傾聽孩子說自己的夢想

領導者富於幻想，有發達的想像力，並能合理向別人解釋，從而影響別人，為其他人指明方向。所以，應鼓勵孩子去幻想。

(2) 教會孩子在大庭廣眾之下自在地表達

這要求訓練孩子的發音技巧、姿勢與神態的使用方法。

(3) 鼓勵孩子去爭取當班級幹部

家長應適時鼓勵孩子爭取當班級幹部並幫他謀劃競選，當選後謀劃班級治理目標和策略。

(4) 給孩子一個機會

領導力需要在實踐中磨練。要讓孩子在他自己感興趣的領域裡鍛鍊領導才幹，如有些孩子是室外玩耍的隊長，有些孩子是課堂上的組織者。

(5) 家庭「模擬」領導力訓練課

訓練孩子學會如何安排會議代表位置、如何引導與會者討論、如何組織課堂討論。可讓孩子主持家庭會議，最後讓他進行總結。

(6) 預測思考訓練

當孩子遇到困難來詢求幫助時，家長不必馬上去辦，而應鼓勵孩子：「你能再想別的辦法嗎？」從另一個角度去思考和解決問題。預測思考是

領導力的指標之一，要設法鼓勵你的孩子問：「如果我去做那件事會怎麼樣？」

(7) 鼓勵孩子在課堂上踴躍發言，表達自己的思想

讓孩子多採用「我認為」、「我想」等句子，以突出孩子的自我意識和責任意識。

責罵孩子也需要講求藝術性

在責罵孩子的語言方式上，父母要認真反省，牢記責罵孩子只是為了最大限度地使孩子健康成長，過分的批評只會打擊孩子。

批評不能傷害孩子的自尊心，批評必須講究藝術，必須謹慎地運用語言，不適宜的責備語言會有嚴重的負面效果。美國兒童學家曾分門別類地將 10 種典型的傷害性語言一一列舉。

1. 惡言 —— 傻瓜、說謊、沒用的東西。
2. 侮辱 —— 你簡直是個廢物。
3. 責備 —— 你又做錯事，簡直壞透了。
4. 壓制 —— 住嘴！你怎麼可以不聽我的話？
5. 強迫 —— 我說不行就不行。
6. 威脅 —— 我再也不管你，你想走就走吧！
7. 哀求 —— 我的小少爺，求求你不要這麼做好嗎？
8. 抱怨 —— 你竟然做出這等事，太讓我傷心了。
9. 賄賂 —— 你要是都考滿分，暑假帶你去旅遊。你要是考不好，那就在家裡修整花園吧。
10. 諷刺 —— 你可真替爸媽爭光啊！居然可以考出 40 分的成績。

因此，父母在批評孩子時，應注意以下幾點：

1. 避免用否定性、傷害性的語言，不要挖苦、嘲諷。
2. 切不可以偏概全，孩子一件事沒做好，就說他「什麼也不會做」。
3. 不要翻案掀舊帳，孩子犯了錯，就把他過去所有的錯誤一一數落。這

會引起孩子的極度反感。

4. 不要誇大孩子的錯誤，特別不要在外人面前當面指責、宣揚孩子的錯誤。
5. 不要在情緒激昂時批評孩子，這時很容易失去分寸，傷害了孩子後悔都來不及。
6. 不可用自己不良的思想、習慣來要求孩子，批評孩子正確的行為。

培養孩子擁有樂觀的品格

樂觀的情緒，對孩子的品行發展有著不可低估的作用。教會孩子樂觀處世是家教最大的成功。樂觀的生活能培養出孩子豁達的心胸和充分的自信，這是生活中一個良好的習慣，如果你想做一個好父母，請幫助孩子養成這種習慣，處理好人際關係。

父母培養孩子樂觀的品格，應做到以下幾點：

(1) 讓孩子感受到父母的愛

隨時從父母那裡得到堅定支援的孩子，會認為生活可以信賴，人生充滿機會。即使生活中偶然出現艱難、失望的境遇，他們仍然能夠對生活保持積極的態度。

尊重孩子，是對孩子表示支援的最好方式。母親在聽孩子說話時要熱心、不急躁，無論孩子說什麼都要表現出興趣，切忌咒罵或諷刺挖苦。

孩子不小心打碎了杯子，父母不要對孩子說：「你真蠢，這點小事都做不好。」這會損害孩子對自身價值的認知以及對你的信任。你不妨換一種口氣說：「沒有關係，以後多注意點。」

做父母，就是要用一顆純淨的心去理解孩子，愛護孩子。

但是，父母千萬不要把疼愛變成瞎吹濫捧。不分青紅皂白地讚揚孩子，會增加孩子的無助感。因為，孩子對過分的誇獎有著敏銳的直覺。

(2) 對孩子說「你能做好」

樂觀的孩子，總是覺得自己能夠駕馭生活，能夠克服學習中的困難，能夠擺脫人生中的痛苦。作為父母，首先要幫助孩子樹立切合實際的期望目標，並且清楚自己的孩子要怎樣做才能達到那個目標。最後，對孩子邁向目標的每一個細微的進展，都給予鼓勵和讚揚。

(3) 父母要保持樂觀情緒

孩子不可能總是按照父母說的那樣去做，但肯定會仿照父母做的那樣去做。因此，要想孩子樂觀，父母自己必須表現樂觀。看著母親一邊料理家務一邊哼著小曲時，孩子自然會感到快樂。

如果父母整天抱怨，表現很悲觀，孩子自然不會覺得快樂。

在生活中，父母還要注意自己的言行，常說些積極樂觀的話，比如孩子抱怨說：「我太笨了，連足球都踢不好。」這時父母最好說：「你剛剛練習，踢到這個程度已不錯了，以後，經過努力，你一定會成為足球健將的。」

如果父母是一個樂觀的人，孩子就會是一個樂觀主義者。

(4) 利用同學的影響力

父母要懂得：孩子的成績能被同學們承認，會增加孩子的自尊心，對培養樂觀品格非常有好處。

樂觀的品格，對一個人的一生都很重要。一個孩子如果擁有樂觀的品格，便會擁有對人生的自信。

融化孩子的冷漠心態

冷漠會使孩子失去所有朋友。讓孩子明白，唯有用熱情才會換來相應的熱情。因而，關注孩子健康成長的父母，應該十分警惕孩子冷漠心態的

滋生與發展。怎樣融化孩子的冷漠心呢？不妨試試下面的方法。

(1) 帶領孩子到生活中去感受「熱心」的暖流

書畫家為拯救災民的義賣書畫活動；社會各界為「希望工程」的捐助活動；為美化校園，每人獻上一盆花的活動。老師、家長應創造條件、提供機會，讓孩子去感受這些活動。

(2) 強化孩子的「熱心」行為

當孩子扶起倒在地上的自行車，當孩子給上坡的三輪車助上一把力，當孩子把自己的新書送給貧困地區的友伴，當孩子為正在發愁的奶奶送上一杯茶，當孩子出現這些「熱心」行為的時候，及時地給予表揚、鼓勵。這樣，在強化孩子熱心行為的同時，就抑制了「冷漠」心態的生長。

(3) 最重要的是訓練孩子的「同理心」

所謂同理心，是指能站在他人的立場上，從他人的角度去思考問題，去體驗情感。亦即能設身處地想他人之所想，急他人之所急，樂他人之所樂。例如，可以開展「假如我是……」的角色換位活動，使孩子理解、體驗假想角色的內心感受，改變原來的冷漠態度。一位放無薪假勞工的孩子正是透過「假如我是放無薪假的媽媽……」的角色換位活動，體驗到媽媽的煩惱，了解到媽媽的不容易，從此改變了原來的做法，與媽媽的心貼得更近了、更親了。

父母應消除孩子對老師的牴觸情緒

孩子對老師的牴觸情緒，父母不能鼓勵而應引導，不可嚴禁而應溝通。

那麼，怎樣才能消除孩子對老師的牴觸情緒呢？下面幾點經驗值得家長們借鑑：

(1) 與學校、老師進行溝通，積極配合老師教育好孩子

有一些孩子，在學校裡與在家中的表現迥異。在家裡非常勤快，又懂事又聽話，是一個很乖的孩子；可一到學校，就情緒低落，不愛學習，表現糟糕，經常受到老師的批評，也經常頂撞老師。家庭與學校教育方式的差異，導致了孩子的這種反差極大的性格表現。在這時候，父母要主動地、心平氣和地與老師溝通，向老師提供孩子在家的一些日常表現狀況，讓老師也了解孩子的行為表現的另一面，對孩子的行為有一個全面的評價。父母要與老師一起分析雙方在教育孩子的方式上存在的差異，求同存異，給孩子一個接近的教育價值觀，不至於讓孩子無所適從。

(2) 尊重孩子，讓孩子發表對學校和老師的看法

當孩子產生了對老師的牴觸情緒後，父母首先要以一種溫和的態度與孩子交談，不要製造壓力，而要讓孩子在寬鬆、自由的氛圍中，發洩對老師的不滿，這種發洩還可以達到一種平衡心理的作用。父母提供了一雙耳朵，認真地傾聽，孩子會感覺到自己的煩惱得到了尊重，就會毫不隱瞞地把自己的態度、牴觸老師的原因講出來。父母等孩子的情緒穩定下來之後，與孩子一起冷靜地分析事情的利弊，客觀地看待牴觸情緒。如果問題的主要原因在孩子，就要合理利用孩子爭強好勝的心理，因勢利導，好好解釋說明讓孩子意識到自己的錯誤，提高孩子認識自己缺點的能力。

(3) 讓孩子學會同情，從老師的角度思考一下問題

作為父母，切忌對孩子的牴觸情緒一棒子打死，讓孩子無條件地服從老師，這樣只會加劇孩子對老師的反抗。有的父母僅僅站在孩子的角度思考問題，過分溺愛孩子，甚至與孩子一起指責老師，更甚者跑到學校裡與老師大吵一番，其結果只可能更糟。孩子的認知有的時候有偏激的一面，很容易以自我為中心，僅站在自己的角度看問題。在這點上，父母要學會培養孩子的同情心，有的時候也稱之為換位思考，與孩子一起站在老師的

角度重新審視，必要時還可以創造場景，以體會老師的情緒和難處，讓孩子學會多體諒別人，為他人著想。這樣的話，在家中就可以改善孩子和老師的關係，減輕孩子對老師的牴觸情緒。教孩子學會尊重老師的同時，還要鼓勵孩子有想法，善於提問題，因此，教給孩子一些提意見的策略和技巧也是必不可少的。

孩子消費切莫隨波逐流

隨著人民生活水準的提高，兒童消費已經變成家庭消費的核心，中國擁有 3 億消費者的兒童產品市場正呈現出誘人的商機。但是，大潮之下湧動著令人擔憂的暗流，這就是兒童消費日趨成人化。

另外。據有關部門統計，在中國城市兒童消費中，營養保健品占到20%左右。由於盲目服用營養品，導致厭食症、早熟兒童屢屢出現。父母的錢花了，是否就買來孩子的健康呢？由於中國營養保健品市場發展較快，但管理相對落後，作為消費者的父母，必須以平常心對待，切莫隨波逐流。對此我們呼籲：小孩補充營養要慎重。孩子正處於身體和智力發育的旺盛時期，確實需要一定量的營養。在正常的情況下，只要供給足夠的熱量和均衡的營養成分就可以了，而一日三餐就可以滿足這些需要。常言道：「藥補不如食補。」對孩子的健康來說，廣泛的攝取食物以及不偏食、不挑食的飲食習慣，則是簡便、良好的調護方法。有一部分孩子由於先天性不足或因後天疾病的影響，致使身體虛弱，應該予以適當食補，以助身體正常發育，但也要注意用之得當，「對症下藥」。因為每一種補藥功效都是有限制的，不可能適用於任何人，要以滿足孩子的健康為標準。

在一家服裝專賣店，一些父母在給孩子購買高級的名牌服裝。一個看上去只有五、六歲的女孩，卻身著旗袍，戴著胸花、頭飾、項鍊等，稚嫩的臉上化著妝，她的媽媽正在旁邊給她試穿一雙價格不菲的名牌皮鞋。看到有人一直用驚奇的目光在打量他們，孩子問身邊的媽媽：「叔叔怎麼一直看我？」媽媽回答：「因為你漂亮呀。」孩子頓時一臉得意的表情。

孩子的這種高級化、成人化的消費現象日趨明顯。如今在一些大商場，一些顯然是成年人的商品卻公然用於孩子：金銀首飾，各種高級皮衣皮鞋，名目繁多的兒童系列美容用品，以及各種補品，甚至還有所謂「兒童婚紗」。可嘆的是有些父母為孩子不惜一擲千金。這種盲目的消費觀，不僅造成浪費，而且有損於孩子的身心健康。

不要一味遷就孩子的不合理要求

學會拒絕孩子，是父母教導孩子成長的重要內容。

其實，孩子的心靈本是一片白紙，他們的思想、行為與父母的思想、教養方式、行為準則息息相關。本來，孩子是沒有自立能力的，他的需求很自然要靠家長來滿足。可今天的孩子生活在現代社會，他們不僅從父母身上，也從電視上、從大街上、從遊樂園中看到這多姿多彩的繁華世界，他們的視野寬廣，他們的欲望也變得強烈。而家長們常不忍心拒絕他們的要求，千方百計予以滿足，唯恐落在他人之後。可是人的欲望永無止境，小孩子亦是如此，甚至更為強烈。不要說以有限的精力、財力、時間去滿足孩子無休無止、花樣翻新的欲望幾乎是不可能的，況且，對孩子的需求全部都予以滿足首先就是一種大錯誤。過於遷就孩子，等於促使孩子養成隨心所欲、唯我獨尊的不良思想，勢必導致他們在日後邁入社會，進入實際學習、工作、交往中，碰得頭破血流，甚而誤入歧途。

因此，在日常生活中，家長不要遷就孩子的不合理要求。對孩子過分的需求，理當不要遷就之外，對孩子正當的要求，有時基於家庭的經濟條件，或者出於教育孩子的目的，也未必一定全部滿足，但是，不要遷就孩子必須注意方法。

有些家長當時不遷就，可是經不住孩子的糾纏，過一會又予以滿足，這是最失敗的。這樣出爾反爾，定會讓孩子養成壞習慣，以為透過死纏爛打的手段就可以達到目的。也有些家長不注意相互之間的步調、默契，爸爸不遷就了，媽媽卻遷就了，「爸爸不給，媽媽給」。又或許父母達成一

致意見，爺爺奶奶卻悄悄地予以滿足，當父母提出批評，老人又說這是他自己的積蓄，背後又在孩子面前嘮叨，這樣不僅會造成孩子心理失衡，誤以為父母不疼愛他，說得好聽，說什麼事情做不到，其實可以辦到，只是不願意為自己花錢、著想。

不遷就孩子是必要的，掌握一些方法、策略更是不可或缺。比如家長在拒絕孩子的同時，答應他如果條件許可，一定會滿足他的合理要求，但必須信守諾言，絕不可敷衍了事，自以為孩子過後就會遺忘。信守諾言，不僅會樹立自己的威信，在孩子方面，也會感到父母是真正關心愛護自己的。再者，家長假若眼光敏銳，注意觀察孩子，出乎孩子的預料，主動滿足孩子心中渴望而又沒有說出來的願望，更會事半功倍，令父母與孩子間的感情融洽，並逐步建立起相互理解、相互信賴的關係。

家長要預防孩子抽菸

少年兒童正處在成長發育期，抽菸將對他們造成極大的危害：一是對生命健康造成很大危害，引起思維功能的嚴重退化和智力功能的損傷；二是在社會適應方面造成危害，如助長追求享樂意識，增加父母的經濟負擔，促成不良的社會交往，形成畸形的價值觀，誘發違法犯罪行為等。

為了預防孩子抽菸，建議家長採取以下一些恰當的措施：

(1) 過度滿足好奇心法

許多孩子的抽菸行為是從兒童時期開始的，因此，正確對待兒童對抽菸的好奇心，防止兒童染上菸癮，是十分重要的。如果孩子對抽菸產生好奇心，不妨採取類似心理治療中的「厭惡療法」措施，讓他的好奇心得到徹底的，甚至是過度的滿足，以便打消他的好奇心，使他從此不再產生夠煙的念頭和行為。例如，一位美國心理學家在發現自己的孩子偷偷抽菸時，非但不打不罵，還掏出一支雪茄菸，親自為孩子點燃。當孩子被雪茄菸那極濃的苦澀味道嗆出眼淚時，他才嚴肅地說：「孩子，記住，你不能

抽菸。」

(2) 正面引導法

父母應當採取恰當的方法，對偶爾抽菸的孩子進行正面引導，勸說他們停止抽菸。實驗表明，透過正確教育來彌補孩子成人感的缺乏，是讓孩子放棄抽菸的有效方法。當兒童將要向青少年時期過渡時，家長應當吸引孩子參加正當的娛樂活動，滿足他們的成人感。同時，告訴他們抽菸並不是成熟和長大的標誌，千萬不要由於一時的好奇心或盲目模仿別人抽菸的神態而養成抽菸的壞習慣。

父母應當多採取正面教育的方法，讓孩子了解抽菸的危害，盡量讓他們在明白抽菸的危害後，自己主動地不去抽菸或戒除菸癮。對抽菸的孩子採取一定的禁止性措施是必要的，但是，健康教育的方法不應該簡單化為一系列「不准」。

(3) 以身作則法

很多孩子最初的抽菸行為，是在父母、成年親友、鄰居等的影響下發生的。因此，要防止孩子抽菸，父母應當以身作則，自己不抽菸。

不要讓孩子孤僻離群

孤僻從來不是孩子應當有的天性，從孩子的天性來說，孩子是樂群好交的，那些孤僻離群的孩子大多數不是緣於天生，而是由於不當的家庭教育方式所致。

孤僻離群的壞習慣，會給兒童帶來一些心理問題，使得孩子難以應付各種複雜的人際關係，而變得自卑和羞怯，這在一定程度上影響兒童成長。父母可以採取以下措施，讓孤僻離群的孩子回到孩子們之間。

(1) 以身作則，為孩子創造良好的家庭環境

良好的家庭氛圍主要表現為全家人的和睦相處，家長疼愛子女，兒女孝敬父母，彼此關心照顧，共同生活，這樣的家庭環境對孩子有一種凝聚力，孩子在這種氣氛中，潛移默化地學會與人融洽相處之道，其人格也會不斷完善。

(2) 鼓勵孩子走出家門，多與同伴交往

著名教育家劉紹禹先生提出的教育原則是：家人不要太親近兒童，兒童應該與年齡相同的兒童生活，然後才能學得與人相處之道。兒童總是與家人在一起，就會產生依賴式的自卑心理，將來步入社會就會感到很難適應。

從兒童身心發展的規律來看，一般孩子長到三歲時，就已經產生社會交往的欲望。這是孩子社會交往的萌芽期，在這個時期，家長應提供孩子與同伴來往的條件，鼓勵他們走出家門多與同伴來往，在來往中獲得豐富的社會交往經驗，得到社會生活的訓練，培養社交能力。

(3) 鼓勵孩子多與大人交往

美國心理學家哈伯特教授（George Herbert Mead）指出，孩子從小與大人來往，有利於孩子形成能屈能伸的心理素養，有利於孩子長大後儘快適應新的工作和生活環境。

家長要教育孩子對鄰居、客人要熱情、謙虛、禮貌，這樣使孩子逐漸養成尊重別人、愛護別人的良好品德。

家人要引導孩子與親人平等相處，切忌以孩子為中心，處處圍著孩子轉，讓孩子凌駕於父母之上。同時，家長也要尊重孩子，切忌隨意訓斥打罵孩子，要讓孩子在互敬互愛的家庭氣氛中形成合群的性格。

(4) 有意識地教給孩子一些社交技能

孩子在交往過程中，都有自己比較要好的朋友。孩子和朋友交往中，家長要教育孩子嚴以律己，寬以待人，朋友之間要互相信賴，彼此尊重。

家長應告訴孩子可以被接受的遊戲方式，鼓勵孩子說出「我跟你玩好不好」等一些有禮貌的話，並讓孩子知道別人喜歡他這樣，而不喜歡不禮貌的孩子；告訴孩子不能侵犯他人的自由。

家長應經常讚美孩子，也教會孩子學會讚美別人。孩子自己如果能說出「你很棒」、「好漂亮」之類的話，則可以贏得不少朋友。

父母離異或不和帶給孩子的危害

下面是一則孩子的日記

在短短的 15 年中，我經受了多麼大的痛苦啊！我的痛苦是女兒失去了母親的痛苦。每當別人談起他們的母親怎麼怎麼好時，我就會把辛酸的眼淚往肚子裡吞，人家都有一個親愛的母親，天天能夠得到她的溫暖，而我卻不知道母親的容貌。

這就是缺陷型家庭給子女帶來的精神損害！

父母之間經常爭吵、打架，會使一些孩子的神經處於緊張的狀態，久而久之，他們的心情就會變得非常憂鬱、脾氣急躁，對外界的刺激十分敏感；有些孩子則相反。由於他們長期以來習慣了這種環境，對周圍任何人和事都變得十分冷漠，不懂得怎樣與別人友好相處，哪怕只是微小的衝突，也常付之以各種攻擊性的行為。

父母離婚的孩子由於缺少父愛或母愛，因而形成感情冷淡、心情憂鬱、性格孤僻、不求上進、自暴自棄，甚至還會產生輕生厭世的心理狀態。據調查，不少青少年罪犯就是來自這種家庭。

總之，家庭氣氛、特別是家庭成員之間的關係，直接影響著孩子的性格、思想和品德的形成與發展，影響著孩子的身心健康。做父母的應該多為子女著想，想想他們多麼需要親生父母溫暖的手撫養他們成長，多麼需要親生父母愛的雨露，滋潤他們幼小的心田啊！

重視培養孩子的責任心

有責任心的孩子做任何事情，都會考慮到行為後果，並且在不影響他人利益的情況下，實現自己的需要。他們明白並主動履行義務，願意承擔自己行為的後果。

幾乎每一個父親或母親都希望自己的孩子有責任心，而且相信責任心是一個人，立足於複雜社會、能擔當重任的重要條件。但是，孩子並不是天生具有責任心的，它是在適宜的條件和精心的培育下，隨年齡和心靈的成長而生長起來的。家庭是孩子責任心賴以滋生的土壤，父母對待孩子的態度，教育孩子的方法是它能否健康成長的重要條件。孩子只有在家庭環境中長出責任心的「幼苗」，才能在更複雜的學校、社會環境中經受考驗，得到修正和磨練，最終會成為一個自強、自立的人。

孩子家庭責任感淡化的原因，主要是父母的觀念、態度和教育方法造成的。父母慣於把孩子看成自己的私有「財產」，把自己的意願強加給孩子，很少給孩子應有的尊重和平等參與家庭問題討論決策的機會。或是父母把孩子的利益、需要一直放在首位，對孩子「唯命是從」、呵護倍至，唯恐孩子受了「委屈」。再者，有些父母最關心孩子的學習成績，認為只要學習好，其他的問題都是次要的，為了讓孩子有更多的精力和時間學習，包攬了所有的事情。其實，未來生活所必需的觀念、態度和技能，有些是不能在書本和學校中學到的，孩子在家庭生活中也時時處處在學習，這同樣是一種學習，而且是很重要的學習。在家庭生活方面給孩子必要的指導，有意識地培養孩子的家庭責任感，是父母的責任。

培養孩子的家庭責任感的根源，在於家長是否具有家庭責任感，還在於家長是否給孩子練習的機會。如果你不是一個盡職盡責的父親或母親，怎能對孩子進行責任心的教育呢？父親與朋友打麻將通宵達旦，不顧對家

人的干擾；母親忙於在外應酬，家裡一團糟，父母有什麼理由和資格去埋怨孩子不願回家呢？在一個專制的大人王國裡，也難以培養出有家庭責任感的孩子，因為家長對孩子控制得太死，管制得太多，使孩子沒有機會就某件事做出負責的行為，孩子做事只是服從，聽命於大人的意見，而我們強調的責任感並不是指你的孩子，按照你告訴他的方式去行事，而是一旦家裡需要額外支援時，他能主動發現並自主地做出反應。只有民主的家庭，才是家庭責任感生長的最佳環境。在那裡，人與人相互獨立（並非各行其是，漠不關心），彼此尊重又相互關照，孩子受到重視，家長具有威信。因此，在討論家庭中的責任與分工之前，首先需要每一位家長反思一下，自己是否是一個有家庭責任感的人？自己慣用的教養態度和方式是否有利於責任心的培養？在抱怨自己的孩子缺乏責任感之前，先對自己說一句：「家長是孩子模仿的對象。」然後就有可能從抱怨孩子，轉而反思自己。要想改變孩子，也應從改變自己開始。這是最關鍵的問題。

在家庭生活中如何創造或抓住機會培養孩子的責任感？這裡的關鍵是，你必須賦予孩子一定的責任，以便有針對性地進行教育。空洞的說教是不能培養孩子的責任心的。透過賦予孩子責任，透過讓孩子收穫責任心行為的獎勵，或忍受他們行為的不良後果，才能讓孩子養成責任心。

父母態度不一致對孩子不利

在對子女的教育中，家長的角色很重要。如果父母扮演的角色不對，則會影響教育的效果，有時是事倍功半。那麼，在教育孩子過程中、父親和母親應該扮演什麼角色呢？

父母態度不一致，可能使孩子欺軟怕硬，見風使舵，看人臉色行事，容易形成當面一套背後一套的兩面作風。如果一個家長對孩子較嚴厲、苛刻，另一個家長過於溫和、寬容；或者一個要求特別嚴格，另一個又特別遷就、姑息、放任，不難想像，就會出現下列情形：孩子在嚴厲家長的面前很老實，戰戰兢兢、唯唯諾諾，有話也不敢說，有理也不敢申辯，有事也不敢做；而當著溫和的家長的面，則像換了一個人似的，言行放肆、為所欲為，一點規矩也沒有。這樣的家庭教育，肯定造成孩子心理上的不正常狀態，養成不良習慣。

「態度不一致」還會影響孩子的心理健康。調查表明：在有心理問題的兒童中，父母採用「態度不一致」方式的比例為 17.3%，顯著高於家長採取正常教育方式的比例 9.24%，所以家長要在子女教育中扮演好角色，並不是說兩者的角色不能一樣。相反，父母也好，爺爺奶奶也好，教育態度必須步調一致，互相合作，否則就是無效的。

父母對孩子的態度不一致，也會影響到父母在孩子心目中的威信。夫妻一定要注意維護彼此的威信，絕不能為了提高自己的威信而故意貶低另一方。即使是一方對孩子的要求不合理，也不能自己單方面出面更正，而是應該與對方交換意見，由他自己出面更正。這樣，既有利於孩子，也有利於維護家長的威信。

另外，這種角色的不一致，也很容易造成家庭矛盾和彼此間的不信任。

星期天，一家三口逛商店，孩子看中了一個玩具要買，爸爸不同意，於是孩子哭鬧，爸爸講道理講不通，孩子就躺在地上哭鬧著不起來。媽媽要哄，爸爸要打，媽媽心疼，就與爸爸吵起來，結果孩子沒管好，夫妻倆倒弄了一肚子氣。

因此，夫妻在管教孩子方面，步調不一致是不利於孩子的成長的，久而久之，還影響夫妻的感情。

再者，如果父母教育孩子時出現爭執，母親這樣說，父親那樣說，孩子就無所適從。孩子分不清誰是對的，不知道應該聽誰的，乾脆誰的也不聽，也就用無所謂的態度對待自己做的錯事。

父母雙方教育孩子的態度應該一致，要嚴格都嚴，不該嚴格就不嚴。需要嚴格的時候嚴得起來，需要慈祥的時候能真正有慈。每位家長都應該是有嚴有慈，集嚴慈於一身。

不要一味地用物質獎勵刺激孩子

父母對孩子的態度與評價，將影響孩子的發展方向，影響到孩子將成為什麼樣的人，千萬不能讓孩子成為見利忘義、唯利是圖的人。

11 歲的海濱是個聰明的「小滑頭」。他不僅學習成績好，而且主意也非常多，班上有個自營商的兒子成績很差，經常寫不完作業，有一天，他對海濱說：「你幫我做數學題，我給你錢。」海濱不敢要同學的錢，回家把這事告訴了媽媽。媽媽說：「傻瓜，為什麼不要？」於是，海濱從第二天起，就開始幫同學做作業賺錢了，而且業務很快就從做數學題擴展到做語文、寫作文，後來又發展到代做清潔。最後，海濱的賺錢從學校又賺到了家裡。每做一件家務事，都向父母索要「服務費」：掃地一毛，洗碗五毛，代買東西則收 20%的跑路費，而父母為了鼓勵孩子多做家務事，竟同意按兒子的要求付錢。

海濱的父母「按勞付費」給兒子，是因為他們覺得以這種方式給兒子錢，可以培養兒子勞動創造財富的觀點，兒子以這種方式要錢，總比沒有理由地要錢強得多。不錯，孩子以自己的勞動換回零用錢無可非議，海濱父母所想的也有道理。但他們忽略了重要的一點，那就是：在家庭中、在團體裡，我們每一個人都有一定的責任和義務，這些責任和義務是不能用金錢來衡量的。做家務事，是孩子的本份；孝敬父母，是兒女的義務。如果孩子每做一件事都用金錢來衡量，那麼，父母們做了那麼多的家務事，又由誰來付費呢？所以，做父母的，絕不可只看眼前，不要讓金錢腐蝕了孩子的心靈。要從長計議，給孩子提供最佳的環境和條件，讓他們真正懂得自食其力的含義是什麼。

要培養孩子具有寬容心

孩子學會寬容，就能學會尊重和理解。孩子有了寬容之心，就會形成善良的品格。

寬容是一個強大的道德美德，能幫助減少仇恨、暴力和偏執，同時還能影響我們以善良、尊重和理解來對待別人。寬容不要求我們暫停道德上的評判；寬容確實要求我們尊重差異。這是我們必須灌輸給孩子德育的一個重點的部分。《養育好孩子》（*Raising good children*）的作者湯瑪斯．李柯納（Thomas Lickona）解釋說，作為道德美德的寬容有兩個方面。第一個方面是尊重：尊重所有人的基本人類尊嚴和不可剝奪的人類權利，包括他們做出道德選擇的良心自由，只要他們不侵犯其他人的權利。寬容這種美德，讓我們不要非將自己的觀點，強加在別人身上或不公正地限制他們的自由。寬容能使人們同意不對最有爭議的問題表示不同意；寬容能使人們與最深層次的差異共處，即使人們繼續辯論這些差異。

寬容的第二個方面是欣賞人類豐富的差異，欣賞來自於各種背景、人種、宗教、國家和文化的人們許多正面的特質和貢獻。想要孩子們在家裡、在學校裡、在社會上能夠了解其他有趣的、有用的和有益的思考方法和生活方式，並且從這類接觸中獲益匪淺。最起碼，要使孩子們理解人類的差異。每個家庭的差異，每個人是獨一無二的。在這個意義上，寬容就是要在所有的人身上找到美好的東西。

孩子們不是生來就滿腹仇恨的：歧視、偏見以及陳規是學來的或因為缺乏足夠的社交而產生的。這兒就隱藏著危機：近年來，許多產生偏執的強烈影響已經滲透進孩子們的文化，而且對他們寬容的發展，造成反效果。

做父母的必須正視這個問題，千萬不要忽視對孩子寬容心的培養。一個沒有寬容心的孩子，將很難融入社會大家庭之中，和人們和睦相處，共同發展。

不要強求孩子成為「天才」

過分強求，孩子就算是「天才」有時也會蛻變為「庸才」。相信這世界上有許許多多的父母，他們一心盼望孩子成為頂尖的天才人物。有些父母

希望讓孩子先熟悉智力測驗，以便將來正式測驗時，能多得些分數好進入資優班，以為在那樣的環境中，孩子就能得到最好的教育，成為最優秀的人。這是很不理智的辦法。即使孩子經過「惡補」而能進入資優班，如果他本身的能力不夠，孩子是否會很吃力、感到很挫折呢？也有些父母希望孩子將來能成為物理學家、數學家、醫生等等，於是逼迫孩子往這條路上走，完全不顧孩子的興趣與能力，這很可能抹殺了孩子原本的能力，導致最後一事無成。

孩子在成長的過程中，必定會經歷許多不同的經驗，他可能嘗到成功的滋味，也可能遇到很多失敗與挫折。父母必須在孩子受挫折時，安慰他、鼓勵他，遇困難時輔助他解決問題，而當他成功時一起分享他的喜悅，以養成孩子獨立堅毅的性格。現代的父母所要扮演的角色是很複雜的，他必須是孩子的父母，又是朋友及老師。父母太縱容孩子固然是不對，但保護過度或過於專制，對孩子亦無幫助。父母必須了解孩子的需要及能力，永遠站在輔導者的地位，而不是扮演主宰者的角色。父母可以提供孩子多方面學習的管道，培養孩子多方面的興趣，給孩子一個啟發性的學習環境，並且要讓孩子有選擇自己喜好的機會。每個孩子都有不同的天賦能力，父母應該了解孩子的能力，協助他發揮潛能。孩子若是天才當然最好，但若不是，只要能依照他的長處去發展，將來必能有所作為，又何必斤斤計較孩子是不是天才兒童呢？畢竟這個世界上天才只占極少數。

「望子成龍，望女成鳳」是每一個為人父母者的心願，但是成功的父母並不是強迫孩子成為樣樣都優秀的天才，而是能發現孩子的興趣與能力，輔導他發揮潛能。

家長對待孩子的態度不宜太嚴肅

傳統的中國家庭，父母都傾向於太嚴肅，尤其是父親的形象，以嚴父為其正統。子女向你說點什麼，你就板起面孔教訓他一頓，或長篇大論正經八百地闡釋一大段道理，子女不對你敬而遠之才怪咧。所以父母應和顏悅色一點，最好能有點幽默感，讓子女感到親切，代溝才可填平，兩代人的「牆」才可拆去。父母子女和睦，教育才能達至最佳效果。

父母對待子女不宜太囉嗦

常聽做子女的抱怨：父母太囉嗦，太煩，有的甚至不願跟父母說話，不願回家。我也見過不少確實很囉嗦的父母，他們整天沒完沒了地嘮嘮叨叨的大都是些雞毛蒜皮之事，譬如天涼了多穿衣、肚子餓了吃東西之類。其實做父母也要與時俱進，子女長大了，自尊心強了，獨立性強了，你也要改變自己的心理和做法，不能總是將他們當作小孩子看待，此外，適度是做一切事情的最主要原則，再好的話，你老是嘮嘮叨叨也會使人厭煩。這一點是做父母者必須要注意的。

父母不要常常為子女出面

一位教師同行告訴我，她曾在一所學生家長都屬中上層家庭的學校任教，那時最困擾的是父母親動輒為子女出面。譬如子女遲到，不交作業，與同學發生摩擦，不守紀律受到批評處罰等，父母親就帶著子女，來到老師校長面前爭辯。有的把一切事情攬在自己身上；有的大肆地興師問罪，死纏爛打也要為子女挽回面子；有的則教訓教師，該怎樣做，不該怎樣做。如此這般，看起來是愛孩子，但後果會是怎樣呢？孩子可以有恃無恐了！可以不負責任了！因為天大的事都有父母出面擺平。其實做家長的不必太擔心子女在團體生活中吃虧、受委屈，試問，誰不是在吃虧後聰明起來的呢？

過分苛求孩子的危害性

小麗出生在一個知識分子家庭，父母對她要求很嚴格，獎懲很分明，她如果聽話，學習成績好，父母則很愛她；如果不聽話，考試成績不好，

則必定挨罵甚至挨打。

由於父母給予她的愛是有條件的，為了得到這份愛，小麗不得不捨棄童趣和童心，抑制自己的很多本能欲望，經常擔心自己的學習成績，就連偶爾產生與朋友玩一玩或想看看電視的欲望，心中也感到焦慮和不安。在她的潛意識中，認為這是對自己的「放縱」，是不對的。時間一長，她這種為了得到父母的「愛」而努力達到父母要求的行為方式，便逐漸固定下來，並影響到與其他人的交往中。

在平時的生活中，她很在意別人對她的評價。為得到他人的好評，她的一切都要表現得很「好」，一舉一動都要符合父母、老師甚至他人的「好」的要求，這樣，她就成了一個為別人而活著的循規蹈矩的「好孩子」、「好學生」。形成了性格內向，不實際地嚴格要求和反省自己，以及依賴性強、獨立性差、過分自尊等不良的個性特徵。因而，她在日常生活學習中，非常關心自己的學習成績，對自己的要求十全十美，時時處處小心謹慎，經常處於緊張擔憂之中，以至於感到生活很累。

小麗從小學到中學再到大學，一直都是學習尖子。然而，她卻在一次期末考試的前夜，留下一份遺書企圖自殺。原因是她認為這次考試自己可能不會名列前茅，若考不好，無顏與父母相見，不知該怎麼辦。幸好被同學發現，才免於一死。但是，小麗卻責怪同學為什麼要救她，為什麼不讓她去死？對於學生來說，考不到前幾名是件極平常的小事，小麗為什麼看得比生命還重要呢？從她的成長過程中，可以找到答案。父母過度的「愛」和要求，會造成人生悲劇。

母親對孩子應負哪些責任

母親對孩子除了細心的照料之外，還要讓他對周圍的事物，逐漸有所了解。在此基礎上，讓孩子對自我責任，逐漸增加信心，並逐漸減少對父母的依賴。

一般來說，孩子長到 14 歲，他的責任能力就應與父母平行。這意味著無論在社會還是在家庭中，孩子應有一半自主權。

目前，許多國家的法律規定，孩子到 18 歲即為成年。所以，孩子到了 18 歲以後，就應有足夠的力量對自己負責，同時也對自己的權利有了清晰的概念。

根據目前的研究，在孩子嬰兒期到成年期這個階段中，母親對孩子大致有以下幾方面的責任：

1. 讓孩子和自己很好地合作，幫助孩子擺脫幼稚，擺脫對「無助和痴呆」的扮演，告訴孩子遲早有一天他要獨立。
2. 把教育孩子當成母親的職責和義務，即不自命權威也不隨意放棄職責；尊重孩子，允許孩子說「不」。
3. 做好母親應盡的責任後，教育孩子去盡自己的責任，培養孩子對自己該做的事有責任心，並且有能力做好。
4. 培養孩子自願做事的積極性，讓孩子用自願來代替母親的要求。母親對事物的了解要比孩子的了解多且廣，所以要讓孩子了解母親的要求和規則，同時也讓孩子知道，你對他提出要求，並非有意為難他，而是因為你對事物確實有清楚的認識。
5. 母親不要總是代替孩子把事情做好，不要總是把答案告訴孩子。因為，讓孩子了解事物的過程，比告訴孩子答案更重要。
6. 有時可以告訴孩子，母親也有錯，因為母親不是全知全能的神，母親也要不斷地學習。所以，應允許孩子指出自己的錯。告訴孩子，母親的經驗也不全是好的，不要完全學習母親，而要努力地創造自己，同時可以超過母親。
7. 要讓孩子知道母親，並沒有把他當成奴隸，也不會把他當成皇帝。
8. 要讓孩子尊重母親的親人和朋友。讓孩子珍愛家中其他人所珍愛的事物。

在生活中，一個對自己的責任非常明確的母親，通常都是對自己有信心，也是對孩子有信心的人。她在教育孩子的同時，也在不斷地努力使自己更成熟。

父親對孩子應盡的責任

父親對孩子的影響作用是任何人都代替不了的。為了更好地教育和影響孩子，父親應知道孩子在家中也有權利，知道孩子在家中也應受到父親以及其他家庭成員的尊重，作為父親，至少應對孩子盡到以下責任：

(1) 讓孩子對家庭負責任

父親要讓孩子覺得他是家庭的一員，讓孩子喜歡自己的家。不要讓他把家當成旅館，當成睡覺、吃飯的地方。父親要讓孩子覺得家裡是溫暖的，是有寬容、有信任、有力量的地方。同時孩子也要對家庭負責任，他不是旁觀者。孩子不僅有自己獨特的權利，也有自己獨特的個性，這些都是父親應該尊重的。作為父親不僅要為孩子做一些事，更重要的是讓孩子自己去做一些事。對孩子既不揠苗助長，也不做過高的要求。允許孩子有過失，對孩子永遠也不失望。在平等的條件下，給孩子權利，讓孩子的個性健康自由充分地發展。

(2) 不要輕易地用自己的經驗去束縛孩子

父親是成年人，有著豐富的經驗和閱歷，有成功的喜悅，也有挫折和失敗的悲哀，這一切做父親的都不會忘記，有時不免就要對孩子說：當我在你這個年齡時如何如何，現在的孩子就是不行。父親用這樣的話說服孩子，只能使他們產生反感，而不能產生正面影響。生活在變化，時代在進步，社會在發展，孩子不可能重複父親走過的老路。過去的經驗固然可貴，但它只是孩子成長過程中的參考物，而不能讓孩子完全照你的樣子去做。因為孩子是個獨立的人，他是他自己，他要用自己的雙腳走自己的路。孩子需要父親提供新的機會讓他們發展，而不是用傳統的方式束縛孩子的發展。

(3) 原諒孩子的曲折體驗

曲折的體驗是孩子成長的關鍵。孩子在成長的過程中，好奇心促使他對生活做一番探索，在探索中，總難免會出現一些差錯，難免會經歷一些挫折和坎坷。一般來說，在經歷挫折和坎坷之後，孩子會對生活有深刻的認識，從而使自己變得更加成熟。

所以，面對孩子的曲折體驗，父親千萬不要橫加指責，只要多想一想自己的成長過程，就會認同孩子的體驗，要知道，曲折的體驗和經歷也是孩子的人生財富。

(4) 尊重孩子的思考和感情

孩子隨著年齡的增長，逐漸有了自己的思考方式和人生經驗，只要這些是正確的、沒有損害別人的利益，父母最好就不要去干涉。如果你不了解孩子的行為與想法，便加以干涉，這不僅會影響孩子的創造力，還會影響孩子的獨立生存能力，甚至影響父子關係。

(5) 指導孩子的生存能力

在孩子成長過程中，父親不僅要給孩子提供物質條件，還要在生存方法的具體操作上給予指導，幫助孩子擺脫那些不切實際的幻想和空想。父親為孩子提供物質條件只是在盡義務，而指導孩子如何生存才是負責任。

(6) 注意教育的方式

古人說：「養不教，父之過。」對孩子嚴格要求是做父親義不容辭的責任。但是，為什麼有時孩子對父親的教育不予接受呢？為什麼孩子對父親的意見不予理睬呢？這裡與父親嚴格教育的方式不當有關。父親對孩子的嚴格要求，要以對孩子的關心和愛護為前提，而不是向孩子強加自己的意願，或發洩自己的怨憤。對孩子不符合自己意願的行為，父親不要隨意加以阻止，隨意性的阻止最容易傷害孩子的積極性和進取心。如果父親想

讓孩子完全接受自己所提的意見，就要站在孩子的角度，設身處地為他著想，並給孩子提出較好的方案供他參考，而且要斟酌提出意見的方式，給孩子留出足夠的思考時間，這樣孩子才能認同和接受你的意見。

父母不必過於迷信「著名幼兒園」

父母的教養觀念是指父母在教育和撫養兒童的過程中，對兒童的發展、教育兒童的方式和途徑以及兒童的可塑性等問題，所持有的觀點或看法。

父母的教養觀念直接影響父母的行為，父母的行為又作用於兒童的發展過程。

一位孩子的父母說：「這家幼兒園裝修豪華，電腦多媒體、冷氣等一應俱全，就是離家太遠，但為了孩子的將來，每天也得往這裡送。」其實，幼兒正處於生長發育期，每天早起又晚睡，睡眠嚴重不足，加上乘車的疲勞，怎麼可能有精力和興趣完成「學習」任務呢？

我們認為選擇幼兒園重點看是否有好的教育思想、教學方法。好的硬體設施固然可以發揮一定作用，但其實不乏弊病。設施的費用分攤到孩子身上不說，冷氣房和過度裝修產生的有害空氣，對小孩身體發育是不利的。更重要的是良好的設施，可能會像「防護罩」一樣將孩子裹了起來。應該讓孩子在安全的前提下，全面接觸大自然，經受各種考驗，增加身心的適應和抵抗能力。

不要把挫折教育搞成精神虐待

大量的事實證明，孩童時期經受挫折磨難的鍛鍊，是一個人健康成長的關鍵。因此，我們必須從兒童時期開始，不失時機地對他們進行挫折磨難的教育和鍛鍊。

提出挫折教育，是針對當前家庭教育中，父母從小對孩子過度保護，

一切該自己動手去做的事情，都由父母代勞而言的。從孩子的發展和日常生活過程來看，經歷挫折和磨難是人生和生活中不可避免的。有的父母寧可自己受苦受累，也不讓孩子做他該做的事情，使孩子失去了由受挫到適應的心理過程，失去了由受挫到適應的能力發展過程。再有是一些父母錯誤地理解「挫折教育」和實施挫折教育，走向另一個極端。

在我接觸的父母中，常有用很嚴厲的語調和威脅、恐嚇的辦法來約束孩子的行為，其目的是讓孩子學會自我保護，免遭橫禍。有這樣一位母親，四歲的兒子做了扁桃腺手術，在康復的過程中，護士發現他變得異乎尋常的孤獨、離群，不肯與任何人講話。後來了解到，原來小男孩的母親為了讓孩子早日康復，就嚇唬他說，如果你與別人講話就會死的。這個男孩從此不與陌生人講話。這樣做不是對孩子的一種鍛鍊，實際上是一種精神虐待。

正確的做法是父母要遵循孩子身心發展規律和生活規律，既要滿足他們本能需要又要適度滿足心理需要，同時給予及時的能力訓練和生活訓練。在訓練過程中，要耐心、和藹，不可斥責。研究表明，透過嚴厲斥責甚至打罵來訓練孩子，反而會影響孩子學會自我控制，而且容易造成心理創傷。

讓孩子承受適當的挫折

挫折，就是我們常說的「碰釘子」，每一個人在人生道路上，都會隨處遇到困難和不順心的事，這是無法以人的意志轉移開的。教育的任務不僅是使孩子長知識、長才幹、長能力，還要教育孩子認識社會、認識自己、自覺經受磨練，具有健康的思想意識和心理素養，具有堅強的意志和堅韌的承受力。大量事實證明，孩童時期經受挫折的鍛鍊，是一個人健康成長的關鍵。

就拿我的孩子來說，期中考試沒考好，一度情緒很低落，思想也很負面。面對這種情況是大發雷霆、諷刺挖苦還是清醒理智地解決問題，我們

毅然選擇了後者。

首先我們和孩子共同坐下來，分析了這次沒考好的主要原因。我們認為，分數的高低雖然不能絕對說明問題，但確實反映了這段知識學得扎實與不扎實的情況。雖然老師留的作業照章完成，卻沒有把學到的知識更進一步的消化。另外，學習的重點應當明確，學習不是單純為了追求分數，而是注意解題方法的全部過程。許多知識都觸類旁通，不能只是機械地去背，要學會思考，只有這樣才能把各種學識連結起來，把學來的知識記牢。

透過這件事的分析，使孩子能面對現實，認清自己學習的癥結所在，從低落的情緒中走出來，在期末考試的前夕重新鼓起勇氣。當我們看到孩子又以嶄新的姿態坐在書桌前的時候，我們感到由衷的欣慰。

透過這件事的分析，使我們做家長的也悟出了一定的道理。當孩子遇到困難、遇到挫折時，不能簡單粗暴或嘮叨沒完，如果這樣處理，不但不能解開孩子心中的結，還會適得其反。

人是需要幫助的，特別是在困境中。這種幫助，既是具體的幫助，又是精神的幫助。家長要在孩子追求成功的過程中，提供多種幫助，啟發他們的思考，注意在關鍵部分點撥他們，給予他們精神上的支持與鼓勵。

要辯析論證認識孩子遭遇挫折問題，尤其要看到挫折對於孩子成長發展的特殊意義。人的一生不會是一帆風順的，孩子雖然經歷尚淺，但也會遇到這樣那樣的問題。從心理學的觀點上看，一個人受一點挫折，特別是早期受一點挫折，是有好處的，可以借此催化他更快的成熟。一個人從小沒有遭受挫折的經歷和磨難，就不可能產生抵禦挫折的能力。「吃一塹，長一智」這句千古名言，具有深刻的人生哲理。大發明家愛迪生（Thomas Alva Edison）說過：失敗也是我們所需要的，它和成功對我們一樣有價值。古今中外大量事實證明，挫折可以從反面豐富人生經歷，讓人見多識廣，具有更強實踐力，尤其是童年經歷挫折，將使人終生受益。但需要引起注意的是，應把挫折教育看做人生的一種訓練，它是讓孩子去處理那些生活

中遇到的問題，克服生活中難以避免的困難，大人在這些問題上不能有任何故意施虐的因素。如果過分地挫傷孩子的心靈，也容易留下一些心理癥結，以至影響一生。教育的藝術本質上是愛，讓孩子承受挫折的目的是希望他長成參天大樹，而參天大樹不是溺愛出來的，更不是毫無善意地亂砍亂伐出來的，這個「度」一定要掌握好。

要注重對孩子的心理調適

有了「心病」，是孩子的不幸，更是家長的痛苦。治療「心病」，是孩子的需要，更是父母的責任。

孩子心理出現問題，往往表現在長時間的恍神，注意力不能像平時那樣集中，無精打采，提早入睡，有恐懼表現，食欲減退，想躲避某個人或某些場所，脾氣反常、意外地發憤、語言失態、不願出門，重新依附於父母等，都是孩子心理出現問題的明顯信號。

對孩子的心理調適應以預防為主，因地制宜，根據具體情況採取具體措施。如果是家庭出現了意外或孩子在校受到委屈，以及考試成績不理想等，未等孩子心理問題到來，就給予開導，讓孩子放寬心，主動戰勝一時的困難，把希望寄託於未來。

在孩子的學習或生活中，一段時間長期過於緊張，就應該讓孩子換一換環境，放鬆一段時間。

如果發現孩子出現不正常的心理表現，就應調查了解，查明引起孩子心理變化的原因。很多事情孩子不願向父母傾訴，即便是低年級的孩子，有些事情他們也傾向自己解決。這就需要父母多與學校和孩子的同學們聯繫溝通。不要認為孩子沒跟父母講，在外面就一定沒有發生什麼事情。

對於個性較強的孩子，更應該注意保持心理健康。有的孩子雄心勃勃，好勝心極強；有的孩子過於內向，平時不善言談；有的孩子做事急躁，急於求成，面對失敗難以承受；有的孩子過分依賴別人照顧；有的孩子吝嗇，不能吃虧等等。對這樣的孩子，要有針對性地注意平時加強心理鍛

鍊，幫助孩子的心理健康發展。

如今孩子的學習越來越緊張，競爭越來越激烈，面對這樣的環境，要注意安排孩子的娛樂活動。定期看一場電影，觀看藝文演出，或是定期帶孩子到野外或遊覽區玩一玩，都是有效調節孩子心理狀態的辦法。有些父母認為這樣會影響孩子學習，耽誤時間。事實上，如果安排得當，能夠保持孩子健康的心理狀態和充足的精力，不僅不會影響孩子的學習，反而會促進孩子的學習和發展。

父母和老師們要注意閒暇時間多與孩子談話，多交流。比如，父母問問今天學校裡發生了什麼事情，新來的老師對大家如何等。透過和孩子聊天，一方面能夠及時了解孩子的心理狀況，可以透過談話及時調節孩子的心理狀態，又可以化解孩子與父母、老師之間的磨擦，同時也是幫助孩子增加社會經驗的途徑。

不要諷刺孩子

馬佳喜歡唱歌，歌卻唱得不怎麼好，可他喜歡唱呀，電視裡一些流行歌，他都能不明不白地唱上幾句。有一次，他的父親下班回來，聽到馬佳興奮地唱著《挖泥鰍》，父親諷刺地說：「馬佳，我怎麼越聽越像鵝叫呀！」馬佳的歌聲立即停止了。

馬佳想的是：我唱歌真的不行呀！

馬佳想的是：我怎麼做什麼都不行啊！

馬佳還想：儘管我唱得不好，可爸爸為什麼要說我像鵝呢？

馬佳最後想到的是：爸爸一定不喜歡我了！

後來馬佳的話越來越少了，性格很孤僻，他常常一個人待在房裡。有時他幫著媽媽做些家務事，可是，可憐的馬佳卻聽到母親這樣說：「真新鮮，太陽從西邊出來了」、「今天是刮的什麼風呀」等等。也許，母親這樣說絕不是對孩子付出的努力和熱情不高興，而是因為孩子的努力，超出了

自己的預料，感到十分驚奇，不好意思將喜悅心情坦率地表達出來，而說出了如此帶諷刺意味的話語。可知，諷刺是自信心的殺手。

考慮到孩子的承受能力，我希望家長絕對不要使用諷刺性的語言，即便是開玩笑。我們姑且不談是什麼原因，使孩子發奮向上了，至少孩子表現積極的時候，家長應採取肯定的態度，說些鼓勵的話。反之，將極大地刺傷孩子的自尊心。

尋求人格的平等，建立正確的親子關係

一些家長膚淺地認為粗暴地對待孩子會使孩子變得聽話，從而維繫了家長的權威性。這是一種錯誤的認知，它的後果是加大孩子與家長之間的情感距離，影響家長與孩子間的溝通與交流。孩子在表面上屈服於家長，而內在的心理反抗卻越加強烈，聰明的家長懂得怎樣與孩子交流，他們和孩子交朋友、共同討論家庭問題，這樣孩子在家庭中感受到自己所占的位置，感受到自己的家庭責任，從而他們不僅樂於分擔家庭義務，也從心底敬重父母。

不要頻繁地向孩子無故道歉

有些父母想借「都是媽媽不好」的道歉，建立起平等的親子關係，可是往往卻適得其反。由於對方還是一個不明事理的孩子，若百般地討好他，父母的地位就會下降到與孩子相等的水準。在造成心理上的對等關係後，才開始說服對方，一定得不到預期的效果。長期下來也會造成孩子任性、以自我為中心的壞習慣。

向孩子道歉應講求方法

首先要心平氣和，勇於剖析、直面自己的錯誤。對於道歉的原因與內

容要明確，千萬不可含糊帶過，讓孩子感到你的態度不夠中肯，這樣不會達到道歉的作用。有時還可以借助於肢體語言，這些道歉的方式，不僅會得到孩子的諒解，在某種意義上也會增進家長與孩子的親情。同時孩子也在父母的身上學到了一種良好的品格，他們會勇敢地面對自己的錯誤，對自己的行為負責，從小就可以培養他們的責任感。

及早提醒孩子網路有陷阱

最近，上海某網路公司，透過網路問卷和網友發送郵件，兩種方式展開一次有關網路戀愛情況的調查。結果顯示：儘管網路戀愛聽起來時髦而又浪漫，然而成功率卻低到驚人的地步，僅為千分之一。特別是有些披著「網路戀愛」的外衣，別有用心的惡棍，往往把矛頭瞄準天真幼稚的女孩子，他們製造愛情的幻景，實施行騙、敲詐、偷盜、強姦，使不少家庭蒙受了精神和物質的雙重損失。

「網路戀愛」受騙者多為少女，因為處於這個時期的女孩子對愛情最富有浪漫幻想，電視裡、書本上種種有關美好愛情的描寫，都會引起她們想入非非。加上現在的女孩，大多是獨生子女，在家本來就缺乏交流，青春期的閉鎖心理使她們不願和父母進行深入溝通，尤其是情感方面的問題，更不願向父母表露真實想法，怕給父母留下「思想不純潔」的印象。

但是，社會文化的開放性，使她們時常受到「性」文化的刺激，她們嚮往與異性交往，夢想「白馬王子」會突然出現在自己的生活裡。但在現實世界中，父母的教誨、學校的紀律、周圍的輿論，都使她們只能壓抑自己的想法，在行為上表現出矜持、穩重的好女孩形象。而網路世界提供給了她們釋放心靈的自由空間。

一位國一女學生，告訴記者：「我會時常掛記著網路故事的進展情況，而且還常常幻想著自己有朝一日也能像在網路一樣轟轟烈烈地戀愛一場，多爽！」

也有一些中學生是因為現實中的種種不如意無處傾訴，例如：學習競爭的壓力，人際關係的煩惱，家庭糾紛等等。一開始，她們上網聊天往往是為了尋找精神寄託，並非有戀愛的目的。但是，女性心理的脆弱和女性的虛榮心，使她們對異性的恭維與追逐並不反感，甚至以此為榮。又由於少女們的理解力和判斷力還比較差，總認為世界是美好的，前途是光明的，自己處在無比幸福之中，以夢幻代替現實，因此往往輕易上鉤。一些別有用心的人就會利用這一點，給失意者以安慰，給天真者以恭維。

因此父母要提醒自己的孩子：當心網路用愛做幌子的「溫柔陷阱」，恪守「只限精神交往，絕不見面」的原則，是最為保險的。

不要扭曲孩子的個性

父母有著怎樣的教育手段，孩子就有著怎樣的個性特徵。如果讓孩子學得只聽想聽的話，只看想看的東西，只知道社會的某一部分，成為「千人一面」無個性者，那麼，他們本身就是一個不健全者。

個性，亦稱人格。它指的是一個人與其他人相區別的心理方面的獨特和整體方面的特性，是個體經常地、穩定地、習慣化地表現出來的獨特的心理特徵，是一個人認知、情感、意識、行為素養的綜合反映。現代家庭教育應當目標具體化、階段化、個性化，從而造就出具有個性差異的、多姿多彩的新一代。

有些事情本身並不一定傷害到孩子，倒是大人的偏差觀念和態度，才會傷害到孩子。

例如一個小男孩盯著一個漂亮的小女孩，親昵地說：「她好乖，我好喜歡她呵！」母親見狀立刻呵斥道：「你真壞，你從小就這麼壞！」這一呵斥，給孩子純潔天真的異性交往，以及早期科學的性教育，蒙上了「性封閉、性神祕、性不潔、性罪惡」等愚昧的性觀念的陰影，有可能成為他們日後性愚昧，甚至性出軌、性犯罪的一個思想根源。

在孩子看來，他們跟大人說話，必須遵守天規般的禁忌。事實上，社會即生活，生活即課堂，大人能教給孩子的，生活都已經教會他們了。孩

子雖小，他們也是人，是生活在社會中的社會人。其實，大人不懂孩子的心。如幼兒看東西，眼光跟許多成人不一樣。他們好像要看透，甚至去摸去嘗去聞去體會，看圖畫書也是看全部的，不像大人只看說明文字。所以大人給予的過程中，也同樣教他們「忽略了一些東西」。

家庭教育的目標之一是發展孩子的個性，培養「有理想、有道德、有文化、有紀律」的一代新人。不過，家庭教育與學校教育比較起來，自有它的特殊功能。它不偏重正規性，而在多樣性；它不偏重系統性，而在綜合性；它不偏重知識性，而在思想性。孩子的成長是有階段性的，像學校教育目標要分階段一樣，家庭教育同樣也應當是有階段性的，其中從出生到學齡前的早期教育尤其重要。父母是孩子的第一任教師，又是終生教師。家教的主要特徵在於它的早期性和基礎性，在於培養和發展孩子優良的個性。

不要讓保姆代替父母角色

在孩子成長的道路上，誰都不可能代替父母的位置和作用，保姆更不能。

雇傭保姆在一些大、中城市和富裕家庭中，已是很平常的事了。這些保姆進入到家庭生活，確實給家庭成員們減輕了不少負擔，使他們得以集中精力從事自己的學習、工作和社會交往活動。但是雇主們能不能就此對家庭生活、特別是孩子的教育撒手不管，則是一個值得深思的問題。

(1) 保姆的素養和層次問題

由於體制、觀念等原因，我國現在保姆市場還很不成熟，許多知識女性（像女大學生）不願涉足這一職業。現在保姆大都來自於經濟、文化不發達地區，有相當一部分是文盲、半文盲。把孩子的教育，包括日常生活規則教育、智力啟蒙、情操陶冶等，都交給這樣一些保姆去做，對孩子的成長顯然是不利的。

(2) 保姆對孩子只能依從

保姆進城的主要目的是賺錢，而錢又得雇主付，所以保姆就會拚命地討好雇主，容易對小老闆也百依百順。凡是孩子要她做的，她都會去做，變著花樣地去哄孩子。這樣無形之中就培養了孩子懶惰、驕橫、頤指氣使的壞脾氣。

(3) 保姆不能代替親情交流

有研究表明，父母與孩子之間的不斷的情感交流是培養孩子安全感、信任感及誠實品格的重要途徑。父母親與孩子的對話、目光的交流、身體的接觸以及空間距離上的接近，都有助於上述心理特質的形成。如果這種緣於血緣關係的親情交流，受到經常性的干擾，那麼孩子的身心就會產生不舒適的感覺。有這種感覺的孩子，往往要堅持等到父母回來，才肯吃飯、睡覺，有的甚至整天悶悶不樂。保姆就是一個重要的干擾者，而不論其個人素養如何。

(4) 把孩子推給保姆易造成代溝

孩子的成長是很快的，身體如此，心理上也是這樣。如果父母長時間不與孩子一起玩遊戲、交談，那麼父母就很難理解孩子身上所發生的一些變化，更談不上兩代人之間，感情上的交流了。

正是由於諸如此類的原因，所以在保姆進入家庭有 200 多年的西方發達國家，一些有識之士，開始呼籲那些整天奔波於公司或機關各種事務的父母們「返回家庭」，自覺地承擔起照顧、教育孩子的責任。要記住，父母在孩子成長過程中的地位，是任何人都代替不了的。

讓保姆做她的家務活去，孩子還是自己來教吧。

學會正確的疏導

許多父母親管教孩子，以「堵」的方式為主，表現為不准孩子這樣，不准孩子那樣，有的還制定嚴厲的家法、家規和懲罰措施，避免孩子受到不良影響，控制孩子不做犯規的事情等等。採取「堵」的方式，減少孩子犯錯誤，在一定環境和條件下是必要的，它有利於孩子的成長。

但是，培養孩子沿著正確的方向發展，防止孩子走彎路，僅僅靠「堵」是不行的。「堵」得過多會帶來一些副作用：會使孩子的心情受到壓抑，不利於孩子的自我進步；容易使孩子與父母產生情感對立，降低教育效果；會削弱孩子抵抗負面影響的能力和社會適應能力，不利於孩子的長遠發展。因此，父母親在管教孩子中，要學會把「堵」與「導」結合起來，以「導」為主。「導」就是透過引導、疏導，使孩子增強明辨是非與自我教育的能力，促進其主動發展，自我完善。

那麼，如何做好對孩子的疏導呢？我們建議父母親做到「四多四少」：多民主，少強制；多激勵，少批評；多示範，少說教；多用情，少用氣。「多民主，少強制」就是對有關孩子的學習和食衣住行等自身的問題，要多與孩子商量，多聽取孩子的意見，尊重孩子的選擇，充分激發孩子的積極性和主動性。對於孩子的某些不當想法和做法，要給予疏導、引導，講清利害，指明方向，而不是單從家長的主觀願望出發，強行要孩子這樣做，不要那樣做。「多激勵，少批評」就是家長要用積極的心態看待孩子，不要把孩子看得一無是處，指責孩子這也不好、那也不對，一味地批評處罰，而是要善於發現孩子的優點、長處，寄予期望，激發孩子自我改正。「多示範，少說教」就是家長不單要告訴孩子什麼是對，什麼是錯；應該怎麼做，不應該怎麼做，還要告訴孩子為什麼；而更重要的是家長要以身示範，用行動給孩子帶來影響和帶動。示範比說教力量更大，效果更好。「多用情，少用氣」就是孩子犯了錯誤，家長要動之以情，以情感人；曉之以理，以理服人。批評孩子時態度要親切和藹，心平氣和，為孩子認錯改錯，創造良好的心理環境；不要動不動就怒氣衝天，訓斥指責；不要把

孩子當成出氣筒，哪句話出氣、解恨說哪句，避免親子關係對立而導致教育失敗。

「堵」與「導」教育方式不同，其教育結果也會截然不同，父母親要從轉變觀念入手，改變方式。管教孩子要以「導」為主，輔之「堵」，做到「導」得科學正確，「堵」得合理恰當，力求取得事半功倍的教育效果。

教育孩子善待生命

今天，我們關注的是一個沉重的、令任何人無法迴避的問題：青少年自殺和傷害他人生命問題。媒體報導過許多這樣的慘劇，只為一點小事，青少年竟將無辜的生命送上黃泉路。不僅如此，有的青少年竟然對自己的母親大開殺戒。讓人難以置信的是，這些孩子殺親人和朋友時，沒有猶豫，沒有恐慌，手段殘忍至極，事後沒有一絲後悔，彷彿丟棄的僅僅是一個破書包。

青少年對待其他生物的生命又如何呢？前些年，有關專家給出了一道心理測試題：「你走在路上，遇到一隻將要死去的小貓，你會怎麼對待它？」其中32.2%的孩子回答：「弄死它！」他們想出了不少殘忍的辦法，如「拿棍子打死」、「把小貓扔到火裡燒死」、「用磚頭把牠一點點砸死」……。

自殺行為是青少年品行障礙的一種特殊的表現，也是一種極端的表現，它是教育的失敗、社會的失敗。長期以來，我們重視知識技能的傳播，重視品德行為的養成，唯獨忽視了生命教育和愛的教育。生命教育的欠缺，導致了部分青少年情感沙漠化。他們不能認識生命、尊重生命、珍惜生命，心中缺乏愛，缺乏美，缺乏善良，更缺乏生活的熱情，視自己和他人的生命如草芥。他們對動物，對自己的同伴，甚至對精心呵護自己的母親，乃至對自己的生命，多的是冷漠、仇恨、冷酷，少的是親情、溫情、同情、友情、愛情。他們常常唯我獨尊，不顧及他人的感情，只要求別人照顧自己，而不知照顧親人和同伴；只要求父母對自己負責，而不知

自己對家庭也有一份不可推卸的責任。如果對生命教育、對情感教育沙漠化問題仍不重視，悲劇還會重演。

生命教育的宗旨就在於：捍衛生命的尊嚴，激發生命的潛能，提升生命的品質，實現生命的價值。學校、家庭和社會開展生命教育、愛的教育是一個亙古常新的任務，三方面都要立即行動起來，採取得力措施，根除青少年情感沙漠化，杜絕青少年自殺的悲劇，我們應該教育孩子懂得生命的意義、生命的重量，勇於對自己的生命和他人的生命負責。我們應該教導他們認識生命、欣賞生命、敬畏生命、珍惜生命、享受生命成長的快樂；幫助孩子們提升生命的價值，增強使命感、責任感；我們還應該讓他們懂得除了自己，別人的痛苦也是痛苦，別人的生命也是十分珍貴的；要尊重人自身的生命，還要欣賞其他形態的生命。

幫孩子制定合適的學習計畫

任何目標的實現，離不開計畫的輔助。孩子的學習計畫，就是提高孩子學習成績的最好幫手。

孩子的學習計畫，從完全由父母安排到能自訂籠統的計畫，已是難能可貴。孩子在踏出第一大步時，最需要父母的鼓勵與輔導，過分的要求往往會給孩子帶來挫折感。我們習慣以成人的標準，來衡量孩子的行為，卻忘了孩子的身心各方面尚未成熟，這對孩子而言是不公平的。雖然孩子自訂的計畫稍欠周密，但是就「訂立計畫」本身而言，應該給孩子掌聲鼓勵，因為孩子已經具備獨立分配時間的能力了。

學習計畫，包含生活計畫與讀書計畫，孩子自訂的計畫雖然籠統，卻已涵蓋生活和讀書時間的安排，比起以往事事由父母安排，已是跨出自立的第一步了。但是，沒有一個孩子的自立是自己可以獨立完成的，他會模仿父母的生活方式和行為，或由朋友的做法得到啟示，然後慢慢修正自己的計畫，找出最適合自己的方式。因此，父母適度的引導，對孩子在學習自立的過程中具有非常重要的意義。

那麼，何種引導才是適度的呢？舉例分析，晚上 8 點到 9 點是孩子計劃做功課的時間，他應該如何充分利用這段時間呢？你可以給予孩子較具體的建議，如「複習今天的課程」、「預習明天的功課」等。假如以上的功課都做好了，孩子的精神、體力還很好，你不妨再建議孩子看看課外讀物（如傳記故事、科學叢書等），相信更有助於孩子自訂比較周詳的學習計畫。

父母幫助孩子訂立學習計畫，最好避免下列三點：

第一，父母對有關計畫的內容和建議，不要強行加入自己的想法和希望。我們往往以成人的標準判斷孩子行事的成敗，而忽略了孩子本身的意願，無形中造成壓力與孩子反抗的心理。例如，你覺得男孩子應該念理工，於是強迫孩子閱讀科學叢書，但是孩子卻喜愛文學故事，於是孩子變得不愛讀書。因此，讓孩子學習自立的先決條件是尊重孩子本身的意願和期望。

第二，學習計畫的內容，不要安排得太緊湊，讓孩子沒有休息的時間。例如，讀書的時間是一個小時的話，頂多練習二至三題，太多的習題反而會令孩子覺得厭煩。此時父母不妨引導孩子，以他能在預定的時間內完成為目標，也就是重質而不重量。

第三，在最初實行計畫時，假若孩子無法依照計畫行事的話（如原先計劃六點半起床，卻往往拖延至七點才起床），父母要避免挑剔或責難。因為如果他剛開始就失敗而又無法獲得父母的鼓勵，通常就再也提不起繼續的力氣了。

因此，讓孩子自訂計畫並非父母完全不加理會，而是要站在指導協助的立場，隨著孩子年齡的增長，父母的參與也隨之減少，只要稍微留意孩子的動向就可以了。

教孩子一些有效的記憶法

記憶一定有方法。關鍵是要看家長如何讓孩子們掌握這套方法。

父母教給孩子一些科學的記憶方法，能幫助孩子記憶，增強記憶效果。記憶方法很多，下面列舉的幾種記憶方法，可根據孩子的不同年齡、不同情況靈活運用。這是許多父母教孩子增強記憶力的經驗結晶。

(1) 歸類記憶法

孩子到森林中去，在水庫裡釣了許多魚，在山野間採了許多野果鮮花。傍晚回家時，他們把東西歸類，用繩子把魚穿起，野果裝在籃子裡，用野藤捆好花束，滿載而歸，什麼也沒有遺漏掉。我們每天感應到的東西很豐富，猶如森林中採集的花果，如果歸類，只要抓住一個線索，可以拖出一串有連繫的知識。孔子稱這種方法為「默而識之，一以貫之」。不少學生採用睡前回憶的方法，進行歸類記憶、效果很好。因為白天活動多，大腦皮層被各種刺激引發興奮，容易掩蓋記憶；睡前所記憶的事物，有較長一段時間沒有新的刺激覆蓋它、沖淡它、抑制它。既然如此，睡前靜坐片刻，默默回憶一下當天的學習和活動，歸納分類，使同類知識連繫起來，這對掌握新知識大有裨益。

(2) 趣味記憶法

心理學實驗證明，形象生動、內容有趣的資料，在頭腦裡留下的記憶保持量，遠遠超過內容枯燥乏味的資料。由於有趣的事不容易忘掉，我們就應把記憶對象，盡量塑造成有趣的形象，以增強記憶。例如，對肌肉、肌腱和骨骼的關係可以這樣比喻：肌肉就是馬達，代表原動力；肌腱就是皮帶，傳送動力，帶動齒輪；骨骼就是齒輪，接受動力，產生動作。這樣一來，簡單明瞭，一聽就懂，容易記憶。

(3) 形象記憶法

一朝被蛇咬，十年怕草繩。被蛇咬所造成的創傷及恐懼，與蛇的形象建立了牢固的連繫，以至看到形似蛇身的東西，便立即產生痛苦的回憶，

往往不需要多次重複也能保持很久，甚至終生不忘。我們可利用首次強烈印象的作用來建立正確的記憶。記憶者首先必須以感性認識為基礎，記憶目標力求形象明確。其次，記憶者透過記憶目標的外部特徵及其本質，由表及裡，力求認識全面。第三，記憶者應了解記憶的目的與用途。例如，給兒童放映一部關於蛇的紀錄片，從蛇的外形、被蛇咬的驚險場面，到防蛇、捉蛇，再到利用蛇，花幾分鐘時間便能使他們建立一組生動的連繫，留下深刻的記憶。用這種辦法獲取知識，快速有效。

(4) 輪廓記憶法

中國心理學家在 1960 年代做過一些實驗：讓一批學生背誦描寫長江三峽的古文，然後進行測試。記憶效果最佳的是先記輪廓、再按段落大意並關聯想像山川景色的學生。而採用逐字逐句硬背的學生記憶效果最差，很快忘了。我們對一件事、一門學科也應先覽其梗概，進行記憶。有了輪廓，再按「枝節與主幹」的關聯記憶，就比較順暢。有些學生在複習時，還像初次學習時一樣從頭讀起，這個辦法很沒效率，效果也不會太好。應當在學的時候不斷歸類，複習時先回憶、後看書。這樣，一章一節的大概結構，便浮現腦海，經過歸納整理，便可將所學知識如「漁網拖出水面」。再往細節想，想出來的記住了，想不出來的翻翻書，補上重點。這種複習記憶牢固，條理分明，重點突出。

(5) 列表對比記憶法

英語時態、化學元素等，不列表對比極易混淆，且無法用幾句話來概括。說不清楚，當然就記不住。透過清單，繁雜的內容即可簡單化、條理化，一目了然，便於查閱和記憶。列清單的過程，就是抓特徵、分類歸納的過程。我們不僅要讓孩子借助書本上或前人列的表，還應讓他們自己動動腦筋，進行綜合加工，列表對比。經過自己的消化和分析，也就記住了。

(6) 提綱記憶法

提綱記憶法就是透過對學習資料的分析、總結，將其歸納成提綱的形式進行記憶的方法。東漢經學大師鄭玄曾在《詩譜》〈序〉中說：「舉一綱而萬目張，解一卷而眾篇明。」即知識之間的關係，雖然縱橫交錯，但只要抓住主要的、關鍵的部分，次要的、從屬的部分就迎刃而解了。

不要把孩子當作自己的出氣筒

做父母的對孩子具有比自己強的特長，應該感到高興和驕傲，「青出於藍而勝於藍」嘛。為了照顧自己的面子，而無故在眾人面前打孩子就不對了。有的家長在外面遇到不順心的事，回到家裡也拿孩子出氣。這不僅會造成家長與子女之間的情感危機，還會給孩子的正常人格發展，帶來不良影響。所以，父母應該加強自我修養，不論在工作中或其他方面，遇到有不順心的事時，都要冷靜，不要輕易在孩子面前流露出來，更不能把孩子當出氣筒，把自己不愉快的情緒發洩到孩子身上。

正確對待孩子欲求過分

在現實生活中，孩子往往欲求過當。欲求過當有兩層含義：一是欲求的對象過當。剛吃過一支霜淇淋，還想再吃一塊支剛買過一個書包，還想再買一個。二是欲求的時間過當。不管什麼需求，一旦產生必須馬上滿足。看見商店櫥窗裡有趣的玩具，立即要買，即使爸爸、媽媽答應回家拿錢來買，都會哭鬧不已。

孩子產生「欲求過當」的問題，表面上看原因，似乎在孩子身上；實際上根源還是在家長身上。是家長「有求必應」的行為，滋長了孩子的這種習慣和心態。

許多父母不能理性地看待孩子的欲求過當，常常在有意無意中，縱容和培養了孩子的這種心態和習慣。為了滿足孩子馬上喝水的要求，父母把熱水從保溫壺倒進大碗，又從大碗倒進小碗，最後還不斷地用嘴吹，試圖讓水儘快涼下來。為了立刻滿足孩子的喝水要求，父母動用了 5 ～ 6 個容器，無暇顧及其他事情，孩子還在旁邊急得直跺腳，大人則在忙亂中不斷地安撫著，「就好了，就好了，快了，快了。」

如果父母被動滿足孩子的每一個要求，那麼父母就會成為孩子的奴隸，即使忙得四腳朝天，也不會讓孩子得到一半的滿足。

我們應該設法讓孩子懂得：誘惑無所不在，欲望隨時會產生，但是，世界不是以他為中心，因此，必須學會等待，學會控制自己的情感和行為。

正確了解「男子漢氣概」

一位父親很為他的孩子苦惱，因為自己的兒子已經 16 歲了，卻還是沒有一點男子漢的氣概。

於是，父親去拜訪一位禪師，請他訓練自己的孩子。

禪師說：「你把孩子留在我這裡吧。3 個月後，我一定可以把他訓練成真正的男人。不過，在這 3 個月裡，你不可以來看他。」父親同意了。

3 個月後，父親來接孩子。禪師安排孩子和一個空手道教練進行一場比賽，以展示這 3 個月的訓練成果。

教練一出手，孩子便應聲倒地。他站起身來繼續迎接挑戰，但馬上又被打倒，他又站起來……，就這樣來來回回一共 18 次。

禪師問父親：「你覺得你孩子的表現夠不夠男子漢氣概？」

父親回答說：「我簡直羞愧死了！想不到我送他來這裡受訓 3 個月，看到的結果卻是他這麼不經打，被人一打就倒。」

禪師嘆了口氣，說：「你只看見了表面的勝負。你有沒有看到你兒子那種倒下去，立刻又站起來的勇氣和毅力？這才是真正的男子漢氣概啊！」

只要站起來比倒下去多一次就是成功。

人的一生路程很長，稍不留神就有被石頭絆倒的可能。我們無法幫助孩子，排除一切絆倒的可能，但卻可以教給他們絆倒後，重新站起來的勇氣和能力。是的，我們可以教育出一個真正的「男子漢」，但自己首先要明白什麼才是真正的「男子漢」。

天真的孩童，甚至許多年輕人，由於涉世不深，經常混淆健壯、剽悍、冷酷與「男子漢」氣概之間的區別，因此，人們常常會看到他們在比肌肉、比力量、耍酷。如果父母也不清楚這種區別，那麼，孩子很可能在成長的過程中迷失自己，或在通往真正「男子漢」的道路上歷經曲折。

真正的男子漢氣概，不在於他是否可以被打倒，而在於他被打倒後，能否立刻站起來。面對失敗，可以平靜待之，積蓄力量重新再來，這種氣概體現了真男兒本色。這樣的人可以被打倒，但永遠不能被打敗。

正確看待孩子愛打扮、趕時髦

青春期孩子伴隨著自我意識的增強，他們比較「愛美」了，愛打扮自己了。如：在穿衣、髮型等裝飾上，表現得比較「時髦」，尤其在外表上，特別引人注意，喜歡得到別人讚揚以及不甘落後於人的願望，是根深蒂固的。家長對此應該正確地了解到：

第一，作為一名高中生主要任務是學會如何讀書，如何做人。外表應保持高中生健康、活潑、清新的自然美和青春美，同時應多讀些能提高自身素養的書籍，來陶冶自己的情操，隨著文明程度和知識修養的提高，做到既「秀外」又「慧中」，使自己成為一名真正美的人。

第二，鮮肉少男和妙齡少女，在追求美的時候，往往會出現一些偏執傾向。鮮肉少男和妙齡少女，愛美愛打扮是很自然的，無可厚非。但由於少男、少女們對美的本質認識還較膚淺，在追求美的時候，往往會出現一些偏執傾向：盲目節食減肥，保持苗條體型，穿著打扮上過分追求成人美，追隨時尚、刻意修飾、矯揉造作，也就失去了少年純真、健美和青春氣息。

第三，針對孩子的愛美心理及對美的認識上的偏差，家長應注意培養孩子，健康的審美情趣，使他們懂得什麼是真正的美。要使孩子明白美是寄寓在和諧、統一、協調、相宜之中的。一個清清麗麗的女孩，把自己打扮得珠光寶氣，便俗不可耐，與高中生的身分極不協調，這又美在何處！盲目節食減肥，即使減肥成功，卻成為一個體弱多病、弱不禁風的人，還有什麼美可言！！家長要使孩子明白美，不僅僅停留在外表上，而是體現在其內在心靈上。一個人如果光外表是美的，而他在言行上卻流露出粗俗的舉止，給人的感覺是極不舒服的，更談不上有任何美感的。中國有句話叫「秀外慧中」，「秀外」即外表美，「慧中」即心靈美，只有既「秀外」，又「慧中」，做到內外和諧統一，才是真正的美。

第四章　名人教子法

魯班教子法

魯班是中國古代著名的建築工匠，他發明了鋸，被人稱為木匠的「祖師爺」。

魯班有個兒子叫伢子，聰明伶俐。魯班希望他長大後有出息，在他 15 歲的時候，魯班問他想做什麼工作，伢子說：「我想去種田。」

魯班於是把他送到農民家去學種田。

一年過去了，伢子回到家，對父親說：「種田這工作太累了，我不想做了。」

魯班問：「你不願種田，想幹什麼？」

伢子說：「我要去織布。」

魯班就把他送到一個織匠那裡去學藝。

一年過去了，伢子又回到家裡，對父親說：「織布忙死人了，我要學木匠。」

魯班無奈，把他送到大徒弟張班那裡。

只幹了一年，伢子又回來了，對父親說：「木匠我也不想做了，師父要求太嚴了，工作也太多太苦。」

魯班聽了，嚴厲地對他說：「不嚴、不苦，你能學到手藝嗎？做事這麼沒耐性，怎麼能有大出息呢？從今天起，你就別吃飯了，因為你不愛種田；從今天起，你就別穿衣服了，因為你不願意織布；從今天起，你就從這屋子裡搬出去吧，因為你不想當木匠！」

伢子呆住了，他覺得自己真的很沒用。

這時，魯班取出一個箱子，伢子打開一看，裡面都是父親曾使用過的斧頭，每把斧頭的手把，都磨出了深深的凹槽，每把斧刃都磨平了牙。

父親指著那箱斧頭嚴肅地說：「伢子，這一箱磨損的斧頭，都是我用過的，你連一把斧頭都沒有用到這種程度，怎麼能學會手藝？」

伢子低下了頭。

魯班取出三把新斧頭，對他說：「伢子，要學到手藝，就要有耐心，有毅力，不下苦功夫，什麼也學不成。這三把斧頭你拿去練，若把這三斧頭的手把磨損了，你就學成了。

伢子記住了父親的話，提著斧頭，又回到師父張班那裡，從此勤學苦練，終於成為一名能工巧匠。

孟母教子法

孟子是中國戰國時期著名的思想家、政治家、教育家，著有《孟子》一書，歷史上有「亞聖」之稱。

孟子的成就與母親的早期教育有關。

荀子說：「蓬生麻中，不扶而直；白沙在涅，與之俱黑。」它道出了環境影響人的道理。

「近朱者赤，近墨者黑」，這一點孟子的母親非常清楚。孟子很小的時候，家住在墓地附近，經常看到人家抬死人，他就仿效做埋死人的遊戲。孟母看見了，覺得這不利於孩子的早期成長，就把家搬到集市附近。在熱鬧的集市，孟子看到和聽到的是商人的叫賣，他又跟著學起來，玩起了商人做買賣的遊戲。孟母看到了，覺得這也不是孩子應該住的地方，就又把家搬到了一個學校的附近。在這裡孟子所接觸到的人都是一些學者，於是又效仿起來。孟母看到孩子的行為，欣慰地笑了，認為這才是孩子應該住的地方。於是決定在那裡定居。

由於從小接觸的是學者，耳濡目染，孟子長大後，就學習了禮、樂、射、御、書等，終於成為當時的著名學者。

人是環境的產物。一個人的成長過程，其所處的環境，有著特殊的作用。不同的環境，會形成不同的積習。孟母「三遷」，為的就是給孩子一個良好的生活環境，讓孩子健康地成長。

司馬光教子法

北宋傑出史學家司馬光，進士出身，多次身處官職，如：天章閣侍兼侍講、御史中丞、尚書左僕射，後追封為溫國公。他著述宏豐，其名著《資治通鑑》是我國一部很有價值的歷史著作。他的生活十分儉樸，作風穩重踏實，更把儉樸作為教子成才的主要內容。

在司馬光的一生中，流傳著許多動人的故事。據有關史料記載，司馬光在工作和生活中，都十分注意教育孩子，力戒奢侈，謹身節用。他在《答劉蒙書》中，說自己「視地而後敢行，頓足而後敢立。」為了完成《資治通鑑》這部歷史巨著，他不但找來范祖禹、劉恕、劉敘當助手，還要自己的兒子司馬康參加這項工作。當他看到兒子讀書，用指甲抓書頁時，非常生氣，認真地傳授了他，愛護書籍的經驗與方法：讀書前，要先把書桌擦乾淨，墊上桌布；讀書時，要坐得端端正正；翻書時，要先用右手拇指的側面把書頁的邊緣托起，再用食指輕輕蓋住以揭開一頁。他教誡兒子說：做生意的人要多積蓄一些本錢，讀書人就應該好好愛護書籍。為了實現著書立說、治國鑑戒的理想，他 15 年始終不懈，經常抱病工作。他的親朋好友勸他「宜少節煩勞」，他回答說；「先王曰，死生命也。」這種置生死於不顧的工作、生活作風，使兒子和同僚們深受啟發。

在生活方面，司馬光節儉純樸，「平生衣取蔽寒，食取充腹」，但卻「不敢服垢弊以矯俗干名」。他常常教育兒子說，食豐而生奢，闊盛而生侈。為了使兒子認識崇尚儉樸的重要，他以家書的體裁，寫了一篇論儉約的文章。在文章中，他強烈反對生活奢靡，極力提倡節儉。

在文中他明確指出：其一，不滿於奢靡陋習。他說，古人以儉約為美德，今人以儉約而遭譏笑，實在是要不得的。他又說，近幾年來，風俗頹弊，講排場，擺闊氣，供人差遣的走卒，穿的衣服和士人差不多，下地的農夫，也腳上穿著絲鞋。為了酬賓會友「常數月營聚」，大操大辦。他非常痛惡這種糜爛陋習。為此，他慨嘆道：「居位者雖不能禁，忍助之乎！」。其二，提倡節儉美德。司馬光讚揚了宋真宗、仁宗時，李亢、魯

宗道和張文節等官員的儉約作風，並為兒子援引張文節的話說：「由儉入奢易，由奢入儉難」。告誡兒子這句至理名言是「大賢之深謀遠慮，豈庸人所及哉。」接著，他又援引春秋時魯國大夫御孫說的話；「儉，德之共也；侈，惡之大也。」接著，他對道德和儉約的關係，作了論證而詳盡的解釋。他說：「言有德者皆由儉來也。夫儉則寡欲。君子寡欲則不役於物，可以直道而行；小人寡欲則能謹身節用，遠罪豐家。」反之，「侈則多欲。君子多欲則貪慕富貴，枉道速禍；小人多欲則多求妄用，敗家喪身。」其三，教子力戒奢侈以齊家。司馬光為了教育兒子警惕奢侈的禍害，常常詳細列舉史事以為鑑戒。他曾對兒子說過：西晉時，何曾「日食萬錢，至孫以驕溢傾家」。石崇「以奢靡誇人，卒以此死東市。」近世寇准，生活豪侈冠於一時，「子孫習其家風，今多窮困」。

司馬光還不斷告誡孩子說：讀書要認真，工作要踏實，生活要儉樸，表面上看來皆不是經國大事，然而，實質上是興家繁國之基業。正是這些道德品行，才能修身、齊家，乃至治國、平天下。司馬光關於「由儉入奢易，由奢入儉難」的警句，已成為世人傳誦的名言。在他的教育下，兒子司馬康從小就懂得儉樸的重要性，並以儉樸自律。他歷任校書郎、著作郎兼任侍講，也以博古通今，為人廉潔和生活儉樸而稱譽於後世。

岳母刺字教子法

八百多年以前，中國河南省湯陰縣岳家莊的一戶農民家裡，生了一個小男孩。他的父母想：給孩子取個什麼名字好呢？恰在這時，一群大雁從天空而過，父母高興地說：「好，就叫岳飛。願吾兒像這群大雁，飛得又高又遠。」這名字就定下來了。

岳飛出生不久，黃河潰決，滾滾的黃河水把岳家沖得一貧如洗，生活十分艱難。

岳飛雖然從小家境貧寒，食不果腹，但他受母親的嚴教，性格倔強，為人剛直。

有一次，岳飛有幾個結拜兄弟，因為沒有飯吃，要去攔路搶劫，他們來約岳飛。岳飛想到母親平時的教導，沒有答應，並且勸他們說：「攔路搶劫，謀財害命的事，萬萬不能幹！」眾兄弟再三勸說，岳飛也沒動心。

岳母從外面回來，岳飛一五一十地把情況告訴了母親，母親高興地說：「孩子，你做得對，人窮志不窮，我們不能做那些傷天害理的事！」

岳飛十五、六歲時，北方的金人南侵，宋朝當權者腐敗無能，節節敗退，國家處在生死存亡的關頭。

一天，岳母把岳飛叫到跟前，說：「現在國難當頭，你有什麼打算？」

「到前線殺敵，精忠報國！」

岳母聽了兒子的回答，十分滿意，「精忠報國」正是母親對兒子的希望。她決定把這四個字刺在兒子的背上，讓他永遠記著這一誓言。

岳飛解開上衣，請母親下針。岳母問：「你怕痛嗎？」岳飛說：「小小鋼針算不了什麼，如果連針都怕，怎麼去前線打仗！」岳母先在岳飛背上寫了字，然後用繡花針刺了起來。刺完之後，岳母又塗上醋墨。從此，「精忠報國」四個字就永不褪色地留在了岳飛的後背上。

後來，岳飛以「精忠報國」為座右銘，奔赴前線，英勇殺敵，立下赫赫戰功，成為一名抗金名將。

曾子殺豬教子法

這是一則很有名的家庭教育故事。故事講的是曾子的妻子要上街，她的小兒子哭鬧著也要跟著去。曾妻便哄兒子說：「你回去等著我，回來就殺豬讓你吃肉。」她剛從街上回來，就看到曾子真的要殺豬，她急忙阻攔道：「我只不過是跟孩子說著玩，哄他的。」曾子說：「和小孩子是不能開玩笑的。孩子年幼沒有知識，處處會模仿父母，聽從父母的教導。今天你欺騙他，就是教他學你的樣子騙人。做母親的欺騙自己的孩子，那孩子就不會相信自己的母親了。這不是教育孩子的好辦法啊！」於是，曾子殺了那頭豬，煮了肉給孩子吃。

岳飛教子法

岳飛是南宋抗金名將。1129 年，金兀朮渡江南進，岳飛移軍廣德、宜興，堅持抵抗。金兀術把披著重裝的 15,000 名「鐵浮圖」擺在正面，「拐子馬」布列兩翼，妄圖與岳飛決一死戰。

岳飛知道，金兀朮是金兵中赫赫有名的勇將。他足智多謀，極為狡猾。這一仗是個大硬仗，十分危險。面對強敵，派誰去呢？他想來想去，想到了自己的兒子岳雲。

岳雲 12 歲從軍，16 歲那年跟隨父親征戰。他手舞 40 公斤重的兩柄鐵鎚，一上一下，似舞梨花，每次攻城首先登城，曾連續攻下幾個大州，立下首功。因此，小小年紀便獲得了「贏官人」（即常勝將軍）的稱號。

岳雲屢建奇功，岳飛怕他因功產生驕氣，便經常把岳雲的功勞隱而不報。他說：「自使其子受無功之賞，則不能正己而自治，將何以率人哉？」

有一次，朝廷給岳雲連升三級，嶽飛上本拒絕，說嶽雲年紀很小，尚存乳臭，這樣做很容易志氣怠情，或者驕傲自滿，不利於他的進步和為國盡忠。

岳飛覺得這個險仗，應當讓自己的兒子岳雲去打，於是，隨即命令兒子岳雲率軍出擊。出發之前，岳飛厲聲對月雲說；「你必須打勝仗回來，如你不打勝仗，我先斬你。」

當時，不少人為岳雲捏了一把汗，有的說：「兩軍決戰，在對方實力雄厚的情況下，叫自己的兒子打頭陣，打不勝還要殺頭，這是世間少見的呀！」有幾個貼近的人勸岳飛說；「這個險仗還是叫別人打吧！」岳飛不悅地說：「危險的仗能叫別人去打，為什麼不能叫自己的兒子去打？難道別人的命就不值錢，自己兒子的命值錢？」他的決心毫不動搖。岳雲呢，不僅滿口答應，而且果真英勇殺敵，帶頭衝鋒陷陣。他手執 40 公斤重的雙鎚，率領兵士用大斧大刀，上砍金兵騎士，下砍馬足，與金兀朮的主力，展開了一場驚心動魄的肉搏戰，終於把這關鍵的一仗打勝了。

隨後，岳飛又在三敗金兀朮的下一仗中，命令岳雲上陣。岳雲面對十多萬大軍，毫無懼色，率領八百勇士，沖入敵陣，殺死了金兀朮的女婿夏金吾。在這場激烈的戰鬥中，岳雲受傷達百餘處，盔甲被鮮血染紅了，戰果輝煌，消滅金兵主力五千多。從此，金兵再也不敢與岳家軍交戰，發出了「撼山易，撼岳家軍難」的哀嘆。

於是，岳飛嚴格教子的故事，便在士兵和老百姓中間傳開了。

曹操教子法

曹操是三國時傑出的政治家和軍事家，他為了讓孩子們早日成才，非常重視給孩子們選擇良師，並要求他們尊敬師長。

他給孩子們選擇屬下時，不僅要選「德行堂堂形子昂」那樣的人物，還將被稱為「國之重寶」、「士之精藻」的邴原，選為曹丕的長史。曹操每次出征，讓曹丕留守，都要派張范、邴原輔佐，並嚴令曹丕有事必須尊重張、邴二人意見，並對張、邴二人「行子孫禮」。

作為父母，在請「家教」時，不要只注重家教的學歷，而應選擇品德好、有能力的家教，這樣對孩子的品德、行為都會有良好的影響。

朱熹教子法

宋朝著名哲學家、教育家朱熹，在教育孩子時，特別重視人際關係、交往能力的教育。

朱熹認為，如何交友關係到如何做人。交友一定要慎重，朋友可以分為益友和損友兩種，要結交益友、疏遠損友。

他說：能夠交益友或者損友，全取決於個人本身，只有嚴加約束自己，去除自身的弊病，才會交到好朋友。近朱者赤，近墨者黑，人生活在

社會群體中間，不可避免地面臨交友的問題，而交友對人的發展又是非常重要的，它是德之基礎。做父母的要善於觀察子女所結交的朋友，雖然不可橫加干涉，但要加以善意的引導。讓孩子自覺地去結交一些正直的朋友，這對孩子的成長是有利的。

朱熹這樣教育他的兒子：

早晚讀書，要多向老師請教，隨著大家平時的慣例，不能懈怠。平時思考時有疑問，要用小本子隨時記下來，等待向老師詢問，不能放過。凡是聽到老師教誨的語言，都要思忖其中切中要害的部分。見到好的文章，要把它抄錄回來。

一定要敬重別人，不得傲慢放肆，言語要謹慎恰當，不要嘻笑喧嘩。凡事要謙虛恭敬，不得盛氣淩人，免得自取恥辱。

不能飲酒，免得精神空虛，荒廢學業，也怕酒後言語差錯，損己傷人。

不可背後議論別人的過錯、是非，在老師面前，更不能說同學的短處。

交朋友要慎重而有選擇，雖是朋友，也不能沒有親疏的區別。一般來說，待人忠厚老實，能直言自己缺點和過失的，是好朋友；那些阿諛奉承、出言輕薄、傲慢放蕩、教人做壞事的，是損友。

如果自己志向情趣卑下平凡，不能克制自己，不樂於接受別人正確的意見，這樣，益友雖不想疏遠也自然而然地疏遠了，損友雖不想親近卻日益親近了。這就需要嚴加檢查約束，糾正革除自己的弱點，不要逐步染上這些壞習慣。如果這樣，雖有賢良的師長，也不能改變自己的處境。

見到別人有良言美行，就虛心地學習。看到別人的好文章勝過自己，就拿來熟讀，或記錄下來進行探討，直到向他看齊為止。

做人的道理大抵不出「勤謹」二字，假如能遵循它，則會上進，有無限好事來臨。假如不這樣做，就會一落千丈，有無盡的壞事降臨。

如果是好學的人，在家中就可以讀書習文，不一定非得遠離父母，千

里求學。如果不好學，就是走出去，也沒什麼可指望的。

范仲淹教子法

范仲淹是北宋有名氣的政治家和文學家。他一向生活儉樸，為人正直，「先天下之憂而憂，後天下之樂而樂」，是他人品的寫照。

范仲淹有四個兒子，受父親影響，個個喜文善畫，富有才氣，為一些豪門大戶所羨慕，都想把女兒嫁到他家。慶曆三年（西元 1043 年），范仲淹做了參知政事（副宰相）之後，上門為孩子提親的，更是接連不斷。

一天，有個人到他家為他的大兒子提親，想把女兒嫁進范家。那人原以為宰相家裡一定十分豪華，吃的、穿的也一定比一般人家好上幾倍。可是進門一看，家裡陳設十分簡陋，既沒有富麗堂皇的傢俱，也沒有綾羅綢緞的服飾，吃的是粗茶淡飯，穿的是土布衣衫。那人心想：范家吃穿這樣儉樸，一定有不少積蓄，來日方長，和這樣的人家成親定有後福。再說范家孩子個個身體健壯，為人正派，以後肯定都是大有出息的。想到這裡，那提親的人當即答應將女兒許配給范家。

范家的大兒子純佑準備成親了。女方心想：范家兄弟們多，身家厚實，結婚時應要點像樣的衣物傢俱。如果結婚時不要，等過了門就不好開口了。而范仲淹呢，他再三向兒子交待：現在國家困難，老百姓也很窮，你結婚時不能添置昂貴的傢俱和華麗的衣服，一定要和普通人家一樣，勤儉辦婚事。

不久，范仲淹聽說兒媳婦不要什麼昂貴傢俱、華美衣服了，但是就要一頂綾羅做的蚊帳。范仲淹聽了氣憤地說：「我家素來節儉，錢財都用來幫助老百姓了，做什麼綾羅帳子！」

後來女方提出，既然范家不肯做這樣的帳子，我們家自己做一頂好了。

范仲淹聽後，仍然不肯。他說：「勤儉節約是我的家風，也是做人的

美德，我家是不興講排場的。就是她家裡帶來了綾羅帳子，我也不准她掛，不能亂了我的家法。」

兒媳婦聽說身為副宰相的范仲淹處事這樣吝嗇，擔心過門後過窩囊日子，心裡不免有些躊躇起來。不久，卻有一件事深深地感動了她。

一次，范仲淹派遣他的大兒子純佑去蘇州買麥子。純佑將買的麥子裝到船上，往家裡運回，走到丹陽，遇到范仲淹的好友石曼卿，正處在貧困之中，連飯也吃不飽。范純佑隨即就把全部麥子，都救助給了石曼卿，空著手回到家裡。然後，他把事情的經過一一告訴了父親范仲淹，父親對兒子慷慨解囊濟貧，感到十分滿意，連聲讚揚：「做得對！做得對！」

兒媳婦聽了這個故事，深深地敬佩這父子二人。不久，她簡衣簡從，愉快地來到了范家。

陸游教子法

陸游是南宋傑出的愛國詩人。他的詩作，流傳於今的有 9,000 餘首，是古代詩人作品流傳於今數量最多的一位詩人。

陸游字務觀，號放翁，越州山陰（今中國浙江省紹興市）人。於高宗紹興年間，參加禮部考試，考取第一名。秦檜的孫子同科考試，考為第二。因此，陸游遭到秦檜的排斥。孝宗即位，他才時來運轉，賜進士出身。官至寶章閣待制。晚年隱居家鄉。他有六子一女。

陸游的一生是在激烈的民族鬥爭中度過的。面對金兵的南下，宋朝的山河為金人所占有，他心急如焚。他對朝中以秦檜為代表的投降派恨之入骨。為此，他對子女十分重視做人的教育。他告誡兒子們說：但願你們長大成人之後，鄉親們稱讚你們是有道德的人。即使做一個老百姓，與那些高官顯爵相比，也是無愧的。他要求兒子們時常檢查自己，有錯必改；看到別人有好的行為，要主動自覺地學習。他的二兒子陸子龍要到吉州去任地方官，他特意寫了一首長達 52 句的詩，來為兒子送行。詩中說：「汝為吉州吏，但飲吉州水；一錢亦分明，認能肆饞毀！」就是要求要清清白白地做官，做一個受民眾歡迎的清官。他還告誡兒子說，在吉州有我的一些朋友，他們不但有學問，而且品德也好。你到那裡後，可以去拜訪他們，但不要向他們提出什麼要求，可以和他們相互勉勵。知書達理是陸游在子女教育上十分注重的一點。他說：古人做學問是很努力的，往往是年輕時候開始努力，到了老年才取得成功。他對兒子說：現在我已老了，可你們正是讀書的好時機，要刻苦攻讀，莫失良機，希望你們一定牢記我的勸告。他還說，讀書做學問，最要緊的是學以致用，身體力行。他不僅要求自己「善言座銘要躬行」，更告誡子孫「學貴身行道」、「字字微言要力行」。這裡所說的力行，就是要學習古人的高風亮節，不媚權貴，不幹利祿，不汙大節，廉潔白守，處處謹慎，時刻想著報效祖國。

陸游在創作上成就是輝煌的，經驗是豐富的，可他從不滿足。他認為自己沒有達到最高境界。他在寫的詩中語重心長地說：「汝果欲學詩，功夫在詩外」。就是說從事詩歌創作是不能靠小聰明，在文字上做遊戲，而是要下苦功夫。陸游 85 歲那年冬天，病到在床上。他預感到留在世上的時間不會很長了。他對他的後事作了考慮和安排，他告誡兒子們說：我家本是農家，再能為農，這是上策；杜門謝客，不應舉，不求仕，這是中策；安於小官，不慕榮達，這是下策。除此三策之外，沒有別的選擇。還說仕宦變化無常，不去做官而去為農，沒有什麼值得遺憾的。你們只有不出現大的過失，勿露所長，勿與達貴親厚，就會減少人們對你們的攻擊和陷害。無論子孫們的才分如何，都要讓他們讀書。又諄諄告誡兒子們對子孫後代要嚴加約束，「要求做到寬厚恭儉，不要與那些華而不實的人結交在一起。」針對當時社會上流行的厚葬習俗，他反覆對兒子們交待：厚葬沒有任何益處，古今有見識的人對此都說得很詳細了。至於用什麼棺柩，亦當量力而行，不要為輿論所動搖。棺柩埋在地下，好與不好沒有什麼兩樣！又說，近世出喪時，大肆鋪張浪費，有作香亭、寓人、寓馬之類，興師動眾，所有這一切都應摒棄。墓上石人、石虎一類的設置，也一律不要。如果想作個標記，立一二個石柱也就可以了。然而，使他引以為憾的是，為他一生所嚮往的中原收復、國家的統一還未能實現。12 月 29 日，他把幾個兒子都叫到自己床前，捧過紙筆，寫下了最後的遺言：「死去原知萬事空，但悲不見九州同；王師北定中原日，家祭無忘告乃翁。」遂即合上了眼睛。

這是陸游的遺囑，也是陸游的遺產。這並不只是要兒子別忘了將祖國統一的大好消息告訴他，而是要兒子把統一祖國的大業銘記在心。他對兒子教育的用心是可想而知的。

徐母教子法

徐霞客出生在一個沒落世家。家境雖然已經衰微，但是家中藏書卻不少。尤其幸運的是，徐霞客有一位很好的母親。母親思想開朗，勤勞賢良，知書達禮，富有理想。全家的經濟掌持和對子女的教育，都落在她一個人身上。

徐霞客幼小的時候，就開始聽母親講歷史故事，講為人的道理，激起了他求知探奇的強烈願望。一次，母親講《左傳》，講到「民生於勤，勤則不匱」的句子時，徐霞客說：「媽媽，我知道這其中的意思。」「說說看，看你理解得怎麼樣？」徐霞客解釋說：「這是說，一個人無論織布、讀書和做其他事情，最重要的是勤快，只要勤快，就什麼都不會缺少的。」母親聽後滿意地笑了。

從此，徐霞客除了吃飯時間，幾乎都在父親的書房裡精心讀書。他讀完整架整櫃的書籍後，又把那些心裡最喜歡、印象最深刻的歷史、地理和探險遊記之類的書籍，集中起來，反覆閱讀。進了私塾以後，他還經常把這些書揣在身邊。他覺得從這些書裡能看到祖國的大好河山，可以了解民族的歷史，使人心胸開闊，產生力量。後來，他決定放棄科舉，絕於仕途，準備遍遊祖國的山川。

恰在這時，霞客的父親去世了，身邊只有一位年老的母親，他對實現宏願的決心有些躊躇。母親了解到兒子的心意，便鼓勵說：「孩子呀，身為男子漢，應該志在四方，不能為了家庭的緣故而放棄自己的志願，像一隻困在籬笆裡的小雞，套在車轅上的小馬狗。」為了激勵兒子，母親還親手為兒子趕做了一頂「遠遊帽」，讓他戴著踏上了征途。

開始，霞客出遊大都是在比較近的地方，行期也有一段間隔。每次遊罷歸來，霞客總要把異地的風光見聞一五一十地講給母親聽。徐母總是為兒子的學識不斷長進而感到高興。後來徐母發現，既然遠遊，為何頻頻歸來？當她知道霞客仍然是為了照顧自己時，便對霞客說：「我雖然年已老邁，但身體還很結實，你用不著惦記我。不信，我還可以出去一遊。」她硬叫兒子陪她去遊覽了附近的荊溪和勾曲，而且一路走在兒子的前面，全不示弱。

得到母親的鼓勵，徐霞客激動不已。他開始了對祖國萬里河山的遊歷。他 30 多年不避寒暑，不畏艱險，靠兩條腿考察了中國華東、華北、東南沿海、西南雲貴等 17 個省區，對大半個中國的地理、水文、地質、動植物，特別是有關中國石灰岩地貌作了數百萬字的遊記記錄，成為中國歷史上一位傑出的地理學家和旅行家。

顧憲成教子法

中國明代政治家顧憲成，字叔時，人稱東林先生，也叫涇陽先生。萬曆進士，官到吏部文選司郎中。著作有《小兒齋劄記》、《涇皋藏稿》、《顧湍文遺書》。

顧憲成以誠實耿直著稱，他兒子參加科舉考試，他不願將兒子的名字告知主考官，他不想成全兒子的「錦繡前程」，他要使兒子「得到真正的益處」。他教育兒子不要把讀書做官當做人生惟一目標，「舉人進士未必有大出息」，他尤其推崇有真才實學的讀書人。

顧憲成教育孩子把德才放在第一位，把名利放在第二位。他要讓兒子透過自己的努力奮鬥成就一番事業，而不去為兒子鋪路搭橋，他認為這才是父親對兒子的真正愛護。

在兒子參加科舉考試之前，他給兒子寫了一封信，信中這樣寫：

做父母的，沒有不愛自己的孩子的。凡是愛孩子的父母，都希望自己的孩子學有所成。眼下府縣考童生，我不願將你的名字告知主考官，並不是不顧及你。憑你的天資肯定能獲得好成績。從道理上講，堂堂七尺男兒頂天立地，怎好意思開口求人。《孟子》〈齊人〉一章，便是對它的具體說明，至今讀來還為之汗顏。

人的一生富貴貧窮，要靠自己去求取。眼前眾多人，赴童生試的，哪個不想做秀才？赴秀才試的，哪個不想中舉人？赴舉人試的，哪個不想中進士？

如果貴可以仰仗權勢求得，富可以憑藉財力求得，誰不會求就沒有他的分，那麼命運對人來說就太不公道了。就從我的分上看，仍能吃飽穿暖，安享太平。古時候大聖大賢，往往窮困一生，甚至有的坐牢流放，顛沛流離，不能自存。我算什麼人，能夠有此福分就很滿足了。能不能做官，主要看你個人的志向了。

如能刻苦讀書，工夫下到了，考舉人考進士也並不難，何況是考秀才。你由此細想體味，不是我不管你，而是想成全你的錦繡前程。本來想由你自己悟這個道理，但又生怕你不能理解，所以不得不點破。你能了解到這一點，會省去好多閒氣力，又能省去好多空悲喜，這才能使你一生得到真正的益處。請切記我的話。

王羲之教子法

王羲之是中國古代著名的書法家，他的書法藝術造詣很高，被公認為「書聖」。他的《蘭亭集序》至今仍受書法愛好者酷愛。同時，王羲之夫婦倆對兒女的教育也非常重視。

王獻之是王羲之的第七個兒子，自幼聰明好學，在書法上專攻草書隸書，也善畫畫。他七八歲時始學書法，師承父親。有一次，王羲之看獻之正聚精會神地練習書法，便悄悄走到背後，突然伸手去抽獻之手中的毛筆，獻之握筆很牢，沒被抽掉。父親很高興，誇讚道：

「此兒後當復有大名。」小獻之聽後心中沾沾自喜。

還有一次，羲之的一位朋友，讓獻之在扇子上寫字，獻之揮筆便寫，突然筆落扇上，把字汙染了，小獻之靈機一動，一隻小牛栩栩如生於扇面上。再加上眾人對獻之書法繪畫讚不絕口，小獻之滋長了驕傲情緒。獻之的父母看此情景，若有所思……

一天，小獻之問母親郗氏：「我只要再寫上三年就行了吧？」媽媽搖搖頭。「五年總行了吧？」媽媽又搖搖頭。

獻之急了，衝著媽媽說：「那您說究竟要多長時間？」「你要記住，寫完院裡這 18 缸水，你的字才會有筋有骨，有血有肉，才會站得直立得穩。」獻之一回頭，原來父親站在了他的背後。王獻之心中不服，啥都沒說，一咬牙又練了 5 年，把一大堆寫好的字給父親看，希望聽到幾句表揚的話。誰知，王羲之一張張掀過，一個勁地搖頭。掀到一個「大」字，父親現出了較滿意的表情，隨手在「大」字下填了一個點，然後把字稿全部退還給獻之。

小獻之心中仍然不服，又將全部習字抱給母親看，並說：「我又練了 5 年，並且是完全按照父親的字樣練的。您仔細看看，我和父親的字還有什麼不同？」母親果然認真地看了 3 天，最後指著王羲之在「大」字下加的那個點兒，嘆了口氣說：「吾兒磨盡三缸水，惟有一點似羲之。」獻之聽後洩氣了，有氣無力地說：「難啊！這樣下去，啥時候才能有好結果呢？」母親見他的驕氣已經消盡了，就鼓勵他說：「孩子，只要功夫深，就沒有過不去的河，翻不過的山。你只要像這幾年一樣堅持不懈地練下去，就一定會達到目的的！」獻之聽完後深受感動，又鍥而不捨地練下去。功夫不負有心人，獻之練字用盡了 18 大缸水，在書法上突飛猛進。後來，王獻之的字也到了力透紙背、爐火純青的程度，他的字和王羲之的字並列，被人們稱為「二王」。

彭端淑書信教子

明末清初有一位學者叫彭端淑，他給兒子和姪子們寫過一封信，信中談了做學問的難和易問題。他對難和易的論述充滿了辯證法思想，不但鼓舞和激勵了彭家的子姪們，而且也鼓舞和激勵了後來的許多青年人。他寫道：

「天下事有難易的區別嗎？去做、去學，難的事情也會變得容易；不做、不學，容易的事情也會變得難。」

「即使我的天資愚鈍，才能平庸，不如別人，但是我每天堅持學習，毫不懈怠，總會有成功的一天。到那時候也就不覺得愚鈍和平庸了。即使我的天資聰明，才思敏捷，加倍地高於別人，但是我把這些天資和才能都丟開不用，那麼，我和愚鈍平庸的人也就沒有什麼區別了。孔子的學生中，曾參是以愚拙出名的。可是孔子的學業，最後卻靠曾參傳了下來。這樣說來，聰明和愚鈍的作用，哪裡是一成不變的呢？」

『四川有個偏僻的地方，有兩個和尚，一個窮，一個富。有一天，窮和尚對富和尚說：「我想到南海去，你看怎樣？」富和尚問：「你憑什麼去呢？」窮和尚說：「我就靠一個水瓶，一個飯缽。」富和尚說：「我幾年來都想雇船去，一直沒有辦成，就憑你，哪能去得了？」過了一年，窮和尚從南海回來，告訴了富和尚，富和尚感到很慚愧。』

南海就是浙江的普陀山，是佛教聖地。從四川到南海，不知道有幾千里遠，富和尚去不了，窮和尚卻去了。人的立志，難道不如四川這個窮和尚嗎？

所以，聰明和敏捷，是可靠又不可靠的東西。自以為聰明和敏捷而不認真學習，那就會自取失敗。愚鈍和平庸，對人的發展有限制作用，但並不能完全把人限制住。不為天生的才能所限制，努力不倦地學習，才是真正求上進的人。

現在許多年輕人往往自恃聰敏，不求甚解，放鬆學習，作為長輩，應

該對他們說些什麼呢？不妨讀一讀彭端淑的這封信。

你要盡其所能把你的家庭建成一個生活中心，在這裡面，一切良好的事物是被撫育培養起來的；在這裡，你的忠誠、盼望、同情，以及整個你生命中高貴的東西，會被發揚光大起來。

王夫之教子法

王夫之是明末清初的一位進步的思想家和愛國主義者，晚年居住在湖南衡陽的石船山下，他在這裡寫下了許多警世之作，所以學者們稱他為「船山先生」。

船山先生不愧為思想家，他的所作所為，總是與世俗不同。

有一年，船山先生的大女兒要出嫁了，當時社會上非常重視陪送女兒的嫁妝。嫁妝貴重，能顯出自己家庭的高貴；嫁妝少了就有人看不起。王家世世代代做官，於是人們就紛紛猜測 —— 看王先生家的嫁妝吧。

預定的婚期一天天臨近了，船山先生卻不慌不忙，像是沒有此事似的。女兒自己心裡著急，但又不好意思問父親。後來幾位熱心的鄰居來到王家，問嫁妝準備的情況，有沒有什麼事需要幫忙。

船山先生拱起手來，笑呵呵地向大夥說：「多謝各位費心，我為女兒的嫁妝早就準備了，現在基本處理完了。」

「那嫁妝在哪兒呀，我們看看？」有的鄰居一聽，不由得睜大眼睛四面尋找了起來。可是，屋子裡空空蕩蕩的，沒看見什麼顯眼的東西。

看到客人們不明白的神色，船山先生摸了摸花白的鬍鬚告訴大家：「不急，不急，等我女兒出嫁的那天，你們再來看吧！」

日子一晃，女兒的婚期到了。天剛濛濛亮，附近的大人小孩都來看熱鬧，把王家圍了個嚴嚴實實，還有些人索性進到船山先生的屋裡，左右察看。

迎親的花轎來到門口，熱鬧的鼓樂聲一陣高過一陣。按規矩，新娘子

應該離家上路了。這時候，船山先生不慌不忙地打開自己的書櫃，從裡面捧出一個塗著紅漆的小木箱子，親手交給女兒，鄭重其事地說；「這就是我給你準備多年的嫁妝。」

「裡面裝著什麼寶貴東西呀？」看熱鬧的、迎親的都想弄個明白，連新娘子自己心裡也不清楚。一位來迎親的中年婦女實在憋不住了，借幫著拿東西的機會，悄悄地把木箱子的上蓋掀開一看——「哎喲，裡邊原來是書和稿紙！」中年婦女吃驚的樣子，引得周圍的人都伸過脖子來……，於是，有些人嘰嘰喳喳地議論開了：什麼「沒見過的事」啦，「值不上幾個錢」啦等等。說什麼的都有。

船山先生的大女兒聽到這些怪聲怪氣、怪言怪語的議論，心裡很委屈，她轉身跑回自己的屋裡，伏在床邊低聲地哭起來。船山先生還是那樣不慌不忙地朝眾人擺擺手，然後走到女兒床前，輕輕地撫摸著她的肩膀，語重心長地說：「好閨女，你平時勤奮好學，很對我的心意。為你的嫁妝我想了很多很多，可別小看箱子裡的東西，那書冊裡，有我一生研究的學問；那稿紙上，有我多年寫作的結果。它會教你怎樣做一個有骨氣、有出息的人的。什麼金銀財寶也比不上有用的知識啊！」

聽了父親的這番話，女兒心裡亮了起來。她擦掉眼淚，露出笑容，讓人抬著那個紅漆木箱，恭恭敬敬地和父親告別出嫁了。

張習孔教子法

清朝順治進士張習孔，在《張氏家訓》中強調：作為家庭成員的每一個人，都應做到「在內應和睦莊重，在外應謙恭溫良」，這樣時間長了便會受到鄉人的愛戴。因而無論父子之間、兄弟之間或對鄉里，「恕」字終身可行，不能只要求別人，而不要求自己。

他認為在擇友識人方面，要知道有的人平日裡溫和可親，但事情一臨頭就暴露出奸詐的本性；有些人聽其言肝膽相照，辦起事來則面目全非；也有的人開始正派，而後奸邪，先親近而後背叛。對行為不端的人，要進

行批評、揭露、幫助教育，但必須十分小心，講究方法。

立身之本，在於尊敬父母兄長，這些做到了，信義自然就產生了。

有的人做不到敬兄友弟，原因多是由於財產，如能把財產看得輕一些，那麼就不會有什麼差錯了。人的愛心是天生的，如不被財利所泯滅，一生都會快樂。

崇尚禮義的人，不取不義之財。這樣的人雖然貧窮，但德行使人敬佩，也常有其富貴的機會。君子只做應當做的事，而不覬覦別人的富有，違背道德而達到的富有，恐怕得到了心裡也不安。張習孔說：世上平庸的人多，而德才出眾的人少。讀書能提高人的資質，能勤奮刻苦讀書，即使一生不能有成就，他也不會是一個普通人。

父母教育子女，在孩子懂事時，就應及時給予細心引導，對於尊長親朋要尊敬，以培養孩子有禮貌，懂禮儀。要教他們不違背諾言，不苟言笑，以增加孩子誠信的品格。如果稍有不合乎要求之處，即當嚴厲地加以教訓，但不必粗暴地鞭打，以免傷了孩子的自尊心。兄弟不和睦，子姪之間自然不能友愛，能體諒父母，重義輕財，互相謙讓，那麼兄弟的情義就會加深。

朋友再好，也不可能事事都合意，偶有一事不合心意，不能輕易口出惡語傷人。交友往往在開始時看到對方優點多，時間長了，就會發現對方的缺點，這未必是朋友後來的行為不如當初，而是自己產生了厭煩之心的緣故。

人活著的時候，只看到朋友的過錯，死後人們便想到他的好處。並不是他死後反而比生前更有利於人，而是哀思之情所致。人如能以對死者之心對待活人，那麼就不會求全責備；人若能以待初交之心來待故友，那麼就不會斤斤計較於一言一行，就會以寬厚之心待人。

父母的行為是對一家人無聲的命令。

父母勤快，家裡人就不敢懶惰；父母節儉，家裡人就不敢奢侈浪費；父母處事公道，家裡人就不敢圖謀私利；父母誠信，家裡人就不敢虛偽。

這四個方面對孩子會起到楷模作用。

鄭板橋教子法

鄭板橋是清朝「揚州八怪」之一。他在山東濰縣當縣官時，兒子小寶留在興化鄉下的鄭墨弟弟家。

小寶 6 歲時上學了。為了教育兒子，鄭板橋專門給他的弟弟鄭墨寫了一封信，信中寫道：「余五十二歲始得一子，豈有不愛之理！然愛之必以其道，以其道是真愛，不以其道是溺愛。」

他的「道」是什麼呢？他說：「讀書中舉，中進士做官，此是小事，第一要明理做個好人。」

鄭板橋自己是個讀書人，他並不是看不起讀書人，他看不起的是：讀書就是為了做官。

鄭板橋自己最重視的還是兒子的品德。他對弟弟說：「我不在家，兒便是由你管束，要須長其忠厚之情，驅其殘忍之性，不得以為猶子而姑縱惜也。」

他主張，他的孩子和僕人的兒女應平等對待。他說：「家人兒女，總是天地間一般人，當一般愛惜，不可使吾兒淩虐別人。凡魚餐果餅，宜均分散給，大家歡喜跳躍。若吾兒坐食好物，令家人子遠立而望，不得一沾唇齒，其父母見而憐之，無可如何，呼之使去，豈非割心頭肉乎！」

為了教育兒子「明好人之理」，「愛天下農夫」，鄭板橋還抄錄了使小寶且唸且唱、順口好讀的四首五言絕句：

二月賣新絲，五月糶新穀；

醫得眼前瘡，剜卻心頭肉。

鋤禾日當午，汗滴禾下土；

誰知盤中飧，粒粒皆辛苦。

昨日入城市，歸來淚滿巾；
遍身羅綺者，不是養蠶人。
九九八十一，窮漢受罪畢；
才得放腳眠，蚊蟲跳蚤出。

後來，鄭板橋不放心小寶的成長，就把他接到身邊，經常教育小寶要懂得吃飯穿衣的艱難，要同情窮苦的人。由於鄭板橋的嚴格教育和言傳身教，小寶進步很快。

當時濰縣正值災荒，鄭板橋一向清貧，家裡也未多存一粒糧食。一天，小寶哭著說，「媽媽，我肚子餓！」媽媽拿出一個用玉米粉做的窩窩頭，塞在小寶手裡說：「這是你爹中午省下的，快拿去吃吧！」小寶歡跳著走到門外，高高興興地吃著窩窩頭。這時，一個光著腳的小女孩站在旁邊，看著他吃，小寶發現了這個用飢餓眼光看他的小女孩，立刻把窩窩頭分給小女孩一半。鄭板橋得知小寶的舉動，高興地對著小寶說：「孩子，你做得對，爹爹喜歡你。」

馮玉祥教子法

軍人出身的馮玉祥，是個有膽有識、為人豪爽的大將軍。他一生留下了許多治妖祛邪、為民除害的鬥智故事。他對孩子進行教育，說來也十分有趣。

西元 1931 年，馮玉祥任職西北邊防督辦後，把全家搬到了包頭。不久，他的大嫂呂夫人從保定趕來，一進家門，呂夫人就詢問兩個姪子到哪裡去了。

馮玉祥笑著指了指門外，風趣地說，「他倆上學去了。」

呂夫人點了點頭，心想：上學就好，但願兩個姪子，像他們的爸爸一樣，做個有學問的人。

馮玉祥正陪著呂夫人說話，大門咣的一聲開了，兩個小傢伙衣衫襤褸、冒冒失失地闖了進來，像是做粗工的。呂夫人不覺一愣，忙問：

「你們找誰？」

兩個孩子噗嗤一聲笑了，高興地湊過來：

「大娘，您老人家好！」

呂夫人定神一看，扳住孩子的肩膀，眼淚撲簌簌地掉了下來。

「孩子，你們幹什麼去了？」

「我們去做工了。」

「做什麼工？」

「我學木匠。」洪國說。

「我在放羊。」洪志晃著手中的鞭子得意地說。

呂夫人聽完姪子們的話，對馮玉祥責怪說；「堂堂大戶人家，怎麼讓孩子做這種工作？」

馮玉祥向來尊重嫂子，忙站起來賠著笑臉說：『我是為他們好，您沒聽說過，「天將降大任於斯人也，必先苦其心志，勞其筋骨 」。就是說，一個人要成大器，都得先在苦日子裡熬熬，磨練磨練意志，以後才能不避險阻，青史留名。』

馮玉祥這一番慢條斯理的解釋，像是一陣和風細雨，滋潤了嫂夫人的肺腑。

馮玉祥接著說：「那些整日拎著鳥籠東遊西逛，除了吃喝嫖賭，再無別事的人，好一點的，是個廢物；不好的，便是國家和民族的罪人！我們家裡可不能培養那樣的少爺。我想讓他們知道創業的艱難，嘗嘗吃苦受累的滋味，不要忘了做人的本分。大嫂，您也不贊成我養敗家子吧？」

呂夫人激動地點頭稱是。

馮玉祥將軍的二兒子馮洪國，先在蘇聯留學，後又到日本士官學校學習。在日本學習畢業回國後，立即跑到汾陽看望多日不見的父親。

那天，馮洪國身著西裝，腳蹬皮鞋，渾身散發著一股濃厚的外國香水味。他滿面春風地走到父親馮玉祥跟前，笑著說：「爸爸，我畢業回國了。」

馮玉祥坐在他那古香古色已經陳舊的辦公椅子上，屁股動也不動，側著身子，把洪國從頭到腳打量了一下，說：「你學好了嗎？」

馮洪國沒有察覺父親的表情，笑著回答：「學好了！」

這時，馮玉祥一下子站起來，指著洪國說：「早呢！不要癩大哥坐秤盤 —— 自高自大！」

馮洪國漲紅了臉說：「爸爸，我有啥不是，請您指點指點！」

馮玉祥望著他那一身打扮說：「你看你這味，再去看看我們的勞動大眾！」

馮玉祥停了停又說：「兒啊，你要脫下西裝、皮鞋，到牛棚裡去熏一下，聞聞牛屎

味，才會知道五穀香。古人說，奢能滅志，儉以養德。你雖然還不曾掌管事業，談不上奢化，但從你的穿戴上看，是危險的！」

「是，爸爸。你放心，回到中國內，就按您的意思處事，絕不給祖輩丟臉！」

馮洪國被馮玉祥「一板子」打清醒了！他真的脫下了西裝、皮鞋，換上了大青年便衣，穿上了粗布鞋。

後來，馮洪國在宋哲元軍學生團當大隊長。日軍進攻北平時，馮洪國率部抗敵，英勇獻身，沒有辜負爸爸的教誨。

曾國藩教子法

曾國藩在教育兒女時常說：一般人大多希望子孫做官，我希望你能成為一個讀書明理的君子。勤儉自持，習慣於勞苦，既能過富裕安樂的生活，也可以過艱苦節儉的日子，這就是君子。凡是當官的人家，由儉樸變成奢侈很容易，但從奢侈返回儉樸就難了。年紀還小的人，切切不可貪戀

奢華，不可養成懶惰的習慣，無論大家小家，也無論是士農工商，只要勤苦儉約，沒有不興旺的，而驕奢倦怠，沒有不衰敗的。你讀書寫字不可間斷，要早起，不要失去祖先所創立的家業。人在少壯時沒有不付出艱辛而能成就事業的。我生平多得到師友的幫助，才稍稍能以道義自我要求，不敢放縱。

兄弟之間要和睦，做哥哥的不能以尊長恃，要愛護弟弟；當弟弟的要愛哥哥、敬哥哥，不能認為哥哥必須謙讓自己，為一點小事就說哥哥刻薄自己。不應在錢財上斤斤計較，也不要為一點小事，非要辯個你是我非，應想到父母愛兒子，就像愛他的十個手指頭一樣。同胞手足應能容忍能謙讓，不爭財，不慪氣，和睦相處。

勤儉是治家的根本，恭順是齊家的根本，謹慎是保家的根本，詩書是起家的根本，忠孝是傳家的根本。不節儉就不能廉潔，儉以養廉這一句話最值得玩味。古代聖人能勤於治國，能儉於治家，所以推崇為萬世之法。在嗜欲上節儉，可以養元氣和精神；在言語中節儉，可以少生是非養精氣；在飲食上節儉，可以靜心守志；在交遊上節儉，可以省去許多應酬花銷；在惱怒上節儉，可以免除許多怨憤。

凡讀書人，必須下廢寢忘食的苦功，別人用一分工夫，我用百分工夫，別人用十分工夫，我用千分工夫，自然能成名立業。一旦成名後，要為地方上的百姓們興利除害，要忠君報國，應努力向善、勤勞耕耘、自食其力、培養自己的品性、教育好自己的子孫。如果能以父母的善心來對待別人，天底下就沒有不和睦相處的兄弟；用祖宗的寬厚仁愛之心待人，那麼天底下同族人就沒有不和睦的；用天地之心來待人，那麼天底下就不會有不愛惜民物的。一個人的知識是很有限的，把大家的知識匯起來就無窮無盡了。明白了這個道理，就必須多與人交往，注意世故人情，學習別人的長處以補自己的不足，用以增長自己的知識。

張廷玉教子法

清朝文學家張廷玉，著有《傳經堂集》。

他認為教育孩子有五個方面：

1. 使孩子性格沉靜。
2. 幫助孩子樹立遠大志向。
3. 培養孩子的才能。
4. 鼓足孩子的勇氣。
5. 糾正孩子的毛病。

他說：凡是做人，都應該有寬和大度的氣量，居家無論是貧還是富，也應當有寬和之氣，這是一片陽春的景象，使萬物得以生長。假如總是刻薄計較，雖然所做的不一定沒道理，但也會像秋風肅殺一般，使家道衰敗。天道人事，在道理上是相通的。

他覺得人生活在社會中，有順境也有逆境，不可能沒有感恩或怨恨的時候，做人之道就是要立德，不要結怨。

人心難測，所以處世應做到：對已有恩德，雖小也不能忘；與人發生矛盾，如責任在己，要勇於承認自己的過錯，如責任在對方，則應權衡事情的輕重大小。是小事應及早忘懷，是大事應以誠信正直的態度正確對待。做事開始時謹慎，不可輕易接受別人的好處，要警惕防備怨恨的產生。

關於人的品德，他說：一個人有德與無德，從行為特徵上能夠看得出來：

- ✧ 賢德的人剛直，無德的人柔順諂媚。
- ✧ 賢德的人公正，無德的人只為自己考慮。
- ✧ 賢德的人謙遜恭敬，無德的人驕傲輕慢。
- ✧ 賢德的人莊重謹慎，無德的人放縱輕浮。
- ✧ 賢德的人善於謙讓，無德的人喜好爭鬥。

- ✧ 賢德的人好開誠布公，無德的人陰險狡詐。
- ✧ 賢德的人勇於堅持真理，無德的人慣於隨聲附和。
- ✧ 賢德的人持重練達，無德的人輕浮虛榮。
- ✧ 賢德的人為別人的成功而高興，無德的人為別人的失敗而暗自慶幸。
- ✧ 賢德的人隱藏自己的才能，無德的人好顯露、炫耀自己的小技。
- ✧ 賢德的人寬厚善良，無德的人苛刻殘忍。
- ✧ 賢德的人嗜欲清淡，無德的人趨炎附勢。
- ✧ 賢德的人嚴以律己，無德的人苛求於人。
- ✧ 賢德的人從容穩定，無德的人目光短淺。
- ✧ 賢德的人行為超過言語，無德的人言過其實。
- ✧ 賢德的人先人後己，無德的人先己後人。
- ✧ 賢德的人善於學習和讚揚別人的優點，無德的人嫉賢妒能、說人壞話。
- ✧ 賢德的人不畏強權，無德的人欺軟怕硬。

由此看出，賢德與無德的人黑白分明，水火不相容，在對公與私、義與利的態度上截然不同。

瑪里 · 居禮教子法

瑪里 · 居禮不僅是一個偉大的科學家，同時她也是一個偉大的母親，在對女兒的教育方面也做得不同凡響。

「熱愛事業，不求享樂，有獨立的能力。」這是瑪里 · 居禮對孩子們的要求和期望，也是她教育孩子的原則。

西元 1906 年居禮先生（Pierre Curie）去世，當時，瑪里 · 居禮的生活非常困難，居住條件很差，工作繁忙緊張，還要照顧 79 歲的公公以及 8 歲的大女兒和剛出生不久的小女兒。居禮夫婦提煉出來的鐳，當時價值 100 萬法郎，如果把這些鐳留給女兒是完全合法的，但瑪里 · 居禮卻無償地贈送給研究鐳的實驗室，而且聲明：將來女兒長大後，讓她們自食其力，自己去謀生。她不願讓女兒過上不勞而獲的奢侈生活。

瑪里．居禮非常注意女兒身體的健康，每天功課一做完，她就帶兩個孩子到外面去，不論天氣如何，她們總要步行很長的路，並做各項體育活動鍛鍊身體。她還在花園裡裝置了一個秋千，讓孩子們運動。

為使孩子具有工作能力，她還特別注意讓孩子的手受到靈巧性鍛鍊，她讓她們學園藝、學雕塑、學烹調和縫紉。

事實證明，瑪里．居禮對孩子們的教育是十分成功的。女兒們果然不負母望，大女兒伊雷娜成為一位出色的科學家，並於西元 1935 年獲得了諾貝爾化學獎。小女兒艾芙成為一名音樂家和作家，她撰寫的《居禮夫人傳》生動、感人，被譯成多國文字，產生了很大的影響。

歌德教子法

歌德是 19 世紀後期德國文藝界「狂飆」運動的領袖，是偉大的詩人和作家。他的名著《浮士德》(*Faust*)，《少年維特的煩惱》(*The Sorrows of Young Werther*)，至今擁有眾多的讀者，為世界文壇所矚目。可是，他有一首勸兒子珍惜時間、認真學習、多做貢獻的短詩，卻少有人知。

一次偶然的機會，歌德發現兒子在自己的紀念冊裡，摘引了別人寫的一段詩：

人生在這裡有兩分半鐘的時間，

一分鐘微笑，

一分鐘嘆息，

半分鍾愛，

因為在愛的這半分鐘時間死去了。

歌德看到兒子摘抄的這些話，聯想到兒子平時懶懶散散、不刻苦用功學習的情況，很不滿意。他認為，一個還未成人的孩子，對人生採取這種

玩世不恭的態度，是很危險的。於是他提筆在兒子的紀念冊旁邊寫道：

一個鐘頭有六十分鐘，

一天就超過了一千分鐘。小兒子，要知道這個道理，

人能有多少時間學習、貢獻。

然後，他把兒子找到跟前，當面給他說：「把人生只當做兩分半鐘，嬉戲人生，那就只能無所作為，浪費寶貴的光陰，糊里糊塗地打發過去了事。真正用每一分鐘作為時間單位，來計畫自己的一生，爭分奪秒地學習、工作和創造，那就成了世界上的大富翁，就可以比那些用年、月、日，來計算人生的人，多做許多事。」

兒子聽了父親的忠告，很受教育。他把父親寫的詩又抄在紀念冊的首頁，作為鞭策自己的座右銘，經常對照自己，也經常講給自己的朋友聽。

愛因斯坦父親的教子法

德國偉大的物理學家愛因斯坦（Albert Einstein）小的時候，並不是一個天資聰穎的孩子，相反，已滿四歲的愛因斯坦還不會說話，人們都懷疑他是個「低能兒」。

擔任電機工程師的父親，並沒有對兒子失去信心，他想方設法讓愛因斯坦發展智力。他為兒子買了積木，讓他搭房子，搭一層，便表揚和鼓勵一次，結果愛因斯坦一直搭到了 14 層。

入學後，愛因斯坦的表現仍然很平庸，當時學校的訓導主任，曾向愛因斯坦的父親斷言：「你的兒子將一事無成。」

譏笑和諷刺，使愛因斯坦的情緒十分消沉，他甚至害怕上學，怕見老師和同學們，他也認為自己真的什麼都不行。

父親鼓勵他說：「我覺得你並不笨，他們會做的，你雖然做得一般，卻並不比他們差多少；但是你會做的，他們卻一點也不會做；你表現得稍差，是因為你的思維與他們不一樣，我相信你會在某個方面比任何人都

強。」

父親的鼓勵，消除了愛因斯坦的消極情緒，他經過不斷的努力，終於提出了「相對論」，成為科學巨人。

路易斯父親的教子法

路易斯（Carl Lewis），美國男子田徑運動員，出身於田徑世家，在西元 1984 年第二十三屆奧運中奪取四面金牌。

路易斯取得的這些成績，與他父親的支持和教育是分不開的。

路易斯說：「不管我做什麼，我總會想到父親，想起在威林伯勒的歲月，想起他的教誨。他教育我不管做什麼都必須盡力做好。父親敏感而理智。他能整整一天與任何人談論任何事。他與人為善、心胸開闊。但是一旦你說了他的壞話，或者做出違背他信仰的事，他就會與你幹到底。」

他父親一再教導路易斯做自己認為是對的事：

「並不是你想要做的任何事都可以做，而是你認為是對的，你才可以做。如果你認為你正在做一件正確的事，而且深信它是正確的，就不要受外界的任何干擾。」

西元 1984 年，在許多人指責路易斯，許多媒體傳播謠言時，父親則安慰他說：「卡爾，你沒有做錯任何事，沒有做傷害他人的事，沒有中傷過其他人，也沒有錯待過任何人。這些事你都沒有做過，你做得很好，堅持你自己的主見，不要理會你周圍發生的一切，事情會好起來的。」

而母親對路易斯在 1984 年奧運期間和之後所受到不公正對待的態度，與父親截然不同，她總想反擊那些說了或者寫了路易斯壞話的人，甚至打電話想給每一個她知道電話號碼的人，告訴他們她對這些評論的看法。

他父親卻說：「不，沒有必要這樣做，那些事情無關緊要。只要卡爾相信他做的是對的，這才是重要的。我們不需要對任何人作出回答，現在不會，將來也不會。」

父親的鼓勵，給了路易斯最大的力量。

比賽之後，路易斯說：「在那場比賽中，每件事、每個成功和勝利都是父親帶給我的，包括比賽那天的勇氣和因勝利帶來的熱情。」

路易斯永遠感謝父親。

在父親病逝時，路易斯決定將他在奧運上獲得的第一面金牌作為禮物，贈給父親。因為那面金牌是凝結著他們父子共同努力的所有美好回憶的東西，代表著由於父親精心培育而發生在他身上的光輝業績。

在父親的葬禮上，路易斯親自為父親寫了一首歌，並親自唱給父親，把金牌放在父親的手裡。他堅定地對父親說：「你放心吧，我會贏得另一面。」這是他對父親的承諾。

路易斯沒有違背諾言，在以後的比賽中，他又獲得了多面金牌。當記者採訪他時，他總是說：「這力量是父親給我的。」

羅勃茲教子法

當人們問到柴契爾夫人，她的父親在哪些方面對她影響最大時，柴契爾夫人說：「我想，父親的以身作則比諄諄教誨給我的影響更大。」

在童年的柴契爾夫人眼裡，父親羅勃茲是個極其吝嗇的人。他告訴女兒，他沒有花園供女兒玩耍，家裡也沒有自行車供女兒騎。這並不是他修不起花園或買不起自行車。他的商店生意很好，家裡也很富裕，但是在花錢方面，羅勃茲非常節儉，不是非花不可的錢，一分也不花。

羅勃茲經常對女兒講自己是如何省錢的，他說起自己年輕時找到的第一個工作每週只能賺 14 個先令（Shilling），其中 12 個先令交給房東，其餘兩個，他自己只用一個，存起一個。

羅勃茲鼓勵女兒節省零用錢，把每週省下的零用錢存起來。他說：「積蓄的目的就是雨天備乾薪。這些錢可以用來讀大學。」

羅勃茲在家裡精打細算，省吃儉用，但他對外人卻很慷慨，他經常把食品與金錢送給窮人。他對女兒說：「考慮問題的出發點是能否給人以實際幫助。不要像有些人那樣，認為從床上爬起來到市場抗議一下，就是幫助了窮人。重要的是你用你微薄的收入幹了些什麼？」

這些教育，使柴契爾夫人形成了節儉的好習慣。

傑佛遜教子法

傑佛遜（Thomas Jefferson）是美國傑出的啟蒙思想家，資產階級民主革命家。

傑佛遜 38 歲時，妻子便因病去逝了，於是他擔起了父母親的雙重責任。

在他得到將要出使法國的消息時，他將女兒送到費城，培養她對詩歌、音樂、繪畫的欣賞能力。這期間，他給女兒寫了一系列的書信，這些書信多方面地顯示了他們父女之間的關係和他對女兒寄予的厚望。

他給女兒的第一封信，就給她訂了一個作息表，他還明白地表示了做父親的期望。他寫道：「我為你請了很多老師，我希望你在他們的教導下學到各種知識，這將表明你沒有辜負我對你的疼愛，你要好好學習，切不可讓我失望。我最大的幸福就是看到你好……」

對一個 11 歲的小女孩，提出這樣的要求，真可謂用心良苦。他不僅對大女兒要求是這樣，對小女兒們的要求也是如此。

他曾對女兒說：「下定決心的人，永不怠惰，從不浪費時間的人，不會抱怨時間不足，只要努力地幹，就會幹成許多事情。」

傑弗遜因為答應過妻子，絕不再娶，不讓孩子受繼母的氣，所以他潔身自愛，為了孩子，他一直孤獨到老，一直肩挑著父母雙重負擔。

對童年時期的女兒，傑佛遜就像一位慈愛的母親，無微不至地關心著她們的一切。當她們漸漸長大以後，傑佛遜又像一位朋友，注意尊重她們的意願和選擇。

大女兒帕齊（Martha Jefferson Randolph）在法國期間，曾認真表示要當一名修女。傑佛遜不同意，但他沒有斷然反對，而是設法用其他的思想去分散她的注意力。

後來女兒愛上了一個優秀的青年，傑佛遜對此也很滿意，但他沒有說什麼，把選擇權交給了女兒，讓她憑自己的感情自由選擇意中人。

傑佛遜在辭去公職返回家鄉時，和女兒一家人生活在一起，外孫們給他帶來無窮的快樂。

凱薩琳教子法

凱薩琳．傑克森（Katherine Esther Scruse）是世界級超級搖滾歌星麥可．傑克森的母親，她是一位和善、友愛的母親。

麥可小時候，母親常常唱著歌哄孩子。麥可從母親那裡，得到了音樂的啟迪。

稍大一點，母親就教他單簧管和鋼琴。母親具有很高的音樂才能，但由於童年時患小兒麻痺，產生後遺症而成跛足，所以她不能在別人面前表演她喜愛的音樂。

母親很樂觀，她認為小兒麻痺對她來說不是個災禍，而是上帝賜予她，要她獲勝的一次考驗。

她對麥可說：「你的演唱和舞蹈天資，就像美麗的落日或風暴後，留給孩子們玩耍的白雪一樣，全是上帝所賜。」

後來，麥可登臺了，美國人從實況轉播中，首次看到了披頭四樂隊，演出很成功，得到了很高的評價。

麥可一家人口很多，住所擁擠狹窄，有時排練時，一些妒忌的孩子就從窗戶拋石頭襲擊他們，但他們也將這些當做是上帝的一種考驗。他們依然圍著母親學彈、學唱。麥可說：「那樣溫馨的歲月遠遠超過了金錢、觀眾的喝采及獎賞。」

凱薩琳是一位聰明的母親，如果她發現孩子們當中有人對某件事感興趣，只要有可能，她就鼓勵這種興趣。一次麥可對電影明星產生了興趣，凱薩琳馬上就給他買了一本有關明星的書。

她有九個孩子，但她對待每個孩子都像對待獨生子女一樣疼愛。作為母親，她是一個辛勤的操持者和出色的教育者。每個孩子都認為他們的母親是世界上最偉大的母親，他們就是在這種母愛的教育中成長起來的。

凱薩琳對孩子們的要求有三條：

1. 和善、友愛，體貼別人。
2. 絕不乞求。
3. 絕不占別人的便宜。

與之相反的做法，在凱薩琳的眼中便是罪過。她總是要孩子們給予，但她從不要孩子們索取。她一貫主張愉快地給別人，而從別人那少拿取。

有這樣一個故事：在麥可小時候，一天清早，有個人在挨家敲門。他受了傷，血流得很厲害。他在附近敲了很多家的門，沒有人願意為他開門。最後他開始敲麥可家的門，凱薩琳立即讓他進屋，並為他包紮好傷口。當時多數人不敢那樣做，可是她卻做了，這在孩子們心中留下了深刻的印象。

對孩子來說，凱薩琳是一位優秀的母親，自從孩子們開始製作自己的音樂後，在他們樂隊的每個唱片上，都題有「獻給我們的母親凱薩琳」的字樣。

凱薩琳以她博大、高尚的愛心，培育出了超級搖滾歌星，培養出了聞名世界的「傑克森兄弟合唱團」（The Jackson 5）。

甘地夫人教子法

印度前總理甘地夫人是一個非常出色的女人。

作為領袖，她對印度有著出色的貢獻；作為母親，她是孩子心中最好

的母親。

甘地夫人說：「對於一個女人來說，做母親是個最崇高的天職。她把一個新的生命帶進這個世界，看著他成長，夢想他有偉大的前程。這真是令人陶醉的體驗，使人感到新奇和興奮。」

甘地夫人的童年充滿了孤獨和不安，因此她下決心一定要擠出足夠的時間和孩子們在一起，好好愛孩子。

她認為，對一個母親來說，應該經常把孩子放在首位，因為孩子對母親有著特殊的依賴。所以，不管她怎麼忙、怎麼累，也會抽出一些時間和她的兒子一起玩，一起讀書。

她覺得，最好的教育是以身作則。孩子們對謊言或虛偽非常敏感，極易察覺。如果他們尊重你、依賴你，他們就是在很小的時候也會與你合作。在大兒子三歲時，他們搬了家。孩子對新環境有些不適應，總是大吵大鬧。甘地夫人就對他說：「花園裡的噴泉很美，你想哭的時候就到噴泉那裡去哭。」

每逢孩子流淚時，她就輕聲地提醒一聲「噴泉」，孩子就走開了。在花園裡有許多東西能吸引他的注意力，他會很快忘記一切煩惱。

孩子們長大後，寄宿在學校，她只能在假日裡與孩子們在一起。在與孩子們分開的日子裡，她堅持每星期寫一封信，有時會更多一些，因為她心裡一直記掛著孩子們。

生活中有幸福，也有坎坷，而教育的目的，就是培養健全的個性，以便孩子能夠從容不迫地適應生活中的各種變化。這些教育在學校和課本中是得不到的，它們主要源於母親身上。

作為母親，她必須幫助孩子發展自我克制的能力，加強對他們品行的培養。真正的愛並不是遷就孩子，讓他們隨心所欲，而是要隨時約束和教育他們。

在大兒子拉吉夫長到 12 歲時，因病要做一次手術。醫生想告訴他：手術並不痛苦。可甘地夫人認為，孩子已經懂事了，那樣反而不好。於是她告訴拉吉夫，手術後有幾天會相當痛苦，可是誰也不能替代他，因此他必須有精神上的準備，哭泣或叫苦都不能減輕痛苦，也許還會引起頭痛。

手術後，拉吉夫沒有哭，也沒有叫苦，堅強地忍受了這一切。

多湖輝母親的教子法

日本教育家多湖輝小時候是個特別頑皮的孩子。

有一天，他和「放牛班」的幾個同學，進行了一起「破壞」事件：他們在軍訓課之後，用軍訓的步槍當棍棒，把學校裡一間進行禮節教學的教室，從拉門到玻璃全部毀壞。

這件事鬧得非常大。當這個孩子冷靜下來後，感到自己闖下了大禍，他做好了退學的心理準備。

當他垂頭喪氣地走回家，坐在母親面前，硬著頭皮等著挨罵的時候，母親卻沒有罵他。

母親說：「已經做了錯事，再後悔也沒有用。對這件事，你可能有自己的想法，我不想再說什麼了。只是，恐怕你不能再上學了，今後怎麼辦？你要好好想一想。」

出乎他的意料，母親沒有指責他，只是說了這樣一句話。但這句話卻比任何嚴厲的訓斥都打動了這個孩子，他發誓：「今後無論怎樣，絕不再做讓母親為難的事情。」

後來，多糊輝用心讀書，不再在學校胡鬧，終於成為日本傑出的教育家。

一句話，就改變了一個頑劣孩子一生的命運。

多湖輝說：「當人們犯了大錯誤時，自己在別人提出批評之前，已進行了反省。若此時家長仍抓住不放，嚴加申斥，只能是火上澆油，結果往往使犯錯誤者，覺得挨罵等於作了補償，或者對批評者記恨在心，伺機反擊。換句話說，即使對犯大錯誤的人進行訓斥，也不會收到期望的好效

果。這一點，在訓斥孩子時也同樣。家長的嚴厲申斥，只會使孩子感到威脅越來越大，而忘記了對自己所犯錯誤作深刻的反省。作為家長，這時保持沉默，不加指責也許更有效，能促使孩子進行反省。因為犯錯誤的一方，已做好了挨罵的心理準備，結果卻出乎意料之外，這就使他更加感動。」

博特羅父母的教子法

哥倫比亞著名的雕塑家博特羅（Fernando Botero），他的作品遍及巴黎、紐約、巴塞隆納等城市。

但是這位偉大的雕塑家，卻是一個身障者。他在四歲時患上了小兒痲痹，雙腿癱瘓，無法行走。他的父母變賣了所有的家產為他治病，結果也僅僅是雙腿有了知覺，仍舊無法站立。

他到了入學年齡後，不能走路上學，父母就在家教他學習。

博特羅特別貪玩，沒有玩具，父母就鼓勵他自己做玩具，於是，他發現了陶土泥。

陶土，在博特羅的家鄉是一望無際的，他就用陶土泥塑造各種各樣的玩具。

九歲時，博特羅別出心裁，他把捏出的各種姿態的人物，陳列在窗前，吸引很多小朋友來觀看，為他趕走了寂寞。

父親為了發展他的雕塑才能，在他 12 歲時，又為他請來指導老師，使他全面學習雕塑藝術。15 歲時，他的藝術作品已熠熠生輝，屋子裡擺滿了他的得意之作。

為了培養他獨立生活的能力，父母假裝外出旅行，離開了家，然後潛伏在家的周圍，看著他一個人爬進爬出。

他們還想方設法為他拓寬人際關係，使他能夠開闊視野。最後，他們四處求借，籌了一筆錢，把他送進藝術專科學校學習雕塑。

博特羅 18 歲那年，他的雕塑作品，使他一舉成名，他的雙腿，經過艱苦的鍛鍊，也能夠站立了。

他為父母塑了一尊像，感謝父母對他的教育，對他的愛。

第五章　教子格言

品行篇

✧ 壞習慣一旦從小養成，要改掉就相當困難。必須從小對壞習慣加以警惕，千萬不能沾上任何惡習。要是不慎有了某種惡習，就要及時予以糾正。少年時缺乏辨別是非的能力，很容易受到各種引誘，特別是好奇心的驅使，更是讓人蠢蠢欲動，非要嘗試一下不可。壞習慣會讓自己慘敗。

✧ 樹立自己的信用，別人才會信任自己；熱愛自己的事業，別人才會欽佩自己；感激自己的對手，別人才會尊重自己；培養自己的謹慎，別人才會放心自己；顯露自己的才能，別人才會信服自己；展示自己的忠誠，別人才會相信自己；縮緊自己的傲骨，別人才會容納自己；給予自己的仁愛，別人才會擁戴自己。

✧ 要是答應去做，就努力把它做好。有些事情表面上看起來很渺小，而且可能是徒勞無益的，但是，一旦你應承下來，就要努力盡心把它做好。

✧「先天下之憂而憂，後天下之樂而樂。」這是一種高尚的人生境界，人生在世必須講奉獻，要常存愛心和濟世之心。只有忘我的、無私的奉獻，才會有崇高的精神追求，就不會沉浸於簡單的吃吃喝喝。有了高層次的精神生活，就能科學地看待這個世界。讓一個人的生活有意義。

✧ 培養孩子的同情心要從小事做起，這將影響孩子生活中的每個方面，包括他們的職業能力、為人父母的技巧、公民素養的水準等，甚至影響他們一生的發展。

✧ 家長首先要提高自己的語言修養，從自己做起，不講不良的「順口溜」，尤其是回到家中，切忌用不良語言與家庭成員講話，努力營造一個有更高追求的家庭氛圍。

✧ 父母要把孩子當成人，當成一個「獨立的個體」，當孩子還沒有成為「獨立的個體時」，父母的任務就是竭盡全力使孩子逐漸成為「獨立的

個體」。

✧ 無法把一個具有健康、正直人格的孩子送入社會，是做父母的最大失敗。

✧ 偷東西的行為在孩子幼年時可以說並不鮮見。父母應隨時隨地教育孩子遵守社會規範，懂得約束自己的行為，不給他人造成傷害。

✧ 說話算數是孩子必須懂得的做人道理。孩子走向成熟，總是從言而有信開始起步的。

✧ 讓孩子學會守規矩，前提是家長們必須要懂規矩，有規矩。否則只會讓孩子無所適從。

✧ 讓孩子擁有健康的課外生活和認識賭博的危害，是使他遠離賭博的最好方法。

✧ 父母要對孩子經常進行紀律教育，教導孩子怎樣做一個合格的公民，掌握一定的法律常識，在團體生活和社會實踐活動中，培養並磨練自己自覺遵紀守法的良好品德。

✧ 孩子是看著父母學著父母長大的。誠實、自信、勇敢的孩子，往往都是家長們用言行薰陶出來的。

✧ 獨立性是孩子成長中的合理的心理需求，大人如果總是限制孩子，反而會助長他「要他做他偏不做，不讓他做他偏做」的這一非理性意志。

✧ 榜樣的力量是無窮的。父母的行為往往比說教對孩子更有說服力，也更容易讓孩子接受。

✧ 自由是家教中的雙刃劍，這會讓自主的孩子更自主，散漫的孩子更散漫。家長絕不可放任。

✧ 任性的孩子，大多是由父母嬌慣出來的。而獨立性強的孩子，基本上是在父母不失時機中調教出來的。

✧ 孩子染上不良習慣並不可怕。聽之任之、甚至縱容嬌慣才是父母最大的悲哀。

✧ 幫助孩子樹立正確的、健康的道德觀與價值觀，首先需要父母本身有正確的觀念與標準。教育孩子的過程也是一個教育父母自身的過程。

✧ 只有負責任的父母才能讓孩子擁有責任心，成長為一個自強自主的人。

✧ 孩子開始說髒話時，如果成人及時地予以教育和阻止，一般還是比較容易奏效的；如果孩子開始說髒話，成人覺得好玩，聽之任之，甚至加以欣賞，那就不好了。

✧ 在生活中，學校老師的耳提面命、社會環境的耳濡目染，對孩子各種習慣的形成，有著一定的影響。但對孩子習慣的形成，起著最重要的作用的，卻是父母的言傳身教。

✧ 孩子的壞習慣，往往起因於過多的約束，與其將來後悔，不如現在幫他們改正。

✧ 看到孩子撒謊，父母會心痛但不能衝動。教會孩子誠實，父母需要真心，更需要身教。

✧ 孩子良好的品行，總是和父母良好的家教連繫在一起的。

✧ 許多心理學的調查研究表明：父母行為不正和不良的家庭教育，是導致青少年違法犯罪的重要原因。這就告誡人們：父母要以身作則，為孩子做個好榜樣。

✧ 不要去學耍小聰明的伎倆，不要沾上貪小便宜的惡習，否則自己會變成貪小利而沒有出息的人。耍小聰明只能贏得別人的一時好感，卻會失去人們長久的信任。處處貪小便宜不僅喪失自己人格，而且還會時時招人記恨。俗話說：「勿以惡小而為之，勿以善小而不為。」是值得每一個人牢記的。要有良好的品行。惡習會制約自己的成功。

✧ 要做一個德才兼備之人。德服為上，才服為下。「善為射者不忘其弓，善為上者不忘其德。」德服的核心是「愛」，德服的方式是與人為善。愛人者，人恆愛之；敬人者，人恆敬之；善人者，人亦善之。沒

有道德的人，難以在世上立足。知識固然重要，品行更為重。

✧ 孔子說「無信不立」。說的是一個人若無信用，社會上就沒有人肯相信他。一個不被別人相信的人，就不能在社會上立足，更談不上幹什麼大事。不做無信無義之人。信用是金。失信於人容易惹災禍。周幽王為博得寵姬一笑，竟然戲點救急用的烽火。雖然寵姬一瞬間笑了，但各諸侯卻被愚弄了，乃至外敵真的來臨，再去點燃救急烽火，諸侯們卻都按兵不動。因為無人會再相信，最後周幽王被殺，西周滅亡。這樣失信悲劇值得我們深思。不信任，輕則會生怨恨，重則會出亂子。

✧ 沒有人願意與人品惡劣、性格暴躁的人打交道；而一個人品優秀、性格溫和的人，卻會到處受到別人的歡迎。沒有人願意與自私自利、心胸狹隘的人打交道；而一個慷慨大方、寬宏大量的人，卻會到處受到別人的青睞。一個冷漠的人肯定寂寞難熬；一個熱情的人肯定高朋滿座。生性孤僻等於自己給自己建立「圍牆」。要做一個受人歡迎的人。

✧ 好品行是讓自己一生富裕的寶貴資源，優良的品行會使人生之路越走越寬廣，低劣的品行則會使人生之路越走越窄。千萬不要以高智商而驕傲自大，智商高情商低，照樣會一事無成。鍛造好影響一生命運的好品行，會使自己始終富有、幸福和快樂。走上社會之前要培養好自己良好的品行。沒有品行的人難以在社會上立足。

✧ 嫉妒是一把雙刃的利刀，既傷害別人，又傷害自己。人們往往有了不正確的比較，就會產生深深的失落和自卑，從而心生嫉妒之邪火。「一個懷有強烈嫉妒心的人，不要說他不會主動幫助別人，就是別人碰到困難，一籌莫展的時候，他還會在一邊幸災樂禍。」別人學習好是其努力的結果，還是自己多努力。別犯「眼紅病」。

✧ 一個具有同情心的孩子，使未來的社會中又增添了一份愛的力量。

✧ 讓孩子自由發展，絕不等於任性胡為。讓孩子約束自我，絕對有益於未來的發展。

✧「獨立」是相對於群體來說的，又是離不開群體的，獨立和合群就是人的兩個基本面，一個具有良好人格的人，必須獨立和合群相容。家庭教育就是這樣一種人格教育。

✧ 父母應當時刻牢記：真誠，是孩子成功人生的護身符。

✧ 不管是好習慣還是壞習慣，都會伴隨孩子一生，因此，及早發現壞習慣並消滅它是對孩子的最大幫助。

✧ 孩子任何不良習慣，都是由無意到有意發展起來的。父母的責任就是及早發現，及時糾正。

✧ 讓孩子養成禮貌的良好習慣，需要一點一滴的培養，需要讓孩子們知道什麼是美，什麼是醜。

✧ 疏於對孩子的教育，孩子常常會做出讓父母吃驚的事。教育孩子需要父母的細心、耐心和恆心。

處世篇

✧ 粗心是孩子們最容易犯的毛病，也是父母們最不該忽略的糾正重點。

✧ 如何保護自己是孩子應會的生存技能，孩子面對欺凌時，要知道如何才能保護自己。

✧ 娛樂是孩子調劑生活一種必需，無可厚非，因為娛樂本身也包含了諸多教育內容。

✧ 溺愛對孩子來說猶如一個沼澤，往往會使孩子不知不覺地沉淪下去，直到遭遇滅頂之災。

✧ 天生就有好奇心的孩子，對於任何新事物都願意嘗試。動手參與家務事，是吸引孩子興趣的一個妙招。

✧ 和父母度過一段特別的時光，是每個孩子都夢寐以求的一件事。

✧ 幫孩子在心中豎起一道安全屏障，比整天擔心受怕更為有效。

✧ 當孩子做錯時，他盼望的往往是一場甘霖而不是一場冰雹。

✧ 讓「性」對孩子不再神祕，對於培養孩子正確的人生觀念大有益處。

✧ 在孩子的愛好和金錢之間選擇，那麼最好在心裡放上一架天平，稱稱誰重。

✧ 孩子在父母肯定的目光中成長，而在父母懷疑的詛咒中沉淪。

✧ 多向孩子問些「為什麼」，父母以此來誘導孩子的自我反思是很有必要的。

✧ 倘若把孩子過早地推到金錢面前，孩子往往會形成揮霍習慣，最終會毀了孩子的「錢」途。

✧ 金錢是把雙刃劍，要想不傷害到孩子，就要教孩子正確地握住「劍柄」。

✧ 教會孩子勇敢，並幫助他們學會有效地保護自己。

✧ 教會孩子自立是孩子邁上人生路前的一項重要培訓，這會決定著孩子一生的命運。

✧ 和孩子意見相左的時候，越想說服孩子，會令孩子越加反抗。如果採用強迫性的方式令孩子順從，只會破壞相互的感情，阻隔了親情溝通的通道，孩子心中根本不服。

✧ 教育家蘇霍姆林斯基說得好：愛撫，是教育的實質和精華。教人首先要教心，在人類精神財富的合聲中，最細膩、最柔和的旋律實屬於心聲。

✧ 奇思妙想的盡頭，往往連繫著一個科學家，因此，父母應當保護孩子的「奇思妙想」。

✧ 尊重孩子的日記和屬於他自己的那塊領域，這對於培養孩子良好的個性、自主的品格關係極大。為了造就孩子的自尊，那些看日記、翻書包的父母必須自愛。

✧ 不要只一味地挑剔孩子的缺點來責罵，而是要找出孩子的進步加以承認，才會讓孩子增加自信，感覺舒適，自己才會更求進步。所以，讚美的效果比指責要好得多。

✧ 不尊重孩子的父母，也得不到孩子的尊重。孩子的意願，常常是他們成長中的心聲。

✧ 小鷹經歷無數風雨才能展翅高飛，孩子只有經受挫折才能在未來笑對人生。

✧ 是孩子都會有缺點，讓孩子改正錯誤和缺點，需要的是父母的鼓勵和讚美，而不是指責和挑剔。

✧ 挨打的孩子心理會長久地痛苦，長此以往，他們會認為暴力是解決問題的最有效的方法。

✧ 當孩子不幸成為肥胖族的一員時，痛苦的不僅僅是父母。

✧ 不要簡單地以成人的思維衡量孩子，要保護孩子「語出驚人」背後的獨特思維。

✧ 孩子們並不希望成人總是給他們解釋、解圍。他們對這種介入，並不喜歡，甚至厭煩。有的孩子總是背著父母辦事，就是想掙脫父母的庇護，想證明自己的能力。

✧ 壓歲錢所帶來的問題，說起來是比其他經年累月養成的壞習慣好處理多了，但若不好好處理，平日的不良行為會借著壓歲錢爆發出來，所以不能不慎重。

✧ 幫孩子樹立自信心是讓孩子儘快成長的一個祕訣，它讓孩子知道，自信可以戰勝任何難題。

✧ 以父母為中心的人，只能算是個井底之蛙。不知道父母之外地廣天大。他們以母親的一己之見，去印證複雜的生活，必然會失之短淺。

✧ 被父母扶著長大的孩子，自己永遠都「站」不起來。

✧ 家長的話像春風，吹散了孩子心頭的烏雲；家長的話像路標，指明了孩子前進的方向；家長的話給了孩子受用終身的意志力，是孩子成長的精神財富。

✧ 一味地滿足只會讓孩子成為欲望的奴隸，必須學會在適當的時候對孩子說「不」。

✧ 動手能力是對孩子智力發展的一個有益補充，是對孩子自理能力的訓練，是孩子成長的一項內容。

✧ 父母要想了解子女的心思，可以跟孩子談心；對孩子講些自己的經歷，讓孩子談自己的看法；可以借某個話題旁敲側擊等。總之，原則就是不要傷害孩子的自尊心。

✧ 完全以孩子為中心的家庭，遲早會被孩子以自我為中心的壞習慣所震驚。

✧ 當孩子說謊且證據確鑿時，父母幾乎都毫不徇私地用法官問話的方式來質問，殊不知這些做法只能促使孩子說更多謊言，而不能真正的解決問題。

✧ 拿一個孩子和另一個孩子加以比較，是最差勁的教育法。如果真要比較，也應該拿孩子的過去和現在的發展情形作比較才對。

✧ 尊重孩子的興趣和愛好，是和孩子交流的前提條件。

✧ 體驗是培養孩子勇氣的戰場。孩子需要父母的呵護與鼓勵，而不是過度保護，更不是對他們的能力與勇氣的懷疑。應當讓他們盡量用冷靜的態度，來對待遇到的種種困難。

✧ 化敵為友是化解孩子心中「暴力隱患」的高明技巧，要讓孩子多交朋友，少樹立敵人。

✧ 每個父母，都希望自己的孩子，在未來的社會中能夠成為有所貢獻的人：他們應該和善、講道理、體諒別人，能有效的解決問題，獨立，自給自足，善於與人合作，與人交往。

✧ 在現代文明中，害了孩子的不是網路而是無知，騙了孩子的不是網戀而是壞人。

✧ 世上任何事情都沒有盡善盡美的，但父母可以使自己趨於完美，比如尊重孩子的權利。

✧ 不必擔憂孩子會因為一次的挫敗，就永世不得翻身。每個孩子內心深處，都有一個「自我說明系統」，在處理挫折的過程中，孩子自己會接納各式各樣的處理方法。

✧ 電視剝奪了孩子們到戶外新鮮空氣中散步、進行創造性遊戲的機會，奪走了孩子們的幻想，使他們的生活顯得貧乏。

✧ 父母一定要懂得：挫折是孩子們成長必須經歷的，失敗是孩子們一生必須面對的。

✧ 要鍛鍊孩子的勇氣，父母首先得證明自己的勇氣，這是鍛鍊孩子勇氣的有效辦法。

✧ 家教中需要給孩子制定合適的規則，而不是給孩子下命令。

✧ 一些自以為有預見能力的父母，像和尚念經一樣終日把「不是那塊料」掛在嘴邊，那麼請你一萬個相信：「他一定按你的咒語去做。」再聰明、可愛的孩子也會被毀掉。

✧ 嘲諷對於孩子來說是一場災難，特別是來自父母的嘲諷更惡劣。

✧ 讓孩子勇敢地面對一切是幫助孩子自強自立的一個關鍵。

✧ 團結就是力量。相互補臺，好戲一臺；相互拆臺，共同垮臺。對他人要多一點尊重，切莫相輕相譏；對他人要多一點理解，切莫猜疑隔閡；對他人要多一點關愛，切莫冷漠敵視；對他人要多一點寬容，切莫斤斤計較。

✧ 不可濫交朋友。現實生活中不乏這樣的例子，因為慎交一名好友而成功，因為濫交一名壞友而受累。「好朋友並不完美，但卻是十分誠實的。」只有真朋友才會無私地幫助自己，而壞朋友總是唯利是圖，投人所好。真正的朋友必須珍惜，有些人終身可以信賴。只有金錢交往成不了好朋友，吃喝關係非朋友。

✧ 要有同情心，多助人為樂。做人要多雪中送炭，千萬不要落井下石。

在別人危難之時，要伸出友善之手，關鍵時刻拉別人一把，幫助其脫離困境，而千萬不可乘人之危，狠狠地推人一把。即使雙方有私仇，也不應該做小人之舉。助人讓心愉悅，害人讓心煎熬。

✧ 不要把功勞都歸於自己名下，而把過錯都推到別人身上。孤獨的陷阱都是自掘的，越是把別人當傻瓜看待的人，自己才是真正的傻瓜。不肯與人分享功勞，也無人與自己共謀成功，更無人樂意分擔自己的痛苦。人一旦有了自私自利的惡名，恐怕無人會真心幫助他。現代社會更講究分工團結合作，我們應當選擇雙贏的道路。

✧ 當眾出別人的醜，雙方都沒有快樂。人人都有自尊心，只不過其強弱程度不一而已。假如在公開場合，不管三七二十一，完全按照自己的意志，斷然不顧別人的自尊心，不給別人面子，對方就會馬上產生叛逆心理。即使自己出發點是好的，但是其結果也往往是不歡而散。

✧ 尊重別人的隱私權，「包打聽」最討人厭惡。以宣揚別人的隱私來取樂，是最沒有教養的人。生活中的許多不快、麻煩、誤會以及爭執，都是因為有意或無意，侵犯別人的「隱私權」而引起的。不僅一般的人要尊重其隱私權，而且越是好朋友，越要尊重其隱私權。別窺視他人的心中祕密，不該問的不要問。

✧ 以挑剔之心與人相處，人際關係肯定糟糕。以挑剔之心去做事，怨煩之氣肯定不打一處來。挑剔就會不滿，不滿就會厭煩，厭煩就會產生消極對立情緒。挑剔別人等於挑剔自己，越挑剔越不順眼，越不順眼越沒有好心境。多看別人的長處，多從別人的角度考慮問題，容人等於容己。

✧ 不可意氣用事，性格和情緒上的偏激是一個人不可小覷的缺陷。三國名將關羽，過五關斬六將，單刀赴會，水淹七軍，何等的英雄氣概。可是由於他剛愎自用，固執偏激，卻落得敗走麥城，被俘身亡的下場。憑個人好惡，意氣用事，就會以偏概全，我行我素，就會不尊重別人，主觀武斷，就會難與他人和睦相處，就會眾叛親離，迅速走向衰敗。

✧ 要有守時的好習慣。「準時」，這是做人的原則。守時是一種信譽，早到你會打擾人家，遲到別人則會產生厭惡情緒。現代社會更注重時間觀念，「時間就是金錢」，「時間就是效益」，「時間就是生命」——這是最好的證明。承諾了，就必須準時到達。言必行，行必果，要做有信譽的人。

✧ 避免用尖刻的語言、挑剔的眼光，以及目空一切的神色，去對待自己周圍的環境。說長道短總是煩惱不斷，真誠讚美總是快樂無比。坦然容納一切，和諧之樂能不隨緣而來嗎？

✧ 和氣待人為人生的第一法則。謙和有禮的口氣，不僅使自己備受人們的歡迎，而且自己不會孤立被排擠，粗魯傲慢的口氣，不僅導致別人厭惡自己，而且還會無端傷害自己。自己再有學問，再有本領，說話態度一定要謙和。自己越是謙和，越會受人尊重，所以，我們要多微笑，多謙和。

✧ 必須堂堂正正做人，而且做人必須要有自己的人格。不要喪失自己的人格，淹沒自己的天良，麻醉自己的靈魂，在痛苦、內疚和麻木中掙扎。有人忠告年輕人：「寧願做那挖溝、挑擔和鏟煤的工作，也不要去做那些犧牲自尊、有損人格及斷送道義的職業。」清白做人使人一生心安理得。

✧ 一個狂妄之人，要麼是徹底的自大，要麼是徹底的自卑。狂妄與瘋狂相連，於是就會產生無禮之舉。狂妄就會像瘋狗一樣亂咬人，一會兒言過其實，一會兒又出言不遜。許多人不能成功，主要源於太狂妄。切記，不做狂妄之劣輩。

✧ 不爭不比，安心學習和生活。有比較就會產生痛苦，甚至會滋生邪惡的念頭。越比較越會感覺失落，越失落就會感覺煩惱無比。千萬不要比較家庭的富有，更不要比較穿著打扮，應該把自己的心思放在學習上。要比就比一個人的學業，還有一個人的品德如何。越是亂比較，越會活得沒有精神。不要沾上亂比較的惡習。

✧ 牡丹美，月季同樣也美。世上沒有「醜」的人，只有不知「美」在何方

的人。每個人都有獨特的個性，獨特的氣質和美麗。相貌固然重要，沒有內在氣質匹配，就沒有美麗的感覺。許多時候，「醜」與「美」是主觀感覺，「情人眼裡出西施」就是論證。別為自己像貌困擾，用其他優勢可以彌補。

✧ 善待別人的批評，哪怕批評是多麼的尖刻，這樣你能飛快地進步。「有則改之，無則加勉。」客觀公正地、心平氣和地看待別人對自己的挑剔，別人正確的就要採納，別人不對的也要理智對待。不要敵視提意見的人，要把他們當作益友來看待。

✧ 與孩子往來時，如果只是將他當作孩子，孩子的表現會是任性的依賴；如果以朋友或成人般看待他，孩子便會用真誠與交心的態度與你交流。

✧ 對孩子真正的愛，是要對孩子負責，因此，不能讓孩子透支未來的愛。

✧ 對待行為粗野的孩子，訴諸暴力必然失敗。直接傷害父母的惡性事件雖很少發生，但十有八九的孩子，都會心態失去平衡，行為失去控制力，成為問題孩子、問題青年。

✧ 要想孩子不粗野，父母首先不能粗野，以柔克剛是有效的教子方法。

✧ 捆綁的花蕾永遠不能綻開，未經受過磨難的孩子永遠無法長大。

✧ 家長越保護、越替代，孩子就越依賴、越無能。安逸是孩子們成長的最大敵人。要知道孩子未經鍛鍊的翅膀，難迎擊人生的風雨，所以應適當地給孩子一些「挫折刺激」。

✧ 在共同的遊戲中，孩子們透過大量的「人際摩擦」、「性格碰撞」，那些受到群體接納的優點會得到保持和強化，不受人歡迎的缺點會自覺地擯棄掉，人格會完善起來。

✧ 教孩子避開陷阱有兩種方法：一是繞開陷阱，二是認識陷阱。

✧ 國中小學教育尤其是小學教育，有大量的基礎工具性教學。孩子在學校中接觸到的入門知識、被點燃起的求知渴望，必須在課外，特別是家庭中得到深化和進一步的滿足。

✧ 我們不能讓孩子永遠站在我們後面，而應教他去篩選生活，找出孩子在我們的指導下能承受的經歷，使他有機會去體驗生活，認識自己的能力。

✧ 父母用權力「趕」著孩子走路，很可能讓這個孩子根本走不了多遠。

✧ 代溝往往是父母翻開孩子日記的第一頁開始的，要知道，孩子同樣有個人隱私。

✧ 父母不應代替孩子動手做事，那樣做會限制孩子生存能力，削弱孩子的動手能力。

✧ 父母一定要讓孩子明白，自己的成長不是哭出來的。

✧ 孩子說謊，反省的首先是父母，父母需要重新認識自己的教育方式。

✧ 跟著而不是抱著孩子長大成人，是科學家教的關鍵。

✧ 未來的科學家，往往是從今天孩子不斷地提問開始的。

✧ 用愛心澆灌孩子乾涸的心田，是父母真正的愛。

✧ 讚美孩子要恰到好處，過分的讚美，要麼使孩子容易驕傲，要麼使孩子不知所措。

✧ 金錢並不可怕，可怕的是面對金錢時，孩子不知道怎麼辦，因此，教會孩子正確認識金錢很重要。

✧ 爭執是孩子爭取自己的權利的一條重要途徑，父母應當明白這一點。

學習篇

✧ 書山有路勤為徑，學海無涯苦作舟。要相信自己就是一個天才，但是天才來自於自己的勤奮。為什麼天才多是勤奮的產物？因為勤奮能夠帶來知識、智慧和成功。沒有埋頭苦幹，沒有智慧思考，任何的聰明都是徒勞的。要相信只有透過自己不懈的努力，才能獲取成功的桂

冠。俗話說：「早起的鳥有蟲吃。」笨鳥先飛，不是天才也會變成天才的。所以，不管自己基礎有多差，只要自己努力、努力、再努力，一定能夠獲得學習的成功。

✧ 有決心就能贏，有努力就能成。只要有恆心，鐵杵磨成針。世上的事只要自己想做了，並且不懈地去努力，那麼就有成功的可能。恆心搭起通天路，意志鋪就成功道。氣不可泄，志不可沒，勤不可少，那麼任何事都可以做好。世上沒有做不到的事，努力去做最重要。

✧ 成功不分先後，關鍵是不斷努力。有人早年得志，很早就摘取了成功的桂冠；有人大器晚成，在人生的暮年才實現宏大的志向。千萬別給自己捆住手腳：「一定要在某個時點成功！」要是不成功怎麼辦？成功有許多因素構成，不是自己一廂情願的事情。切記，不斷努力最重要。只要有信心，一定會成功。

✧ 孩子能夠提出問題，說明他思考了，難道還有比這更令父母激動的事情嗎？

✧ 興趣的發展往往取決於才能。孩子能較快掌握的那種學習教材，往往會引起他極大的興趣。孩子解決學習中的難題的過程，以及取得的成果往往能給他帶來快樂。

✧ 重視孩子的創造力培養，等於為孩子插上成才的翅膀。

✧ 孩子的思維來自於知識，孩子的知識來自於讀書，孩子的讀書常常需要父母的引導和示範。

✧ 總是自責的孩子，會逐漸地在心理上凝固成一種積非成是的事實，這樣會使孩子由一般的自責轉變成自我失敗主義心理，嚴重地壓抑孩子的進取心和創造性。

✧ 父母的言傳身教是孩子們各種習慣形成的直接來源。有愛讀書的家長，就有愛讀書的孩子。

✧ 依賴性是獨立性的敵人。讓孩子從過分依賴到完全獨立，全靠父母從小的引導與培養。

✧ 教會孩子合理地安排時間，不僅對孩子的學習有幫助，更對他的成長有益處。

✧ 課外書是豐富孩子心靈世界、培養孩子興趣的最佳途徑，不看課外書的孩子的眼界註定是狹窄的。

✧ 父母不必一味地重視孩子是不是天才兒童，如何輔導孩子成為德、智、體、群、美全面發展的人，才是最重要的事。另外，父母還需要注意孩子的人格發展是否健全。

✧ 很少有孩子不喜歡看電視劇的。干擾孩子讀書的不是電視，而主要是承擔教育責任的家長。

✧ 自學能力不可能讓孩子自發地產生。自覺學習、成績優秀的孩子都是家長培養的結果。

✧ 不管是何種教育，孩子的個性依然是個性，不可能因此而改變。正確的做法是讓孩子去學習自己喜愛的東西，從中發現其較為擅長者再加以培養，讓孩子由此發揮其個性。

✧ 聖人尚且「學而時習之」，何況成長中的孩子。而有效的複習關鍵在於合理地利用時間。

✧ 沒有父母的矯正，孩子很難養成良好的習慣；沒有父母的督促，孩子很難做到專心讀書。

✧ 把你要給孩子的答案藏起一半，給孩子留下想像和思索的空間。

✧ 用書去吸引孩子，用知識去啟迪孩子，是成功家長的共同心得。

✧ 讀書破萬卷，下筆如有神。讓孩子多讀書、讀好書，當從興趣入手，當從習慣培養。

✧ 家長與其為孩子的敷衍了事著急上火，不如找找原因，想想辦法，幫助其養成專心致志的好習慣。

✧ 孩子的勇氣和毅力需要父母的細心培養，孩子的自信和進取心更離不開父母的鼓勵與支持。

✧ 孩子往往按照父母的期待塑造自己，當父母說他笨時，離笨的事實就不遠了。

✧ 家庭教育是對學校教育的補充，但要注意教育的方法不可照搬。

✧ 孩子犯了錯誤，家長常常難辭其咎。父母往往費盡苦心，孩子才能有成績。

✧ 如果不是父母們懷有偏見、教育方法失誤的話，很少有天生就不喜歡學習的孩子。

✧ 鼓勵孩子提問，一方面促使他積極地思索，另一方面鍛鍊他的能力和勇氣。

✧ 培養孩子的興趣愛好，應當尊重孩子的天性，因材施教。

✧ 孩子的日記記錄自己的成長經歷，記錄了自己的經歷感受，培養孩子寫日記可讓他們獲益終生。

✧ 偏科的孩子有悖於全面發展的原則。糾正孩子偏科的父母，除了耐心還要有方法。

✧ 限制孩子的興趣，甚至把自己的興趣強加給孩子，只能過早地扼殺孩子創造的幼苗。

✧ 沒有創造力，就沒有生命力或生存能力。未來世界是屬於富有創造力的孩子們的，因此，不能只強調孩子的智商而忽視了對孩子創造力的培養。

✧ 教育孩子好好念書學習，採用高壓政策是絕不會奏效的，只有透過引導和鼓勵的方法，才能真正達到目的。

✧ 智力測驗過分注重人類天賦的智慧，在社會中，個人最重要的能力是創造力，若只憑智商就想判斷一個人聰明與否，特別是判斷存在太多變數的孩子，是毫無意義的。

✧ 無論學習上還是生活中，個人的興趣與愛好，不能勉強，也不應勉強。這方面中國有許多古訓，如人們常說的「青菜蘿蔔，各有所好」，文雅一點的「人各有志」。

- ✧ 俗言道：「強摘的瓜不甜。」父母應該做的是啟發和引導孩子主動求知的積極性。
- ✧ 孩子肩膀還很稚嫩，父母過高的期望是他們難以承受之重。
- ✧「尊重」不僅被認為是現代教育宣導的愛的核心內容，也被認為是當代進步教育思想的基礎。不重視孩子的興趣與愛好，不把教育當科學，是當前家庭教育的一個盲點。
- ✧ 適度的壓力可以給予孩子上進的動力；而過重的壓力只會摧殘孩子的身心。
- ✧ 孔子說：「知之者不如好之者，好之者不如樂之者。」興趣是促發孩子主動求知的最好導師。
- ✧ 家庭教育包括做人教育、個體教育、心理健康教育與創新教育。由於大部分父母把主要時間和精力都用在考試成績教育上，往往忽視了對孩子的能力培養。
- ✧ 學而不思等於白學。讓孩子真正地掌握所學知識，很重要的是讓孩子在讀書中多想、多思。
- ✧ 掌握事半功倍的學習方法。「80/20 法則」認為：「努力與報酬之間，其關係往往是不平衡的。」也就是說 80%的報酬取決於 20%的努力。學習和理解好「80/20 法則」，使我們能夠得到不少啟迪：做事不要鬍子眉毛一把抓，而要區分主次，觀察仔細，不必事事都追求卓越，有選擇性地做好主要事項，練習以最少的努力來獲取最大的學習效果，鎖定主要目標，予以不懈的努力。掌握改變命運的黃金法則，並且學以致用。
- ✧ 人生沒有努力的投入，哪有成功的產出。在知識上沒有累積；在經驗上沒有總結；在健康上沒有注意；在品行上沒有修練；在風險上沒有謹慎；在生命上沒有投資 —— 這個人肯定一生庸庸碌碌、毫無作為、無所成就。必須從小就開始積蓄力量。必須三年早準備。

✧ 不要為努力而努力，功利性不可太強。無數事實證明，自己的一切努力都不會白費。許多事情剛開始時，絲毫看不見結果，更談不上被社會所承認，要想成功就應付諸努力，既不煩惱、也不焦急，踏踏實實地學習就會不斷得到人生的快樂。要是自己一味地盯著成功的果實，那麼肯定忍受不了苦學和寂寞。

✧ 只問耕耘，不問收穫。我們不能控制預期的結果，卻可以左右現在努力學習的心境。「一分耕耘，一分收穫。」只要自己付出努力和艱辛，就一定會有豐厚的回報。自己現在不努力學習，卻要幻想將來幹什麼，這只是痴人的一場春夢。

✧ 複習是學習之母。靠自己的小聰明讀書，永遠只是一個失敗者。學習必須靠勤奮苦讀。知識光接觸一次，是絕對不夠的，也是絕對不行的。有人依靠「過目十行」的小技能，就想獲得大量扎實的知識，恐怕是難上加難。知識唯有不斷接觸，才能在大腦中生根。只有熟悉了才不會忘記。複習、複習、再複習。

✧ 學當專精，文以載道。業精於勤而荒於嬉。為學習而學習是學習上的大忌，學習不是為了裝點自己的門面。『學習和鑽研要注意「兩個不良」：一是「營養不良」；二是「消化不良」。』對於書本知識光求表面理解是不夠的，自己一定要細細咀嚼，力求弄懂吃透，切不可粗枝大葉，馬馬虎虎，只求淺嘗輒止，則會勞而無功。學習切忌「囫圇吞棗」。要學會獨立思考。

✧ 學習和休息必須有效相結合，學會消除「學習疲勞症」。把所有時間都用在學習上，表面看起來很用功，但實質上效果不一定好。自己學習一會，必須放鬆一刻，這樣學習效果才好。因為學習一段時間以後，放鬆片刻，轉換一下思維，能夠讓大腦休息一會，這樣效果更好。越是採用疲勞戰術，越沒有學習的好效果。越是緊張的心態，就越會產生疲勞的心理。既要有學習時間，又要有娛樂時間。

✧ 興趣是學習的母親，必須培養學習的興趣。學習若成為一種心理負擔，自己肯定是十分痛苦的。有興趣，學習會專心致志；無興趣，學習會勉強應付。自己的興趣需要逐漸培養，要善於把枯燥乏味的東西，演化成為鮮活明亮的東西。興趣會變成一種自覺的行動，乏味則會變成偷懶耍滑的藉口。化壓力為動力是興趣的可貴之處。有興趣學習，效果更佳。

✧ 當你有勇氣質疑和挑戰應試教育制度時，對孩子的素養培養來說無疑是一種福音。

✧ 從無知到有知，從小知到大知是每個孩子學習的必然過程。父母的責任就在於多加鼓勵、教會方法。

✧ 有效的學習來自於科學的方法。提高孩子的學習能力，最重要的是要教給他們正確的方法。

✧ 如果父母尊重孩子生動活潑的性格，就不會讓他們機械呆板地學這學那。

✧ 興趣是孩子求知的引路人，父母是培養孩子求知興趣的引路人。

✧ 父母過分的愛和關懷，會使孩子創造的羽翼脫落。

✧ 分數不代表一切。過分看重分數，只會在孩子鮮活的心靈套上灰色的桎梏。

孝順篇

✧ 我們必須善待父母的「嘮叨」。世上沒有無緣無故的愛，也沒有無緣無故的恨。父母出於對兒女的期望，才會百般地「叮囑」和「嘮叨」。別辜負父母「望子成龍」的一番苦心，自己要冷靜地想一想，除了自己的父母親，還有誰會這般「嘮叨」呢？有時候，父母會有恨鐵不成鋼的心態，所以，我們還是好好檢查一下自己的行為吧！我們仔細想一想，父母的「嘮叨」是不是世界上最偉大的一種愛？

✧ 一個人必須要有孝心。孝道不只限於自己長大以後，能夠很好地贍養父母，使其安度晚年。孝道還在於自己從小開始，注重品行修養以及

努力學習。小時能讓父母省心，大了能讓父母放心，做一個對國家有用的棟梁之才，這是兒女對父母盡的最好孝道。世上做父母最開心的，就是自己的兒女很有出息，有孝也有忠。

✧ 自己能擁有幸福的今天，首先應該感謝慈祥的父母親；自己能有快樂的日子，首先應該感謝父母辛勤的庇護；自己能有學習的時光，首先應該感謝父母的培養。忘爹忘娘最為社會所不容，這種人即使擁有所謂的個人快樂，也是為人們所鄙視的。父母的養育之恩哪能忘啊！

✧ 有人把父母的「嘮叨」，當作一種煩惱與痛苦，有人把父母的嚴格管教，當作一種受罪的懲罰。於是就會產生許多不良的現象：父母指東，他偏往西；父母說「不」，他偏說「是」。自己自以為已經長大獨立，可以擁有自我決策權，殊不知這種蠢舉反而把自己給害了。我們必須正確理解父母的愛心，同時自己的心理要不斷成熟。

✧ 一代一代都是這樣的，父母對兒女都是無私地付出，從來不希望什麼回報，而我們做兒女的，又能夠體會到父母多少的辛苦呢？我們自己對父母又能夠意識到多少感恩之情呢？父母養育的辛苦，只有等到自己做了父母，才能真正的體會到。那麼我們為什麼不早點感悟和意識到呢？

✧ 做子女的要多站在父母的角度上來考慮問題，這樣，我們就能夠多一份愛心和孝心，就多一份忍耐心。我們能夠經常問自己一個為什麼，那麼我們就能夠充分地理解父母的辛苦和感受到那份偉大的愛。為什麼我們的父母會不斷地督促我們學習？為什麼我們的父母會把最好吃的東西留給我們吃？為什麼我們的父母會始終牽掛我們？為什麼到我們生病時，我們的父母恨不能替我們來生病？遺憾的是，許多人在享受父母無私的愛的時候，往往沒有任何的感覺，認為是自己應該有的一種福分，只有當自己失去這份愛時，才會深刻地感悟。

心理篇

✧ 知子莫如母。孩子心裡想什麼，沒有誰比父母更清楚。父母最有資格和義務關愛孩子的心理健康。

✧ 社會學、人類學和心理學的研究表明，人健康而又完整的精神面貌，是在人際交往當中形成的；人也是透過人際交往認識自己、評價自己和改變自己的。

✧ 心有多寬成就的事業就有多大。培養孩子具有寬闊的胸懷，對他的一生都有巨大的幫助。

✧ 過度的焦慮往往會嚴重影響孩子的智力發展，並且容易誘發憂鬱、孤僻、自卑等心理疾病。因此，父母發現孩子不良情緒後，應予以科學引導，以儘早讓孩子擺脫困擾。

✧ 虛榮心或源於自負，或出於自卑。自負的人不肯認輸，會採取虛假方式粉飾自己。自卑的人不能正視自己的缺點，也會用虛假方式保護自己。

✧ 從根本上解除煩惱還需要對症下藥，找到引起煩惱的根源，從思想上或實際上加以解決。消除了引起煩惱的病根，煩惱就迎刃而解了，孩子就不會心煩了。

✧ 每個孩子都有成長中的煩惱，都有進步中的壓力。父母要做的是不要再給孩子更多的壓力。

✧ 孩子有了嫉妒心並不可怕，可怕的是父母不能教會孩子正確地認識自我，心胸狹窄。

✧ 善於科學教育的父母，絕不可以讓孩子把問題留在心中，更不可以讓孩子關閉心扉，走向孤獨。

✧ 羞辱使孩子容易產生自卑，鼓勵使孩子容易擁有自信。因此，父母的鼓勵是萬萬不可少的。

✧ 人生路上總免不了荊棘滿地，教孩子勇敢地面對它們、戰勝它們，才是正確的教子方法

。

✧ 父母無原則的「愛」強化了孩子的自我中心意識，使孩子只知享受和索取，卻忘卻了付出和奉獻。

✧ 孩子自虐行為，肯定與父母長期對孩子的忽視有關，解決問題的根本是父母的溝通與愛。

✧ 樂群好交是孩子的天性。孩子的離群獨處往往不是其本性，而是由於父母的教育方式所致。

✧ 虛榮心最容易讓孩子犯錯。克服孩子的虛榮心，需要家長和孩子共同努力。

✧ 家庭環境對孩子的心態影響最直接。讓孩子遠離焦慮的困擾，首先應當從檢討父母自己做起。

✧ 膽怯是孩子給心靈上的一把鎖。如何打開它，需要父母的說明。

✧ 拒學不是災難，重要的是父母要幫孩子查清原因、對症下藥，方能藥到病除。

✧ 孩子的心理疾病，父母應當能夠最先察覺，應當需要儘快排解。任何藥都比不過父母的愛。

✧ 壓力之下，人都會緊張焦慮。讓孩子以平和的心態去面對考試，最要緊的是給孩子們減壓。

✧ 用正確的方法將處在對立面的孩子拉過來，首要的是父母分析自身的問題。

✧ 多姿多彩的生活讓孩子們有了多種多樣的追求。此時教育中關鍵是要教會孩子健康欣賞，正確地選擇。

✧ 有渠，水才會自如流淌。要給孩子的心理多造渠，而非堵缺口。

✧ 在孩子成長的過程中，父母千萬不能以某種藉口恐嚇孩子，那樣會給孩子造成心理恐懼與壓力。

✧ 家長要從關心孩子出發，有愛心、有耐心地與孩子多談心，做孩子的知心朋友。只有這樣，才能使孩子的鬱悶得到疏散，使孩子每天都有個好心情。

✧ 父母的行為方式，情感態度，對孩子個性的導向作用是十分明顯的，與孩子接觸最多、關係也最為密切的母親，其處事的方式對孩子的影響作用更是不容忽視。

✧ 對愛發脾氣的孩子應循循善誘，而不是責罵與體罰。父母對孩子的理解與關愛至關重要。

✧ 不良的情緒常常左右孩子的學習與生活。這時候父母最應當做的是了解原因、耐心疏導。

✧ 當孩子出現叛逆心理的時候，作為父母應及時和孩子溝通，幫他樹立正確的生活觀念。不要對他的行為潑冷水，也不要採取強制的手段，要多給孩子一份愛心和寬容。

✧ 孩子心理出現問題是哪個家長都不希望的。父母最好的補救措施當是「心病還需心藥醫」。

✧ 心理壓力過大極易導致孩子的怪癖。為此，及早減壓，科學引導是父母們應盡的責任。

✧ 今天的孩子活得並不輕鬆。教子成長的父母教會孩子如何面對壓力，解除壓力、戰勝壓力比什麼都重要。

✧ 憂鬱的心理，最容易在家庭生活中找到根源。面對憂鬱的孩子，父母最應該反省自己。

✧ 孤獨不一定是壞事。要緊的是父母不要讓孩子在孤獨中封閉自我，而應在交往中了解社會。

感悟篇

✧ 自卑並不是一朝一夕形成的，克服它，也需要一個過程。家長應該有信心、有耐心、有恆心，要堅持不懈的努力，孩子一定會逐漸克服自卑、建立自信。

✧ 不要用先入為主的觀念來判斷一個人，所以，如果自幼就給孩子貼上標籤把孩子定型，他們的興趣也會受到限制，頭腦也變得無法靈活運用。

✧ 自卑不是生來就有的。讓孩子消除自卑最有效的方法就是父母的讚許和鼓勵。

✧ 傷害孩子自尊心最快的方式就是父母的拒絕和斥責，教育中應視為大忌。

✧ 苦似良藥的嚴格和無限寬宏的理解都能有利於孩子的成長。

✧「退一步海闊天空」，這句話也適合父母與孩子間的爭執。兩代人之間有太多的不同看法，如果雙方都堅持己見，就無法達成一致。不妨理解一下對方，互相做一些讓步，事情就可得到圓滿解決。

✧ 孤僻從來不是孩子應當有的天性，優秀的心理品格是在人際交往與父母的讚美中形成的。

✧ 孩子間的交往是父母們不能阻止和干涉的生長環境。缺少這個環境，孩子的成長就會畸形。

✧ 在孩子發育與成熟過程中，離不開父母的正確引導，而壓抑與放任同樣都是違反人性的。

✧ 和孩子們總結自己的成功與失敗，表述自己的計畫與展望，這本身就是對孩子最生動的人生教育，反過來也是對父母自身的激勵。

✧ 培育輕蔑的不是熟悉，是知識的優越。培育自高自傲的不是性格，是理解的錯誤。

✧ 許多父母喜歡過多地表揚孩子，對孩子的某些特長甚至當眾表揚，認為這樣做可以增強孩子的自信心，其實這樣的誇獎很容易造成孩子貪慕虛榮、驕傲自滿的傾向。一些被當眾誇獎的孩子，有一點好的表現就會驕傲起來，甚至有的孩子為了得到誇獎而弄虛作假，這樣對孩子的成長非常不利。

✧ 家長需要時刻提醒孩子的是，這世界上還有很多你不懂的東西。

✧ 交往中，同伴之間可以作為一種榜樣影響孩子的發展。如果讓孩子與更成熟的孩子在一起，他們會變得更加合作；讓孩子經常與慷慨的孩子在一起，他也會變得大方。

✧ 每個人的心門上都有一把大鎖，唯有最懂它的心的人才能夠打得開。打開心鎖需要心的鑰匙，使用蠻力是無濟於事的。教育孩子同樣需要用適合孩子內心、懂得孩子內心的方式。不懂這一點的父母慣用棍棒、責罵等暴力教育孩子，結果孩子不僅不接受教育，反而越來越頑劣，父母教育起來也越來越費力。人與人之間的一切誤會、猜疑和隔閡，都出於「不了解」。面對你的孩子，你是不是真正了解他內心的需要？你能不能給予他最貼心適切的幫助和教育？

✧ 兒童社交恐懼症，給孩子帶來一些心理問題，使得他們難於應付各種人際交往而變得自卑和膽怯。自卑和膽怯反過來又會加重社交恐懼，如此惡性循環。

✧ 孩子必須學會自立。成年人是獨立的個體，孩子也是。學習「自食其果」，是孩子學習自立的重要一課。

✧ 對父母而言，眼看著孩子犯錯，造成尷尬或不快，讓他「自食其果」，實在不是一件容易做到的事情。因為沒有哪個父母會不愛孩子，而且父母有著人生經歷，他們對於事情的前因後果一目了然。要讓他們在明明知道後果的情況下，撒手不管，任由孩子去承擔不好的後果，對父母是個考驗。

✧ 如果孩子不理會你的提醒，那麼父母「合理的後退」是相當可取的做法。你必須說服自己，讓孩子「自食其果」是教育子女過程中必要的

一環。

✧ 與你爭辯之後，他需要承受自己所作所為帶來的後果，你越早讓他自己承擔責任，他就越快學會自己幫助自己。然而，需要記住，當「後果」終於到來時，你要謹守一條重要的原則：切莫直接對他說「我早就警告過你」這樣的話，而要溫和地重複提醒他未來可以做的事情。比如說：「你的自然課實驗還有兩個星期就要到期了，等你把這份作業完成，我來幫你計畫一下如何按時完成作業。」

✧ 如果你不斷與孩子爭執，竭盡全力想讓他了解到，他的一意孤行會給自己帶來不好的後果，這只會轉移孩子的注意力，使他更想在爭辯中戰勝你，卻忽略了對行為本身的思考。只有讓孩子親身經歷自己惹來的麻煩，他才會被迫認清事情的前因後果。

✧ 如果你習慣於事情不斷地介入，想要充分地保護孩子，他就永遠無法真正看清自己和周圍的世界。這樣教育出來的孩子常常走向兩個極端：一種是成人後，喜歡處處與人爭辯，不會客觀地、就事論事地與他人坦誠協商，成為令人厭煩的「槓頭」；另一種是孩子長大後，仍然處處依賴權威，既不在乎個人的成就感，也沒有膽量承擔責任，成為一個實實在在的懦弱者。

✧ 父母不要忽略了孩子的微妙心理，在人前講孩子的缺點，就如同讓孩子在大庭廣眾前，暴露自己的身體一樣，孩子會感到相當地屈辱，從而造成孩子自慚形穢的心理。

✧ 火能生火，情能生情。

✧ 我們要獲得某種結果，手段是很重要的，在大多數人的生涯中，用強者的手段強行去獲得一些東西，結果會告訴他，這種方法是愚蠢的。

✧ 在看到別的孩子做了什麼不對的事之後，千萬不要認為「反正不是我的孩子做的」而不予理會，要能直率地加以指正，這才是為人的義務。

✧ 愛是一種營養，對嬰兒如此，對兒童如此，甚至對成年人也是如此。

在那些甚至連一個能夠表達愛意的長輩都沒有的家庭中，孩子會像植物缺少水一樣失去生氣，失去正常心態，甚至死亡。

✧ 關愛是父母對孩子的正常感情，這種感情甚至像維生素或生長激素一樣，對於孩子的身心發育有著極大作用。受人關愛的孩子心理發育健康，與他人更容易和諧相處。

✧ 扼殺孩子純潔的友誼，是父母們最不可饒恕的失職與失誤。

✧ 勝人者有力，自勝者強。

✧ 埋葬「我不能先生」如同破釜沉舟，截斷了躲避問題的退路。沒有了退路，只好面對，儘管是多麼的不情願，多麼的手足無措和一籌莫展，但也只能想辦法解決。其結果是使從前「我不能」的東西逐漸變得「我能」了。對於孩子，父母是不是也可以移除他們心中消極的想法，讓他們積極地義無反顧地前進？

✧ 每一個人都是在與家庭和社會的形形色色的關係中長大，這形形色色的關係給予孩子不同的影響，在他們的人生旅途中起著舉足輕重的作用。

✧「尊重孩子，應該讓他們一起分擔家中的哀傷憂愁，而不是拒他們於門外。」

✧「尊重孩子，把孩子看成是與自己平等的人」，這是許多父母難以準確理解並做好的事情。什麼是平等？平等意味著尊重對方的需求，相信他的智慧和能力，信賴他的品德，理解並允許他保持與自己不同的價值觀或生活方式。

✧ 許多時候，孩子是清楚家中發生的一切的，只是父母沒有把孩子看作是獨立的人，一個有著自己的承受能力和自尊心的人。既然父母有意隱瞞，孩子也只好裝作不知道了。久而久之，孩子就認為這個家與他沒有什麼關係，只要飯來張口茶來伸手就可以了。

✧ 當孩子漸漸長大，會說話以後，有的父母就忽視了簡便有效的交流方式。其實，什麼時候都不要忽視了孩子的眼睛，都不要放棄與孩子目

光對視的機會。

✧ 如果要讓孩子懂得親情是無價的，就應該告訴他們父母的付出，然後一如既往地愛他們。

✧ 價值觀念和道德規範並不只是簡單的知識，它需要在排除金錢以外的物質行為中，反覆協調衝突而逐漸內化完成的。

✧ 謙虛使人進步，驕傲使人落後。驕傲自大會對孩子的發展產生負面影響。驕傲自大的孩子常會形成與外界的隔閡，這使他們的心胸變得狹窄。

✧ 我們常常看到這樣的場景：一個孩子做錯了事，可當父母批評他時，卻百般狡辯或矢口否認自己做錯了。這是因為孩子犯錯後，他會因自己犯的錯，愧疚進而自卑。在自卑的心理狀態下接受批評，要麼在一段時間內繼續自卑和愧疚，對自己的認知非常低；要麼反擊父母的批評。這兩種情況都沒有達到教育孩子的目的。所以，在批評孩子之前，適當地獎勵孩子，肯定孩子的某些方面，目的是讓孩子自尊而非自卑地接受批評。孩子的自尊心沒受到傷害，他明辨是非的心也就會復甦。這時孩子無論是接受批評還是自己主動承認錯誤，都是發自內心的，這才是成功的教育。

✧ 父母雖不能控制孩子的一切社會活動，但卻可以為孩子的交往提供條件和機會，避免給孩子的交往設限置障。

✧ 如果不被人重視，一個人慢慢就會自暴自棄，感覺自己是一個沒有用的人；一旦了解到自己的價值，或者讓別人了解到他的價值，他的世界就會截然不同。所以，不要忘記給孩子一些賞識和幾分重視。

✧ 孩子最不值得你愛的時候，也是孩子最需要你的愛的時候。伸出父母的關愛之手，在孩子最需要關愛的時候，而不是在孩子最得意的時候。

✧ 父母不一定非要喜歡孩子的朋友，但也不能總是抱怨，否則會傷害了他的感情，使他變得無所適從，導致他將自己封閉起來。

✧ 孩子，特別是男孩子，有時會故意打破常規做出異常的舉動。通常，他們是想證明自己的勇敢，這樣可以引起別人的注意。此時，如果我們採用「硬碰硬」的簡單方式，孩子很可能會變得更加蠻不講理。遇到這種情況，做父母的最好借助幽默，用諷喻輕鬆的口吻指出他不通情理之處，使他明白自己的錯誤所在，從而達到教育孩子的目的。

✧ 父母在培養孩子的過程中適當運用幽默感，不僅可以緩解父母和子女之間發生衝突時的緊張氣氛，更可將幽默感漸漸傳給孩子，讓孩子學會幽默輕鬆面對人生。

✧ 很多時候孩子在學校或同伴那兒出了洋相，對成年人來說，可能一笑置之。可對孩子來說，那是世界末日：他臉丟大了，也許他都在考慮該轉學了。這時候，父母的安慰不如父母的自嘲或幽默起的作用大。父母可以跟孩子回憶他們童年時代的出醜的事，告訴他們當時自己的心情和別人評論，讓孩子意識到：當時看起來這件事讓我痛不欲生。可是，瞧，這並不是世界末日，我們現在不是過得好好的？父母的自嘲和幽默既讓孩子放鬆了心情，也讓孩子對未來抱有信心。

✧ 在父母與孩子的交流中，成功多是相互理解的結果，失敗多是缺乏理解的惡果。

✧ 孩子眼中的世界是美好的、純真的。他們是大地，塵埃對他們來說是無妨無礙的。

✧ 不要用成人的眼光去看待孩子，不必用禮俗規範去約束他們，因為他們的天真已融入了這個世界，因為他們的快樂已感染了這個世界，因為他們的眼裡不存在那種世俗觀念。而且，很多事情本無所謂是非，只在心中有是非的人的眼裡才會生出是非來。

✧ 從孩子的立場出發，不要把本不是麻煩的麻煩強加給他們，讓他失去快樂。

✧ 孩子本性是樂意與人交往的。造成孩子社交恐懼症的原因在於封閉的教育和父母的失誤。

✧ 如果父母不想對孩子的心靈造成創傷，那就不要有意無意地去傷害孩子的自尊。

✧ 人都是渴望被信任的，小孩子也不例外。如果你足夠信任孩子，孩子就不會讓你失望。

✧ 很多家庭在教育方式上過於嚴厲，要知道每個孩子都是一個獨立的個體，他已形成了一套自己的活動意識，當你採取極端措施，他們會產生一種牴觸的情緒，做事情適得其反。

✧ 在缺乏信任的前提下實施強制教育，不可能培養出正常心理的孩子。如果你換一種方式教育他、感動他，讓他對你產生信任，他會慢慢地接受這一方式，而且還會從中體會到被愛的幸福。

✧ 父母與孩子溝通與交流的檢驗標準只有一個，那就是能不能做到心與心的對話。

✧ 沒有朋友的孩子，心靈的成長是不健全的。但父母應時時謹記：近朱者赤，近墨者黑。

✧ 父母的品性、人格對孩子有潛移默化的作用，他會影響孩子今後的成長。如果父母的榜樣出現了偏差，孩子的思想行為就會出現偏差。在今後的生活中他就會放飛自我，做出有損社會公德的事情，從而也使他失去社會性人格的發展機會。

✧ 家長在對孩子的誠信教育中，在深化孩子道德行為的同時，既要關注行為結果，又要關注行為過程的合理性和適當性，給孩子們營造一個誠信、激勵、樂觀向上的好環境，以確保孩子在生活中不致於偏離社會軌道。

✧ 家長如果不想讓孩子在封閉中逐漸孤僻，就要讓孩子在社交中增加見識。

✧ 尊敬師長的孩子，才會與父母老師正常的溝通，才能在未來的人生路上懂得尊重贏得自尊。

✧ 孩子的每一個好的行動都應受到鼓勵，哪怕他做得不到位。

✧ 讓孩子幫著一起做事，可以增進父母與孩子之間的感情，而且，孩子也會因為幫了父母的忙而覺得自己是很有價值的人。

✧ 父母常常抱怨孩子在家裡缺少責任感，不考慮父母的需求。其實，責任感和價值觀是緊密相連的。一個人，只有看到自己的行為能對他人產生影響，能夠得到別人的喜愛和尊重，他才能油然而生自豪的感受，並從中增強自己的責任感。

✧ 用父母的思維為孩子定型是不明智的，用成人的觀念給孩子貼上標籤更是危險的。

✧ 子不教，父之過。孩子或是優秀的或是差勁的品行，常常都是父母的榜樣作用帶出來的。

✧ 孩子可以從父母的眼睛中看到一切：父母的目光可以給他信心，也會讓他灰心。

✧ 讓孩子自己評判自己，給自己打分，這是一個好主意。比起硬梆梆地批評孩子，指責他這也不是、那也不是，要高明得多、輕鬆得多。只有孩子從內心清楚自己的所作所為是否值得獎勵，他才會心服口服。這是批評和拒絕的藝術，達到了事半功倍的效果。

✧ 沒有做不到，只有想不到。如果父母都能多動腦筋，一定能有許多好辦法來教育孩子。

✧ 打開孩子心靈的視窗，靠引導而不是斥責，靠鼓勵而不是命令。

✧ 作為一個母親，如果沒有經歷過降級感覺，是不會了解孩子的。所以，做父母的，不妨把自己的心態落到與孩子一樣的水平線上，用孩子的眼光來看現實的世界，那麼你對孩子的很多費解的事，也許就會恍然大悟。

✧ 當我們做孩子時，我們常常抱怨父母不理解自己，並且常常為此而痛苦。然而，當我們做了父母後，我們則開始試圖將自己的觀點強加在孩子身上，並振振有辭地辯解，孩子不懂事，我得為他們負責。並像自己的父母當年那樣，對著孩子抱怨：我都是為了你好，等你長大了

就知道了。

一個值得反思的「思維怪圈」。

✧ 父母常常在不經意中傷害了孩子，也許是一句話。父母也常在不自覺中感動了孩子，也許是一個動作。

✧ 對於孩子的缺點，父母指責者有之，訓斥者有之，苦口婆心的教育者亦有之，但有技巧、有耐心的卻不多。比如，人心受到壞脾氣的傷害是無形的，你無論怎樣向孩子解釋，都很難讓他透澈理解，但用釘孔累累的柵欄來教育他，既簡單明瞭又生動深刻。

✧ 用最生動最能讓孩子明白的方式，教給孩子最深刻的道理，既要有智慧，又要有耐心，這是極其不容易的。我們每個做父母的都能做到嗎？

✧ 大禹治水，靠的是疏而不是堵。教育孩子，需要的是引而不是壓。解決孩子的早戀，當是「疏」和「引」。

✧ 在孩子心靈的白紙上，描繪美麗色彩的首先是父母，塗抹漆黑墨汁的首先也是父母。

✧ 我們在一生中總會犯下各種各樣的錯誤，無論孩子還是父母。但是，不要被現象蒙蔽，相信自己內心最真實的感受，並且有勇氣把它表現出來。你會發現，父母和孩子的內心深處永遠保存著對彼此的眷戀和愛意，即使當生活中發生最嚴重的衝突時。

任何時候，孩子都期盼父母的愛，請張開你的雙手吧。

✧ 父母過分的疼愛和關照會造成孩子的畸形成長。唯一矯正的方法就是讓孩子融入團體，增加交往。

✧ 人們常道：「言傳不如身教」，但我們身邊的那些家長並未真正領悟到「身教」的重要性。其實，成長的孩子就宛如一棵生長的小樹苗一樣，要不斷地從周邊的環境中吸取養分，而養分之源是始於家長的，「幼子常視毋誑」。當那些家長在無視公共道德和文明禮貌，謀取一己私利的時候，殊不知他們的言行已在不經意中「身教」給了一旁的孩子。在我們看到一些孩子言不淨、行不正時，想得最多的就是「家長是怎麼教育的？」可謂是「視子見家風」。

✧ 蘇聯一位著名教育家說：「孩子是父母一步一步地引入社會的，希望我們的父母應努力用自己的模範言行，為孩子編寫一部出色的教科書，一部讓孩子可以引為驕傲的教科書。」

✧ 說服孩子有時並不需要語言，關愛孩子有時無聲更勝有聲。

✧ 只有釋放出孩子心中的壓抑，才能讓每個孩子都像小鳥一樣天天快樂。

✧ 只要細心培養，任何幼苗都會長成參天大樹；只要科學教育，任何孩子都能表現出傑出的才能。

✧ 人屬於一切東西的統一。自我匯入到統一裡，從那時刻起，就達到了與生活之流、生命之流和諧，充滿了同情和憐憫，人生也就充滿了陽光。當然，在沒有達到一定的修養和沒有品味到一定的人生酸甜苦辣，人是難以達到的這種境界的。

但是，許多有心、有修養的父母，卻能充分利用孩子遭遇到小小的「挫折」，借機點撥孩子，讓孩子感悟到生命的色彩，這不僅能撫慰受傷的心靈，使孩子的心智得到健康的發展，還能讓孩子儘早學會用最從容、勇敢的心態去面對成人世界中更大的磨難。

✧ 父母在締造了一個生命後，要花更多的時間和精力塑造一個「人」，生活中的點點滴滴都是父母可用的「教具」。懶惰的父母只將一些前人總結好的大道理「灌輸」給孩子，隨後抱怨：「我跟他說了無數遍，他就是不聽，真氣死我了。」

這樣懶惰的父母，用自己都厭煩的大道理、自己都厭煩的教育方式來教育孩子，他們是有愛心的父母嗎？從某種意義上講，他們不是一個合格的父母。

✧ 孩子只有在學會與人溝通和交流中，才能一步步走向成熟。

✧ 一個人從生命的開始，就有了感知的欲望。

✧ 許多父母認為孩子太小，教育他們應從適當的年齡開始。研究表明：孩子自出生之日起，就會透過嘴巴、舌頭及其他感官來探索外界事物。生命本身就賦予了他們求知的渴望。

✧ 教育界有個共識：個性的教育基本上在三歲以前就完成了，這以後在某種程度上已經是再教育的問題了。

✧ 訓斥是孩子們在與父母交流中最厭惡、最傷自尊的教育方式。

✧ 快樂是一種情緒，快樂是一種境界，快樂又是相對的，追求的是一種目標，在這個競爭日益激烈的社會，孩子們同成人一樣，面臨的壓力也越來越大，因此，快樂不僅僅是一種人生理念，更是心理和精神的需求。

付出是一種快樂，即使是不索取任何回報的付出。

讓孩子學會付出，就是給予了孩子快樂的源泉。

✧ 孩子們之間很容易發生衝突，產生矛盾，此時教育自己的孩子最需要的是講道理而不是縱容。

✧ 培養孩子的獨立意識，對於孩子今後的成長有至關重要的作用。他會在今後的成長過程中擺脫依賴心理，在工作中形成自己的意向、做出自己的決定。做事會更充滿信心，不致於陷入孤獨無望的境地。

✧ 家長們要培養孩子的自我意識，給他們一些成長的空間，多鼓勵他們去獨立地完成事情，即使是他們失敗了，也要多給予鼓勵，鍛鍊他們的獨立意識，增強他們的信心。真正具有獨立精神的人對自我意識有一種強烈的需要，他們不需借助這樣那樣的依賴，就能形成自己的意向，做出自己的決定。

✧ 作為父母，不能一輩子都牽著孩子的手，有些家長總愛包攬孩子的一切，這樣使他們形成對父母的依賴，從而喪失了寶貴的獨立意識，為他們將來的發展設下障礙。

✧ 孩子一天天長大，青春期的性意識遲早會萌生。此時父母的科學誘導是萬不可省略的。

✧ 父母沒有必要刻意去讓孩子吃一些不必要的苦。真正重要的是，我們需要懂得如何教給孩子面對挫折和失望的正確態度，以及應對挫折和失望的正確方法。其實，細心的父母如果善用許多孩子在生活中碰到的小小「挫折」，更貼切地說是這樣那樣的「不順」，就可以很好地讓孩子懂得幸福快樂的人必須具備的健康心態。

✧ 人生是一場面對種種困難的「漫長戰役」。有一種值得喝采的人生，正是因為你在艱難困苦中依然能夠昂首挺胸、屹立不搖。早一些讓孩子懂得挫折是人生正常的「待遇」，當挫折到來時，應該面對，而不是逃避，這樣，孩子便會早一些堅強起來，成熟起來。以後的人生便會少一些悲哀氣氛，多一些壯麗色彩。

✧ 每個孩子天生都擁有最徹底的好奇心和最真實的叛逆心理。大人不讓動的東西偏要動動看，大人不讓做的事情偏要幹一幹，大人不給的東西偏是他夢寐以求的，大人不讓吃的東西呢，他就偏要品嘗一下才過癮。如果你執意按照自己的意願去阻止，結果很可能是「哪裡有壓迫，哪裡就會出現反抗」。「實踐是檢驗真理的唯一標準」，這句話，同樣適用於孩子。

✧ 孩子的人生是他自己的，我們不可能手把手教會他如何成長，路要靠他自己一步一個腳印地走，我們不必為怕他跌倒而在一邊小心守候，更不可能背著他走一輩子，或是急急站出來替他剷除一路上的荊棘。生活的酸甜苦辣總要靠孩子的嘴親口品嘗，方能明白個真偽，沒有切身體會絕對不行。所以，很多時候，我們明知那是不可為、不可吃的，但是，如果無傷大雅，如果不對身體造成極大危害，如果能滿足兒子探索世界的好奇心，如果能增加他體驗百味的經驗，何樂而不為呢？

人生的味道應該由孩子自己來體驗。

✧ 人類的生活節奏趨向於越來越快，人們的生活壓力也隨之越來越大

了。越來越多的父母如今已難得有充足的時間來陪伴孩子。時間真是件奇妙的東西，可以創造無數的金錢，也可以創造無價的親情，就看你怎麼去分配了。

✧ 工作纏身的父母，盡量留一些時間給孩子吧。傾聽他們的心聲，不要忽略他們的感受。孩子如同栽種的花草一樣，是需要時間來灌溉和呵護的。

✧ 家人互相結合在一起，才真正是這人世間的唯一幸福。（居里夫人（Marie Curie）語）

✧ 對親情的嚮往是人之本性，在我們周圍有太多太多缺少愛的孩子，他們在看似堅強的外貌下，卻常常隱藏著一份孺慕之情。

✧ 科學已證明，缺乏愛的孩子，精神受到壓抑，性格也會產生缺陷。孩子會對父母乃至所有人產生怨恨，最終孩子會自暴自棄，精神上走向反社會的極端狀態。就這樣，一個健康正常的孩子，因為缺少愛而終將被完全毀掉。

那些離異的父母親們，千萬不要忽視對你的孩子的關愛呀！

✧ 人與人之間的信任是建立在平等的基礎上的，唯有信任，彼此間才可以不保留任何祕密。

✧ 雖然父親與兒子之間的關係十分親密，但是他們之間的地位應該是平等的，誰也不應該侵入另一方的祕密生活，任何人都是獨立的個體。

✧ 很多父母主觀認為，孩子就是孩子，他那點小心思有什麼祕密可言。否認了孩子的獨立，當然也就不在乎去積極地維護孩子的祕密了。

父母往往在無意中破壞了這種平等，因此，也往往在無意中自行了斷了與孩子之間的信任紐帶。可以設想，沒有任何信任為基礎，教育的效率是極其低下的。

✧ 只要活著就有一籮筐的問題，這本是生活的常態。

我們教養孩子也是一個麻煩叢生的過程，只要我們懂得，與天倫之樂相比，麻煩是如此的微不足道，我們的心靈就會超越眼前的不順了。

✧ 痛苦與歡樂像黑暗與光明相互交替，只有知道怎樣使自己適應它們，並能聰敏地去化解的人，才懂得生活。

✧ 曾有位哲人說過：「不要感嘆自己缺少什麼，能夠欣賞自己手裡所擁有的東西的人，才是聰明人。」

一定要讓孩子了解到，在全世界60億人中，自己能夠出生在一個有吃有穿、可以接受教育的家庭裡，是幸運的。如果孩子能夠珍惜自己所擁有的，並能以此為基礎，積極進取，那麼，不管你的孩子是否智商超常，實際上，你已經擁有了一個聰明的孩子了。

✧ 生命不被保證。即使給予孩子生命的父母，也不能保證孩子的生命中會出現什麼，不出現什麼。

而生命要不被保證，除了要有超越生命某個階段束縛的夢想外，還要有對夢想持之以恆的追求。父母在孩子的生命中，扮演的角色不是輕而易舉地粉碎孩子的夢想，而是給予他們夢想。如果不能給予孩子夢想，那至少應該支持他們完成夢想。

面對你的孩子，你如何給予他夢想，你如何保持他的夢想，你如何使他實現夢想呢？

✧ 每一個家庭，都應當有獨特的面貌和情況，應當獨自解決許多教育上的問題，而並不是利用已準備好的現成「處方」……

✧ 因材施教是教育的一個原則。父母望子成龍當然無可厚非，但由於不同的孩子在智力、體力、能力等等方面的差異，決定了真正能成「龍」成「鳳」的孩子只是少數。所以，客觀、公證地評價自己的孩子非常重要，既要著眼於未來，發現興趣，培養興趣，又要從實際出發，制定切實可行的教育目標。

✧ 如果你的孩子專注於某一興趣，就要積極引導、全力培養；如果一個孩子確無音樂細胞，你又何必手持棍棒，聲色俱厲地要求他當「貝多芬（Ludwig van Beethoven）」？父母應該認真審視一下自己的要求

是不是過高，切勿用冷漠的態度、粗暴的行為，給孩子造成心靈的創傷。

✧ 即使你的孩子表現平平，當不了文學家、科學家，一輩子都不會「出人頭地」，但當個身心健康的勞動者又有何不可？

✧ 一個家庭，哪怕窮得家徒四壁，只要有一個善良、節儉、樂觀和整潔的女人在料理，這樣的家庭仍是心靈的聖堂與快樂的源泉。

✧ 有許多女人雖然做了母親，但似乎只是多了一個稱呼而已，並未想到該如何做好母親。其實，母親對孩子的影響尤其深遠。古今聖賢都有一位懂得教育孩子的好母親，都是在好母親的教導下成為傑出人物的。

✧ 母親為社會貢獻的最獨特、最重要的產品就是自己的孩子，除了自發的愛以外，母親必須要學習教育的藝術，否則，任何教育改革都將是徒然。

✧ 獎勵的力量遠比懲罰和威脅更為有效，透過獎勵的實施，可以使一個產生了良好效應的行為重複出現，從而更容易達到目標。

✧ 教育孩子具備某種品德，不僅僅是要求孩子在形式上做出某些動作，更重要的是讓孩子知曉品德的內涵，並在孩子的內心根植品德。

✧ 在進行品德教育時，不能將兒童看作是一個容器，將我們認為正確的思想意識、倫理道德、價值規範、行為準則、情感意志等，往他們的大腦中一味灌輸。兒童也是一個生活在社會中能動的主體，他們也時時刻刻在與社會接觸，他們也在有意識或無意識的社會活動中獲得社會文化價值的影響。

✧ 教育的根本策略就是能夠更多地為兒童提供一些真實的生活情景，讓他們到這些情景中去活動、去衝突、去體驗，去逐漸形成正確的道德認知和良好的行為模式，讓他們在「親近自然」、「融入社會」和「認識自我」的體驗中獲得道德的發展。

✧ 讓孩子從小就「站著」，而不是「趴著」去仰視那些大人物。這種自信

心與健全的人格會為孩子的一生打下一個良好的基礎。

✧ 自尊是人生必須學會的第一個原則，只有會尊重自己的人才會贏得他人的尊重。

✧ 當孩子做錯事時，我們常常毫不含糊地指責，但當他們糾正了過去的錯誤、做出了良好的行動後，我們卻往往疏忽了對他們付出努力的肯定，久而久之，孩子往往會失去興趣去鞏固自己的成果。

✧ 讓孩子在愉悅中養成良好的習慣，比在受責備的不快中，學習好的行為要容易得多。這就是正向強化，即獎勵和誇獎，比逆向強化更加被聰明的爸爸、媽媽所推崇的祕密所在。

✧ 吃慣了蜂蜜的孩子對於蜂蜜是沒有任何感覺的，來一點辣的才能對他的味覺起作用。

培養健康的味覺需要在平時嘗各種味道，同樣，培養孩子從一開始就不能一味順著他，應剛柔相濟，這樣才能培養出健康的孩子。

✧ 精緻是一種心情，是一種生活態度，貧窮不會驅走它，富裕也不會招來它。在力所能及的範圍內精緻地生活，是每一個熱愛生活的人所遵循的生活態度。

如果母親給予了孩子一顆精緻生活的心，那孩子就會精緻地生活著，快樂地生活著，無論貧窮還是富裕。

✧ 有缺陷的孩子並非就沒有希望，只要教育得當，同樣可以轉劣勢為優勢。但這可能需要花費父母更多的心血，需要父母更多的愛和關注。

✧ 每個父母都希望自己的孩子健康、聰明、漂亮，但事實上是很難的，世界上沒有十全十美的事。對於有缺陷的孩子，父母最不能失去的就是對孩子的信心。相信每個孩子都是上帝派來的天使，他們都有自己獨特和優秀的一面。父母要引導孩子走出自卑的陰影，因勢利導，找到他們閃光的一面。

✧ 如果父母對孩子喪失了信心，不要談出現奇蹟，恐怕連最基本的快樂都與這個孩子此生無緣了。

✧ 對於孩子所犯的微小錯誤，父母跟孩子一樣，不去注意，更不用說去提醒孩子注意了。其實，有些細小的錯誤，常常是孩子做事態度出現問題而引起的，如果不及時糾正，往往會養成孩子不良的做事習慣，或者使孩子的價值觀出現偏差。

✧ 當孩子犯了大錯誤，連不成熟的孩子都很清楚錯誤的嚴重程度、所犯錯誤的原因、該如何改正等等，正在內疚、痛苦，需要安撫的時候，父母非但不去撫慰那顆脆弱的心，也不等孩子從挫折感中恢復出來，就在現場大呼小叫，一遍遍捶胸頓足地數落孩子，甚至將孩子過去所犯的錯誤都翻出來數落一遍，往往不但達不到適時教育孩子的目的，有時還會引起孩子極大的反彈心理，使他在突然間失去了內疚感，用無理狡辯來反抗父母、保護自己。久而久之，孩子就有可能變成一個不聽話的孩子，一個不可理喻的「壞」孩子。

這種「壞孩子」，從某種意義上講，是由父母培養出來的。

✧ 我們這樣對待他人，他人就會用相同的方式對待我們。我們要獲得愛，就得先學會愛他人。

這條規律同樣適應於家庭這個特殊的團體。雖然我們常常試圖否認。

✧ 遇到問題的時候，我們喜歡找他人的理由，特別是在自己受傷後，這種做法就顯得更加值得同情、值得理解，也就似乎更加合理了。因此，當我們委屈的時候，常常去周圍找理由，以釋放自己的痛苦。

在親子關係中，作為強勢團體的父母親，如果能在親子衝突中多反思一下自己的責任，孩子也許就會更加體諒你的難處，更容易信賴你，從而也就更樂於接受你的教誨。

這不是一個教子的理念問題，也不是一個教子的技巧問題，這是一個關於父母素養的問題。

✧ 讓孩子承擔一些簡單的勞動，從而培養孩子的社會價值觀和使命感，是對孩子心靈的一種滋養。缺少價值觀和責任感的孩子，因為找不到自己的生命在社會中的地位與重要性，往往會產生精神上的迷茫和無所適從，他們容易失去上進的動力，也容易為一些物質性的輕浮事物而吸引並沉溺其中。因此，在如今這種光怪陸離的社會裡，培養孩子正確的價值觀和責任感就顯得更為重要和必要了。

✧ 孝順是幫媽媽提一桶水，是幫爸爸捶捶背，是幫媽媽「洗洗筷子洗洗碗」……如果你有一個孝順的孩子，那應該是你值得驕傲的事。

✧ 中國古代著名教育家孟子曾說：「惟孝順父母可以解憂。」此話在今天似乎有些言之過甚，但「孝順」依然是為人子者應具備的基本品格。

✧ 當我們在朋友面前誇耀孩子的漂亮、乖巧、聰明、會背誦幾句名詩時，我們是否沒有忘記，應該培養孩子一些基本的美德呢？

✧ 在孩子成長的道路上，存在著一個非常溫柔的陷阱，這是那些過分庇護孩子的父母辛辛苦苦親手挖掘的。掉進陷阱裡的孩子，由於被剝奪了犯錯誤和改正錯誤的權利，從而也失去了長大成人的機會。

✧ 孩子們以誇耀的口吻說「我爸爸是世界上最棒的……」表達的是對父親由衷的敬佩之情。這種敬佩之情是孩子們平時在和父親相處的過程中產生的，是孩子相信父親，並甘願聽從父親訓導的動力。

✧ 父親的優秀品德是兒子最好的財富。作為一個合格的父親，不僅要在生理上給予孩子生命，更重要的是要在孩子的心目中真正樹立起父親的良好威望。

✧ 有人說，父愛就像大海一樣，雖然外表平靜，卻博大寬廣，悄無聲息地托起兒女的生命，讓那理想的船帆順利地駛向彼岸。有時，看似平常的普通舉動，卻是使奇蹟發生的最偉大的力量。

✧ 一針見血地向孩子指出解決問題的關鍵，適時引導並啟發孩子，讓孩子樹立正確的人生觀和價值觀，是做父母的職責。一針見血地指出問題的關鍵，這需要父母擁有正直與智慧的力量。

✧ 孩子在人生的路上會遇到各種各樣的選擇，作為父母，你準備好了足夠的力量，以便能在孩子處於迷惘中時指出正確的抉擇嗎？

✧ 孩子們知道誠實和撒謊是不同的，知道對錯是不同。所以在孩子面

前，父母做每一件事都應該慎重，因為孩子是知道評判和仿效的。

美麗的種子經你的手中播撒出去，最終會在孩子那裡得到回報的！

✧ 母愛是最偉大的，它沒有任何附加條件，無論你是優秀還是普通，甚至是……母愛之門永不會關閉，它時刻向每一個子女敞開著，母愛永遠是兒女能夠感受到的最溫暖的親吻。

母愛能融化孩子冰冷的心。所以從某種意義上講，母愛是一種最好的教育利器。

✧ 教養不是天生的。

一個小孩子如果沒有人教給他良好的習慣和有關的知識，他必定是愚昧和粗淺的。用餐禮儀也是有教養的人應該掌握的。父母從孩子小時候就教他這樣的禮儀，是想讓孩子的成長不受家庭條件的限制，使孩子日後有非凡成就時，能具備相適應的素養。

這樣的父母是有遠見卓識的。

✧ 也許你的孩子出生於繁華都市，也許你的孩子生長於窮鄉僻壤，這些都不重要，重要的是要教會孩子如何面對艱苦的環境，如何帶著感激之心踏上漫漫的人生旅途，如何正確認識社會以及努力做一個具有愛心、樂於助人的人。

這是孩子健康成長的基石。

✧ 身教重於言傳！

我們常說父母是孩子的榜樣，父母的言行舉止無論好壞，都會被孩子不自覺地仿效。年幼的孩子缺少辨別是非的能力。好的被仿效，當然很好；但壞的被仿效了，改變起來是很難的。孩子很有可能認為既然父母這樣做，那他為什麼不能這樣做？

為人父母的，請走好你們的每一步，要知道，孩子正踏著你們的腳印呢。

✧ 教育孩子有多種方式。有時應該溫和，有時必須嚴厲甚至狠心。

✧ 一味驕寵孩子，容忍孩子的惡習，對孩子的成長是極其不利的。所以該狠心的時候就狠心。把孩子逼到很為難的境地，讓他自己想辦法解決一些問題。

✧ 忍得一時痛，勝過十年功。忍心讓孩子過上十天「縮衣節食的日子」，卻讓孩子具備了終生受用的理財意識。

✧ 血緣是連繫父母與子女間感情的天然紐帶。但是，養父母如果從不刻意記住自己和養子女間沒有血緣關係，那他們之間就沒有隔閡了。並且，久而久之，他們心靈間的紐帶就和血緣一樣堅固了。

✧ 有位名人曾說過：「一位父親勝過一百位校長。」

父親在孩子的心中永遠都是最偉大的，但是我們卻又有多少時間注意到他們的需要？回頭看看你的孩子，他的童年只有一次，應該無比的珍惜，因此不要讓忙碌的工作及無謂的應酬，成為你們之間的隔閡。

與孩子分享一些空間，讓孩子因你而驕傲吧。

✧ 我們送給孩子的禮物應該是有助於他開啟世界之門的鑰匙，而不是籠子中的食物。

✧ 愛孩子就要給他一片自由翱翔的天空，去經歷風雨，去感受絢爛彩虹。很多父母捨不得讓孩子獨立去外闖蕩，生怕這碰了，擔心那磕了，殊不知，羽翼之下，孩子的膽量會越變越小，依賴心理卻越來越大。

✧ 父母常常扮演救火隊的角色，到處救火。其實我們永遠不能代替孩子經歷人生，頂多只能成為一個引導者，最終必須讓孩子自己與自己面對面。

強制性的教育方式有時會起到反效果。

每個孩子都有自己的選擇方式，每個孩子的世界裡都是一個相對獨立的世界，孩子們都有自己的想法，對生活環境都有自己的定位，並已逐漸形成自身的一套處事方式，家長不要過於強求孩子不願做的事情。

讓自己成為孩子的引導者，而不是強制者。

✧ 許多做父母的，往往認為孩子還小，就將孩子做錯事之後應該承擔的責任全部攬到自己頭上，讓他從小就不為自己所做的事負責。

其實，孩子的肩膀雖然稚嫩，卻應該也能夠承受生命中的一些分量。從小培養孩子的責任心，告訴他們要對自己的行為負責，不能事事指望別人。當他親身品嘗到這種滋味後，做起事來就不會魯莽、草率，因為他知道錯誤需要付出艱辛沉重的代價。

✧ 培養孩子的獨立意識、自立能力對於孩子的性格發展、心智發展都是有好處的。

✧ 每個人在成長的過程中，必須經歷一些痛苦的掙扎與蛻變，並因此變得成熟、堅強、不易被擊倒。而這些痛苦的掙扎與蛻變是父母無法代勞的，也無須父母代勞。

✧ 愛之適足以害之！有些艱辛的過程可以幫助一個人真正成長。有時在旁邊耐心地守望，勝於代替他該盡的努力。如果你的孩子也正處在一個掙扎的過程，那就多一點忍耐和堅持吧！記住，這個必要的過程將要引領你的孩子邁向成功之途。

✧ 父母的粗暴和專制在孩子身上留下的陰影，將永遠難以磨滅，這種陰影會讓一個本來善良的孩子變成凶殘的魔鬼。當孩子因為不堪忍受父母的嚴厲管教而做出極端反應後，父母往往會難以承受那些令人痛心的結局。

在痛苦中，父母常會備感困惑，難道「愛之深，責之切」是不對的嗎？

其實，愛子女是父母的天性，我們並不想用這樣極端的事例來譴責大多數父母，只是希望父母能夠充分意識到「愛」對於孩子有多麼重要，我們確實需要掌握一些技能，讓孩子在受到嚴厲懲罰時，仍能體會到父母的愛。

✧ 把老鷹剪成鴿子，是因為孤陋寡聞。把一個有天賦的孩子雕塑成平庸之輩，是因為家長的淺識。

有天賦的孩子，總是以不同尋常的面目出現在我們面前，甚至是乖張或莽撞，像一匹性子暴烈的千里馬。如果我們以普通的標準塑造他，就有可能埋沒了他的潛能。因此，慎用手中的修剪雕塑工具，在你們沒有了解他們的潛能之前。

✧ 心理學家說：當一個錯誤已經發生，覆水難收時，你發再大的脾氣，也都是於事無補，大聲責罵孩子，也只是使小孩更害怕、更恐懼而已；而且，憤怒可能會造成更多的錯誤。在生活中，當錯誤已是既成的事實時，就必須勇敢面對，勇敢承擔，歇斯底里地發脾氣，不僅使別人遭殃，受害最大的是自己。

✧ 競賽性的活動可以幫助孩子從小學會承受失敗的痛苦、品嘗勝利的喜悅，從而迷戀奮鬥的樂趣，這有助於培養一個積極、樂觀、堅強、向上的人。

✧ 如果生活給了你一種坎坷特殊的命運，不要放棄，你並不知道這其中蘊藏著什麼樣的能量，你也不知道命運之輪將如何運轉。因此，教給他應該懂得的道理，並相信他「只要做了，就有可能擊中」。

✧ 要讓一個生理不健全的孩子健康成長，父母需要付出極大的心血。而作為殘疾兒童的父母，最重要的是擁有一顆平常心，要對孩子有耐心和信心。

✧ 幼小孩子的心中需要播下希望與信念的種子，這也是他走向自立的支柱。失去了胳膊和雙手並不可怕，只要還有堅定的信念，經過自已的艱苦奮鬥，一樣可以獲得成功。

✧ 培養教育孩子的時候，無形中使得你的興趣面不斷擴展，洞察力不斷地敏銳、豐富，更新了你的知識，使你成為一名合格的家長，一個不斷進步的人。

✧ 愛，是一種能力，也是一種境界。父母要增強孩子的這種能力，拓展這種境界，這是讓孩子感受生活美好的最根本途徑。如果父母扼殺了

孩子心中最單純的愛，那他們就會長期生活在不健全人格所造成的陰影中。

✧ 相信善有善報，善的種子定會開出美麗的花朵，讓這個信念根植在孩子心中，讓它溫暖孩子的一生！

✧ 知識源於書本，知識更活用於書本，教育子女更要從知識中演變成智慧，體現出智慧本身的重要性。

✧ 人不能像走獸那樣活著，應該追求知識和美德（但丁語（義大利方言））。猶太人教育孩子重視對知識的追求，實際上是教導孩子如何做一個真正的人。

✧ 知識源於書本，知識更活用於書本，教育子女更要從知識中演變成智慧，體現出智慧本身的重要性。

✧ 只有站在孩子的立場上，才能了解孩子的需求，適當滿足他們的需求並正確引導他們，他們才有可能成長為你所希望的那樣。

✧ 西方有一種頗為流行的觀點：幸福既是一種外部的狀態，也是一種內在特質。幸福的狀態易來易去，比如孩子得到一個新玩具，他會立刻歡喜雀躍，但這種情緒很快就會消失；而幸福的特質卻十分穩定，這是一種感覺良好並產生樂觀的素養。

第六章　兒女心聲

可憐天下父母心

親愛的媽媽：

您好！

媽媽，「可憐天下父母心」這句話用在您身上是一點也不為過的。從我一出生，您就對我關懷備至、精心呵護。由於那時爸爸在軍隊裡，您又輪班工作，您就把我交給外婆帶。不管您工作多忙多累，您總會定期來看我，而且帶來您精心挑選的禮物。但是，您是否注意到這樣一個現象，每當您走的時候，我沒有表現出很多的傷心，每當您來的時候，我也沒有表現出過多的驚喜。而對於爸爸，我則是不同的態度，我總盼望爸爸來看我，在爸爸走的時候，我偶爾還要大哭一場。這是因為您每次來看我，帶來的不是餅乾、巧克力就是水果，您幾乎不陪我玩。您不關心我學了哪些新知識，您更不關心我和哪個同學最要好、最喜歡哪個老師。您關心只是我的身體情況和飲食情況。您也關心我手臂怎麼又多了一個疤，是不是又被誰欺負了。而爸爸每次來看我，總會帶來幾本我喜愛的書和一些既可動手又可動腦的玩具，爸爸還會極有耐心地聽我講述學校裡的事，甚至陪我玩一些很「幼稚」的遊戲。因此在我幼小的心靈中，媽媽您是一個長輩，一個負責我衣食住行的長輩，我只是一個應該服從您安排、聽您話的女兒，而爸爸更像一個朋友，一個伴我長大的朋友。

上國中以後，我回到了您和爸爸的身邊，您對我的「愛」更是最大限度地表現出來。每天您都要囑咐我好幾遍該吃什麼不該吃什麼、該穿什麼不該穿什麼，您也不忘叮嚀我學習成績一定要名列前茅，平時和同學相處也不要吃虧。您經常阻止我與學習成績差的同學來往，理由是怕影響我學習。您也經常阻止我看報紙和雜誌，理由是一心不能二用，我的唯一任務是學習。您也不會照顧我的面子，當著親朋好友的面教訓我，理由是讓我更加深刻地吸取教訓。被您說成「老是任我胡來」的爸爸也鼓勵我好好學習，但他不會呵斥我某次考試沒考好，反而會安慰我並陪我一起分析原因，有時還會陪我去逛街。爸爸知道我喜歡看報紙，就訂了好幾份報紙雜誌，還會不時地買回幾本熱門書刊。

媽媽，我現在已經是二十幾歲的大學生了，可您卻老認為我還是小孩子。我不要您管我，不是我不愛您，而是您管得實在太多了。雖然不管我長多大，也總是您的女兒，但畢竟我已經長大了。我有我的思想，有我的主見，我是一個獨立的人，我不能總生活在您的影子下。我總要獨自面對我的人生。您總不能為我安排每一件事，我也不需要將每一件事都向您彙報。

媽媽，愛本身沒有錯，母愛更是世界上最偉大的愛，關鍵是愛的方式如何，您是否考慮過我的想法，我希望您能改變一下愛我的方式。

祝您身體健康！

女兒：蘭蘭

感謝您，媽媽

親愛的媽媽：

您好！

好幾天沒與您聯絡了，一切可好？本打算放假時回去一趟，好好地跟您聊聊，可惜又不放假了。只好借鴻雁傳書，只怕文筆有限，無法盡達其意。

從小到大，弟弟和我的教育基本上都由您承擔。爸爸總忙著他的工作，而您又是一名教師，自然就挑起這擔子。儘管您也很忙，有二、三十個學生要關心，但您仍然以您獨特的方式引導我在學習生活上積極上進。

記得，上小學時我常在學校裡調皮搗蛋，總給老師惹麻煩，而且極度拒學，很少主動完成課後作業。您從老師那兒得知這些情況後，並沒有一味地責備我，而是從中摸出我的興趣所在 —— 好問，喜歡打破砂鍋問到

底，便常常引導我在學習上也多問幾個「為什麼」，並鼓勵我自己去找答案。就這樣，多問、多想，每解決一個「為什麼」，我都興奮不已，您更是為我高興，鼓勵我繼續深入，不要淺嘗輒止。漸漸地，上課不再那麼難熬了，老師剛解完第一個問題，我又冒出好幾個問題來。下課我常追著老師問問題，老師差點都要被我問怕了。不過還是「問」出效果來了，我的成績直線上升，手工製作也常得到誇獎。成績好了，我便常常有壓力，就怕掉下來。可您常開導我：「盡力而為，就沒有人會責備你，你更沒必要責備自己。」、「把更多精力花在獲取知識上，名次都只是一時的，而知識是受用終身的。」見我常埋頭苦讀忘了休息，您便常和爸爸帶我們姐弟倆出去遊玩，緩解我們的緊張情緒。即便到了高考，您也從未給我施加任何壓力，反而一再提醒我要勞逸結合。在我最緊張的時候，是您用堅定的目光告訴我：你一定可以成功的。這堅定的目光伴我平靜地度過了「黑色七月」，並如願以償地考上國立大學。

今天，我能坐在大學寬敞、明亮的圖書館裡給您寫信，不僅有賴於您在學習上給予的獨到指導，更有賴於您在生活上適當的引導。從懂事起，您便要求我自理自立、自己的事情自己做，您從來不代勞。那時我還私下裡羨慕其他同學除了學習什麼都不用操心，現在才領會您的良苦用心，否則我就不可能這麼快適應新的生活。當室友還在為用冷水還是熱水泡衣服而發愁時，我已經安頓好一切了。更可貴的是，您一直很尊重我的選擇。小到吃喝、打扮，大到高考填志願，我都是自己選擇。

吃自己想吃的、穿自己想穿的、進自己想進的學校、讀自己想讀的科系，這實在是種了不得的幸福，這一切皆因有您 —— 了不得的媽媽。真的謝謝您，媽媽！

祝身體健康，工作順利！

愛您的女兒：連璉

偉大的父愛

敬愛的爸爸：

你好！

爸爸，你是世界上最可敬、最可愛的人，你對我的教導和關懷既特別又最有效，在你的培養教育下，我健康地成長。

從小到大，你沒有罵過我一句，更沒有打過我一下，所以相對於在爸媽的打罵聲中成長的同齡人來說，我是無比的幸福。從小學到中學到現在的大學，你沒有像其他同學的爸媽那樣叮囑「好好寫作業」、「不要看電視」、「快去複習功課」……，這並不代表你不關心我的學習，更不代表你不重視學習成績的好壞，而是你對我有信心，更是對你自己有信心。你相信有一個好爸爸的遺傳，女兒不會差得離譜，事實上，確實如此。因為自從進學校，我每次都拿了獎，無論哪方面都取得了令你開心的成績。也正因為此，你對自己、對女兒更加有信心，也更加「放縱」女兒的「自由」。所以無論什麼事情都變成了「爸爸順女兒的意」，包括會考、指考填志願，你沒有像有些家長那樣「強制填報」，而是先聽我的想法，再發表你的看法，而最終決定權還是「讓」給我。爸爸，你真偉大！所以我比其他同學少受了不少「委屈」，我也比他們「自由」且幸福！你不是父母中知識水準最高的，但是你是教育子女最有方法、最成功的爸爸。

爸爸，在生活上，你知道我是一個非常宅的人，而為了我的前途和讓我能有更強的適應能力，小學才畢業，你不像其他父母那樣「寶貝」女兒，而是「按照」我的意願，把我送到遠離家人的市立中學就讀。為了不讓我傷心，你經常抽空到學校看我，每次見到你，我都忍不住淚流滿面：我好想家！我也好感動啊！而每次看我，你仍然只是叮囑我吃飽睡好、注意身體等，而不是什麼成績好嗎、要記得努力學習拿獎等。也許，我們父女生來就有默契吧，你雖沒有說，我知道如何做你才開心，所以我很爭氣。

爸爸，在你的教育下，我成了一名開朗又優秀的女大學生。回憶過去的點點滴滴，女兒心中都充溢著爸爸那仁慈、寬厚的愛，那與眾不同的教育。爸爸，女兒感謝您！

祝爸爸生活愉快，身體健康！

您的女兒：娟

我的叛逆心理

親愛的爸爸、媽媽：

您們好！

彈指一揮間，我已經 15 歲了，不再是圍在你們膝下嬉戲、撒嬌的孩童了。

回顧這 15 年來的生活，我感到你們為我付出了很多。看著你們的兩鬢一天天增加的銀絲，我就有一種內疚感，唉，我讓你們太操心了。不過我覺得有些方面你們可以少操些心的。下面我想談談對你們教育方法的看法。

首先，我覺得我們家的教育方式是傳統的教育模式 —— 家長制。再加上爸爸又是農村出身的，受農村教育的影響，自然是延用了這種教育方式。家中的一切大小事務都是爸爸說了算，而爸爸又是極細心的人，只要我們行為令你不滿意，你就會批評教育一番。其實，有些事情並不是什麼大事，例如打開水，爸爸的要求是先將各瓶裡剩的水倒在一起，再加入新開水，而我總是直接加滿每一個保溫杯。如果我這樣做了，爸爸看到後總要把我訓斥一番，倘若我堅持自己的觀點，將會得到更加嚴厲的訓斥。有些時候，媽媽會幫我說幾句好話，爸爸總是讓媽媽緘口。因此，在我看來我們家不僅是家長式的教育，而且還帶有專制性。在家裡，父母是權威，是神聖。爸爸從來不准我們與你以平等的地位開玩笑，嬉戲更不容許，說什麼是為了樹立威信。久而久之，爸爸在我的心目中只有威嚴，和媽媽在一起才有一種安全感。所以，每當和爸爸獨處的時候，我總是小心翼翼。隨著年齡的增長，我產生了強烈的叛逆心理，從來不和爸爸談心。我覺得我對外界事物特別敏感。有時我心裡想著，為什麼爸爸這麼凶，為什麼不像別人爸爸那樣和孩子相處如同朋友一般。媽媽也覺得我對你冷漠。我覺得這真的太複雜，究其原因可以追溯到前一代對爸爸、媽媽的教育和父母的思想體系及受教育程度和文化背景的影響。

好了，俗話說：家家有本難念的經。家庭教育也不是三言兩語所能講清的，就此擱筆吧！

您的兒子：小軍

與父母對話

親愛的爸爸、媽媽：

你們好嗎？

好久沒給你們寫信了，你們最近身體好嗎？兒子太不孝了，還望爸、媽能夠原諒。

首先我要感謝爸爸，是您讓我有一個剛毅的性格，而這一性格我想會使我受益終生。因為它使我克服了碰到的種種困難，使我那麼的自信，雖然有時有點自負，但整體來說這個性格就像我的一把利劍使我所向披靡，把種種困難斬於馬下。這把利劍是您賜於我的，這把利劍是您一天一天幫我磨出來的。還記得我小學學習特別差，每次考試都令您失望，然而您沒有像其他家長一樣罵孩子，而是幫我分析得失，幫我樹立信心。小時候，我是一個很懦弱的男孩，做什麼事都畏畏縮縮。碰到我這樣你總是罵我「不像個男孩」，以前我總是很委屈，怨你不像人家的爸爸一樣呵護我，疼我，為了做給你看，我就努力去做，慢慢地我自己也覺得我長大了許多。我的好多同學都誇我說：「北方人，真是豪爽」，其實我不覺得北方人就一

定豪爽，我的豪爽是從您那裡學來的。您總對我說朋友多了路好走，而要交朋友就要正直、豪爽。耳濡目染你待人處事的方式，時間長了我也就知道應該怎樣和人打交道。現在我身邊有很多朋友，他們對我都很好，我真慶倖自己有這樣一筆無價的財富，而這筆財富是從您那裡繼承的。

媽媽，我也要感謝您，是您讓我變得像您一樣善良。每次我跟您上街買東西，總有乞丐跟在我們後面要錢，我覺得很討厭。有一次我踢了一個乞丐一腳，您狠狠地給了我一巴掌，說：「哪個人願意過這種生活，人家有難我們就幫幫他們嘛，一兩塊對我們來說也不是很重要，平時節省一下這點錢就出來了。」另外每到過節您都拿一些錢給窮人，在街上有人需要幫忙，您總是讓我上去幫助他們，做點好吃的東西也讓我拿給鄰居，使得我們鄰里之間的關係很融洽，所以我現在像您那樣做，使我交了很多好朋友。

但是爸爸媽媽，有時候你們對我管得太嚴格了。雖然我知道這都是為了我好，使我沒有沾染上什麼惡習，但是這在當時確實讓我感到非常痛苦。我現在明白了，在教育過程中，既要給孩子自由的空間，而又不至於放縱他染上一些不良習慣。另外，你們很多時候對我不放心，我以前說的話你們的第一反應是不信任，老是覺得我在說假話，這是讓兒子難受的。

二老對我的好處可能還有許多，但我認為這些方面是對我影響最大的，在這裡我要感謝你們，是你們把我塑造成一個剛毅、豪爽、善良、樂於助人的男子漢，爸媽，謝謝你們！

兒子：國梁

媽媽，您也有錯

親愛的媽媽：

最近身體如何呢？偏頭痛有沒有再犯呢？您可要多多保重身體呀！現在我隻身在外求學，才感受到在家時您當初對我的無微不至的愛護，才深深感到母愛的無私。想起自己在家時的不懂事，想起自己常惹您生氣、傷心，心裡就慚愧。在此，想對您說：「謝謝媽媽！對不起！」

您，溫柔善良，勤儉樸素，待人熱忱，富有愛心。常聽鄰居讚揚您是個「賢妻良母」，我聽了好驕傲。但人無完人，媽媽您也有兩大缺點，請允許做女兒的為您一一指出，望引起重視。

一、您也犯有一些女人的通病 —— 愛嘮叨，一句話您可以反反覆覆唸上十遍，還未覺過癮，此等功力女兒我是領教怕了。也許您所說的都是對的，說第一次，言之有理，擲地有聲；第二次，就會顯得蒼白、乏味，再多嘮叨幾次，就會使人厭煩了。您老批評我不聽您的話，並不是我不想聽，只是脾氣急躁的我有時真的很受不了，您對同一內容的反覆說教。您這樣做，會使我產生一種排斥的心理。當然，我也有錯，但為使您的教育更見成效，更事半功倍，請您盡量克服「女人的天性」好嗎？

二、我上高一時，您學會了打麻將，並逐漸外出與鄰居們一起「娛樂」。雖然一個星期只有一兩次，且如您所說「只是偶爾玩玩，娛樂娛樂」，可我卻希望您別再去玩這種東西，因為那是有賭注的，錢雖不多，卻也是種賭博。您知道嗎，當我看見你們在麻將桌上「專心致志」的樣子，為幾個錢而爭論不休的時候，我就覺得厭惡、傷心。娛樂方式何其多，週末全家一起看看電視，出外逛逛街，或一起聊聊天……，不也是其樂無窮嗎？您工作辛苦，週末選擇自己的方式來娛樂，做女兒的無權干涉。但請看在女兒的請求上，遠離麻將桌吧！

在女兒心目中，希望您是完美的，因此難免顯得有點不講理，請您見諒！真的好希望看到您不再囉嗦，不再打麻將，加油呀！

女兒：云云

爸爸媽媽，我不快樂

爸爸媽媽：

您們好！

童年的我並不快樂，那時的我就像一個多餘的人，您們任我自生自滅。童年的我有點痛苦，您們經常為了家庭瑣事而吵架，甚至打架也是三兩天就會發生的。每次您們吵得不可開交，有一方受傷時（基本上是媽媽被爸爸打傷），鄰居們都會過來勸慰：「夫妻之間沒什麼深仇大恨的，況且，看在孩子的分上也是不應該的。」也有人悄悄對我說：『好孩子，別怕。俗話說「夫妻吵架床頭吵床尾和」。』雖然當時我並沒有完全明白這句話的意思，但據我小時候的觀察，你們在「床尾」仍舊要吵。事過之後，媽媽總會在別人面前說我沒有良心，因為每次您們吵，我只是呆呆地站在角落裡，一聲不響，臉上也沒有淚水。即使媽媽受傷後，我也仍舊呼朋喚友，去河邊撈魚，去草叢裡捉蚱蜢。也許那時我的心是黑的，我猜。

我的小學和國中也不快樂，因為我幾乎沒有朋友。學校離我家很近，幾步路就到，所以也沒有人與我一起上學，更不要說在路上有說有笑了。這使性格內向的我更封閉、更沉默了。所以我唯一的精神寄託只有學習，在別人眼中，我成了不貪玩、愛學習的乖乖女，其實我的內心卻很不快樂。這對於一個天真無邪的少女來說是不正常的。有時候，我受同學欺侮，卻從來不告訴爸爸媽媽，而是獨自默默流淚，也從來不懂得報復，只是忍氣吞聲。媽媽從不關心我，你的心也是黑的，也許我的黑心就是你遺傳給我的，那時的我就這麼認為。

現在，我已是一名高中生了，很多以前無法理解的事情，今天已漸漸明白了。很多事情我也能獨立思考了。但是，我們的家庭依然讓我困惑，我感覺不到家庭的溫暖。

爸爸、媽媽，我們共同努力去創造一個美好的家園，好嗎？

女兒：小勇

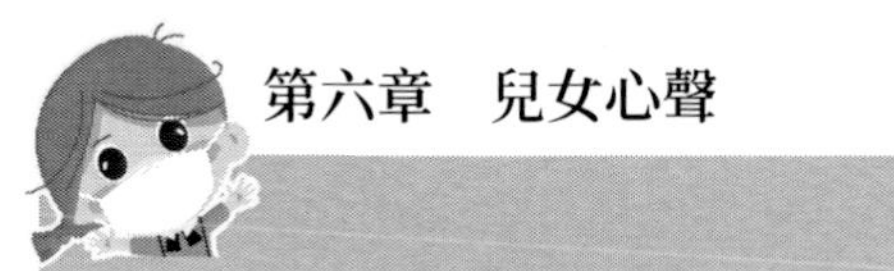

「狠心的母親」

親愛的媽媽：

您好！

直到今天，我才發現您對我的愛有多麼偉大，多麼深沉。

以前，您在我的眼裡是一個極為嚴厲的人，從不會表現出對我的疼愛，更不允許我在您面前撒嬌。您從來都是那麼嚴肅，很少在我面前笑。

記得我 5 歲那年，一天晚上，家裡停了電，您便讓我去買蠟燭。在幼小的我看來，那簡直是不可思議的事情。嚇得我連連後退。您卻「狠心」地說：「如果你不去買，那就摸黑吧！今晚你一個人睡覺！」聽您這麼說了，我只好從您手裡拿過錢，出去買蠟燭。一路上，我不停地給自己打氣，告訴自己不要怕。我是一路小跑來到商店，買了兩支蠟燭趕緊往回趕。因為跑得大快，還滑了一跤，可我也顧不得疼痛，只是一個勁地往回跑。到了家，我滿以為您會表揚我呢，哪知您卻說：「這不是回來了嗎？凡事都要鍛鍊的，不要老認為自己小。」蠟燭點燃後，您發現了我摔得渾身都髒了，腿上還流著血。您什麼也沒說，只是拿出藥箱，為我清洗傷口，塗上了藥水。邊塗還邊責怪說：「怎麼不小心呢？」一句話說得我眼淚直在眼眶裡打轉，心裡想：您真是太狠心了。

上小學一年級的時候，您就讓我一個人去拿牛奶。這事在夏天還可以，一到冬天，一個 7 歲的孩子每天要跑上幾百公尺的路去拿牛奶，在路上稍微慢一點的話，吃早飯的時間就不夠了，可您從不允許我不吃完早飯就上學，為此有好幾次都差點遲到。我只能每天早一點起床。在您的「逼迫」下開始洗自己衣服的我，還真不明白：為什麼家裡明明有洗衣機，卻不讓我使用，還叫我用洗衣板洗衣服呢？

日子一天天地過去，我發現自己有些獨立了，比如有時候在親戚家住上幾天，他們對我照料得很周到，可我卻感覺到很不習慣，什麼事情總要自己來。親戚們都說：「你真能幹！」我卻只是一笑，因為我覺得這沒有什

麼，從小就這麼過來的嘛。會考的時候，許多同學都是由家長陪著去看考場的，獨獨是我自己一個去了。至於假期裡去學電腦、參加培訓什麼的，更是不指望父母幫什麼忙了，全由我一個人去。

現在我已經讀大學三年級了。在大學的幾年裡，我深切地體會到，很多在大學裡被認為是獨立的事，好像都是您平時逼著我幹的。正是由於您平時那不近人情的要求，要我做這做那，什麼都要自己做，很好地培養了我的獨立能力，使我很快地適應了大學生活，習慣了大學生活。難道您是有意識地在培養我的獨立性？

如今，每次回到家，您都不會再逼我幹這幹那了，而是更多的體貼與關懷。我想您一定在想，兒子現在大了，可以獨立生活，不用再像以前那樣要您操心了。

哦！您是多麼的用心良苦，而以前我卻總是錯怪您。哦！媽媽，您是多麼偉大的媽媽。

祝媽媽快樂！

您的兒子：大江

您是我的照明燈

最親愛的爸爸：

您和媽媽是我生命中最親的人，也是我最愛的人。

從小到大，我和爸爸的感情就特別好！人們都說：「女兒總是和媽媽親」，而我卻不一樣。我想或許是由於媽媽比較嚴厲，而爸爸則和藹、有肚量的緣故吧。只要是認識我們家的人，沒有一個不說我們父女感情特別深厚的。可是，我最怕的也是您，雖然平時的您和和氣氣，一旦發起火來，那我就得躲得遠遠的，免得遭殃。您不知道，您板起臉來，臉簡直比包公還黑。然而，我最感謝的還是您，因為我人生的每一步都受到您的影

響，是您教我怎樣走好每一步的。

常聽媽媽說，小時候沒人帶我，而我又特別愛哭愛鬧，只要您一有空，就把我抱在手裡，逗我開心。家裡雜事多，您就一手抱著我，一手幹活。我每每聽了，心裡總是熱乎乎的，說不出的感激。媽媽說爸爸特別疼愛我，當我第一次開口叫您的時候，您不知道高興成什麼樣子了。您還說我智力發展比較慢，因為我都滿一週歲了，連爬都不會，一直到一歲半才學會走路。您總是回想當時的情景：我一個人靠著牆站著，您就在三四步遠的地方招我過去，我很想撲到爸爸的懷裡，可是我不敢走，只能呆呆地靠著牆注視著爸爸。爸爸說，當時我馬上要哭出來了。於是，您就去拿來一隻拳頭般大小的皮球誘導我。果然不出您所料，皮球滾了，我只想著去捉它，也就搖搖擺擺地走起來了（從此，我邁開了人生的第一步）。可是，沒走兩步，就跌倒在地上哇哇大哭了。爸爸您沒有急著扶我起來，只是在旁邊說：「寶寶乖，自己爬起來。」我不聽，繼續哭。「再不起來，爸爸就不理你了。」眼看著爸爸要走，我急了，慢吞吞地翹著小屁股站起來了。從此以後，每每我遇到困難，遭受挫折，我就會想起這段往事，是爸爸您教會了我：從哪裡跌倒，就從哪裡站起來。

也是爸爸您培養了我堅強的意志，不輕易言敗的品格，是您使我形成了活潑開朗、自信的性格。記得很小的時候，我看到其他小朋友上幼稚園，就吵著說也要去，媽媽說我還太小，再等一等。我就一直盼望著快快長大。後來我真的上了小班，老師說我一點兒都不怕生，又能言善道嘴巴甜，其他小朋友不知道的我都知道，於是下午就讓我轉到大班裡去。我知道這也是爸爸教育的結果，因為在上幼稚園前，每天晚上臨睡前您都給我講一個故事，還教我識字、數數。

小學一年級時，上下課都由父母接送。後來您說我認得路了，該自己走了。我不明白，吵著要送，被您打了一頓屁股之後，乖乖地自己走著去了。至今我還記得您的那一句話：「人生的路要靠自己走。」是啊！自立！如今我考到了外縣市上高中，第一次遠離父母，第一次住宿，可就是因為從小自立、自理能力強，我很快就適應了。爸爸說：「鍛鍊鍛鍊是件好

事！」

爸爸，感謝您，您是我的照明燈。

祝爸爸身體健康，笑口常開。

最愛您的女兒：靜

我有一位好爸爸

親愛的爸爸：

長久以來，我們的家庭始終籠罩著一層不快的陰影，我覺得所有的癥結都在於母親。母親自幼喪母，被寄養在一戶富裕的人家。物質的豐富代替不了精神的空虛。一場「文化大革命」，又使她錯過了學習知識的機會，失去了富裕的生活條件，這種劇烈的反差養成其孤僻、自私、蠻橫、無理的性格。在那缺乏交流的年代，大學生的爸爸竟稀裡糊塗與這樣的一個人組建起家庭，從而導致了兩代人的痛苦。

幼年時，爸爸經常出差在外，母親竟狠心地把我送到全托所。當別的孩子受盡家人的呵護時，想家的我只能日夜哭泣。週日晚上，當爸爸不忍心送我回全托所時，我那撕心裂肺的哭喊也沒能打動母親鐵石般的心腸。許多事都會隨著時光而流逝，可這份遙遠的回憶卻因其慘痛而被清晰地鐫刻在心靈深處。

少年時，孩子的好動天性驅使我非常熱衷於團隊活動。從班內布告欄到主題班會，從早自習到晚自修，我成了班主任最得力的小幫手。可為此付出的代價也是可怕的。母親不理解我所參與的活動，認為我是貪玩成性、浪費時間。於是，老師眼裡的「乖學生」成為其棍棒下的「壞孩子」。一個原本開朗的我硬是被她「改造」成了內向的人。

學習方面，母親對我要求頗高，因為沒能達到她所要求的成績，我不知挨了多少頓毒打。從跪洗衣板 5 小時到被打得遍體烏青，爸爸心疼、老師搖頭。擅長的科目得不到鼓勵，薄弱的學科卻是加倍斥責，小小年齡一遇到考試就驚嚇得徹夜難眠。長期的惡性循環把我推向「死讀書」的狹小胡同，大起大落的分數讓我信心全無。為了免遭刺激，我放棄了指考的挑戰，接受了保送大學歷史系的命運。

提起傷心往事，或許真的很難令人置信，但作為我的依靠，爸爸是一定會理解我，同情我的吧！的確，長期高壓的家庭教育導致了我膽小拘謹、害怕出錯的過分敏感。雖然，我缺乏同齡人的鋒芒畢露，幸而有爸爸的悉心指教和鼎力相助，才中和了我的懦弱，而向著穩重、堅韌的個性去發展。

學習上，您時時設身處地考慮我的情況，因材施教地引導我養成良好、自覺的學習習慣。為我的成功喝采，為我的挫折加油。在您的教導下，我甩掉了理科學習的「大尾巴」，數理成績漸趨中等，化學成績保持良好。各學科的平衡令我尋回一些自信，文科成績更是名列前茅。如今離家住校，少了一份壓力，多了一份主動，機動的學習方法，讓我在專業學習上邁出了扎實的一步。當我獲得一等專業獎學金時，才感到自己沒有辜負您的期望。

生活上，您更是一如既往地支持著我。膽小怕事或多或少影響著我的社交能力，在任何場面中，我絕不是一個能夠翻雲覆雨、巧言令色的人物。是您教導我「不會說話，那就多做」。於是，在您正直言行的薰陶下，我養成了腳踏實地、任勞任怨的性格。

有這樣一位母親是我的不幸，但有這樣一位父親則是我的幸運。爸爸，雖然您沒能娶到一位好妻子，我沒有一個好母親，但我堅信，有您這樣一位好爸爸，已經是很幸福的啦！

祝爸爸心情愉快！

兒子：冬生

不願意和你們在一起

爸媽：

你們好！

我們已經很久沒在一起聊聊了，更別說三個人一起外出玩玩了。算起來我也已一年多沒回家了，說實話還是挺想你們的。不知你們最近身體還好嗎？媽，前天你打電話過來，說我怎麼也不想家，這麼近的路也不知道放假回家看看。怎麼說呢，我是很想回家的呀。放假了大家都回去了，寢室裡挺冷清的。可我現在真的不願意也不敢回家，每次回家看見你們倆總是吵吵鬧鬧的樣子，要麼就大家不講話，好像是陌生人似的，搞得我的心情也不好。每次都是高高興興回家，然後又是一臉不開心地回校，真的好沒意思。我還是在學校比較好，至少看不見你們沒休止地吵鬧和賭氣，我的心情可以由我自己控制，不受你們的影響。

爸媽，你們還記得姨媽說我現在活潑了嗎？真的，我自己也是這麼覺得的。自從我考上了大學，住到上海來以後，心情好多了，和同學們一起挺快樂的。

我覺得很奇怪，為什麼別人家都過得好好的，可我們家怎麼老是在吵架。記得自從我懂事起，我們家就總是不安寧，不是為這吵就是為那吵，常常一回家就看見你們互不理睬，互不說話，搞得我也不喜歡說話。爸時常說我這樣以後到了社會上會吃虧的，可我也沒辦法，我已經習慣了這種長期的沉默，特別是在家裡，我真的一句話也不想說。小時候不敢講話，怕一不小心惹怒了你們。那時候，我要是和媽媽講話就會得罪爸爸，和爸爸講話呢，媽媽又會不開心，所以我乾脆一個也不理，一個也不說話。長大了我開始討厭你們這樣，所以更不願意和你們在一起，我常常和朋友在外面玩，就連學習也是在外面圖書館學的，因為在家我實在是沒有什麼心情，更別提學習了，這也是為什麼在指考前的那段日子，我一個人搬出去住的原因。

去年過年的時候，你們竟說要離婚了。我真搞不懂，在一起生活了大半輩子了還要離婚。你們問我有什麼意見，我還是像以前那樣沒理你們。讓兒子說什麼呢？我覺得丟人。我想說你們要離就離吧，反正這個家已不像個家了？可這樣的話我能說嗎？我還是希望你們能和好。不過，我心裡覺得這可能嗎？但沒想到你們還真的好了一段日子，真是奇蹟！

又快過年了，不知道今年過得怎麼樣，真希望你們和睦開心。

好了，我不知道該怎樣寫了，家對我來說真的太難寫了。

兒子：小波

第七章　外國經典教子故事

兒子供父母上學

美國的小孩，有著一項很棒的傳統習慣，他們到了具有簡單工作能力的年齡後，會積極主動地找尋打零工的機會，諸如幫社區鄰居除草、粉刷房子、送報紙、剷除車道上的積雪等。

有一年冬天，在大雪紛飛的清晨，一個小朋友在一對老夫婦的家門口使勁地按著門鈴。

老太太打開門後，發現門口站著一個約莫八九歲的小男孩。「你好，」小男孩說，「我來幫你們鏟雪好嗎？」

「你起得真早，怎麼在這附近沒有見過你？」老太太說。

小男孩很有禮貌地回答道：「我們是新來的，我們家搬到這個社區才只有一週。我不知道其他小朋友的作息時間，這麼早就過來，會不會打擾你們？」

老太太親切地說道：「不會！老年人本來就睡得少，我們早就起來了……」說著，對著屋內喊道：「親愛的！我們的車道鏟雪工作，就決定交給這位小紳士囉！」

待先生應了一聲之後，老太太便帶著小男孩到放有鏟雪工具的車庫，邊走邊稱讚道：「你年紀這麼小，就這麼積極地打工，將來長大一定很有成就。你有沒有打算過，怎麼來運用自己賺來的錢？是要把他們存起來？還是拿去買糖果，吃個痛快？」

小男孩興奮地說道：「我賺錢不是要買糖果用的，我爸媽都還在念大學，我打工賺的錢，先贊助他們繳學費！等我將來長大，他們答應也會同樣地幫助我讀到大學畢業。」

相信，這個讓人心動的孩子，其責任心和價值觀的培養必定與其父母的教子理念有關。

沒剩下一張

小布朗是一個內向、害羞的孩子。

一天放學後，他對母親說，聖誕節快到了，我很想為班裡的每個人做一張賀卡。母親的心一沉：「我想你最好不要那麼做。」因為母親早就觀察到孩子們從學校走著回家的情景：孩子們談笑風生，彼此親密無間，暢談不休。但是，這其間從不包括布朗，她的布朗總是跟在其他人的後邊。

儘管如此，母親決定支持兒子。為此，她買了紙、膠水和彩色筆。在隨後的 3 週時間裡，布朗一晚連著一晚、煞費苦心地製作了 35 張賀卡。聖誕節的早晨，小布朗欣喜若狂。他小心地把賀卡疊整齊並放進書包裡，隨後關上門走了。

母親決定給他煎烤他最愛吃的小甜餅，因為當他從學校回來的時候，能吃到熱烘烘的小甜餅，或許會減輕一點失望的痛苦。一想到他不能得到許多賀卡或者根本一張也沒得到，母親內心頓時就難過起來。

那天下午，母親把小甜餅擺在桌子上，靜等著兒子歸來。當她聽到外面孩子們放學的聲音時，她向窗外望去，確實是他們回來了。孩子們一路歡快地走著，這是他們最快樂的時刻，跟平時一樣，布朗跟在所有孩子們的後面，他似乎比平時走得快些。母親注意到他空空如也的雙手，禁不住眼睛溼潤了。

就在這個時候，門開了，母親抑制住了要奪眶而出的淚水：「媽媽給你做了一些小甜餅。」

但是，他似乎沒有聽到母親的話，徑直跑了過來。他的臉上容光煥發，嘴裡嚷道：「沒有一張，沒有一張。」

她的心沉了下來。

他接著說：「沒剩下一張，沒有一張剩下。」

母親愣了一下，稍後眼中的淚水終於流了出來，不過她內心清楚，那是高興的淚滴。

愛，是最柔嫩、最容易受傷害的東西。孩子那充滿愛的心更是脆弱無比。

如果孩子出於善心去做事，千萬不要否定他，要給予他全力的支持。

即使是結果不樂觀，也要鼓勵孩子堅持愛世界、愛別人的信念。其實，結果並不重要，何況父母並不能預知結果，事實上，結果有可能是意外的驚喜。

安慰

小女孩的一位同班小朋友剛剛去世。放學後，小女孩和老師去同學家拜訪。

回來後，女孩的母親好奇地問道：「你到同學家做了什麼？」

小女孩答道：「去安慰難過的阿姨。」

母親繼續問：「你怎麼安慰她？」

小女孩回答：「我還小，不會說安慰的話，只是爬到她的懷裡和她一起哭。」

「與喜悅的人同樂，與哀哭的人同哭。」這就是對喜悅者和哀哭者最大的安慰。

安慰人，不在言語的多寡，而在內心真實的感受。一個淚流滿面的擁抱，一個深深傷痛的眼神，都可以使人受用不已。

愛是人的本能，不過，歷經世間滄桑變得成熟而含蓄的我們，可能早已淡忘了對愛的最原始和最真摯的表達方式。我們是否該時刻感謝孩子所給予我們的「新生」？

我們是在養小孩，而不是在養花

大衛有兩個小孩，一個 5 歲，一個 7 歲。

一天，他教 7 歲的孩子凱利，怎樣使用瓦斯驅動的割草機。當他正在教他如何在草地盡頭將割草機掉頭時，他的妻子叫他接電話。大衛剛剛轉身，凱利由於控制不住割草機的抖動，把割草機推到了草坪邊的花圃上，所過之外，大約兩尺寬的一片花草已被夷為平地。

大衛回頭發現發生的一切之後，非常生氣。這是他花了很多時間和精力，好不容易侍弄出的令鄰居們羨慕的花圃。他開始對兒子吼叫。

這時，妻子很快走過來，把手放在他的肩膀上說：「親愛的，請記住，我們是在養小孩，不是在養花！」

為人父母應該明瞭孰重孰輕。孩子的自尊比他所破壞的任何物品都更重要。

猶太人教子

猶太民族是一個災難深重的民族，但猶太人民卻憑著自己的聰明智慧，成為世界上賺錢最多的民族。無論在全球金融界、商界還是科學界，他們擁有的財富比例始終獨占鰲頭，這與猶太人獨特的教子方式密切相關。

在每一個猶太人家裡，當小孩稍微懂事時，母親就會翻開《聖經》，滴一點蜂蜜在上面，然後叫小孩去舔書上的蜂蜜。這種儀式的用意不言而喻：書本是甜的。

傳說古時候，猶太人的墓園常常放有書本，他們相信死者在夜深人靜時會走出來看書。儘管這種傳說具有某些迷信意味，但其象徵意義卻對現實的人很有教育意義：即生命有結束的時刻，求知卻永無止境。

猶太人從不焚燒書籍，即使是一本攻擊猶太人的書。在人均擁有圖書館、出版社及每年人均讀書的比例上，猶太人（以色列人）超過了世界上任何一個國家，堪為世界之最。猶太家庭還有一個世代相傳的說法，那就是書櫃要放在床頭，要是放在床尾，會被認為是對書的不敬，進而遭到大眾的唾棄。

每一個猶太家庭的孩子，幾乎都會被問一個問題：「假如有一天，你的房子被燒毀，你的財產被搶光，你將帶著什麼東西逃命呢？」如果孩子回答說是錢或者鑽石，母親將進一步問：「一種沒有形狀、沒有顏色、沒有氣味的寶貝，你知道是什麼嗎？」當孩子無法回答時，母親就會說：「孩子，你要帶走的不是錢，也不是鑽石，而是智慧。因為智慧是任何人都搶不走的，你只要活著，智慧就會伴隨你的一生。」

身為父母應向猶太人學習，懂得用書本來武裝自己孩子的頭腦，給他們以豐富的智慧。透過人性與科技的結合，使孩子更能體會到智慧所體現的魅力所在，像猶太人那樣，以獨特的教育方式結合教育理念，使孩子們透過現象更深一層地認識教育的本質。

男孩與女皇

在瑞典，一天女皇去一個幼兒園參觀慰問。當她來到一間教室時，發現一個 4 歲的小男孩正在聚精會神地用活動字母拼寫單詞。女皇對此很感興趣，她走到孩子面前，親切地對他說，『親愛的，你拼寫一遍「瑞典萬歲！」我看看。』老師恐怕孩子沒有聽清女皇的話，又重複了一遍，『寶貝，我們的女皇希望你拼寫一遍「瑞典萬歲！」』

這個孩子點了點頭，但並沒有停下手中工作，也絲毫沒有受到女皇到來的干擾。當他拼完自己原本正在拼的那個單詞後，才滿意地收拾起所有的活動字主機板，並像平時那樣把這些字母按順序擺放好。

他平平靜靜地做著這些事，旁若無人。他也許認為，自己正在做的事情並不比女皇要求他做的事情更加低微。當他做完這些之後，緊接著拼出了「瑞典萬歲！」

雖然這個小傢伙只有 4 歲，但在控制自己的行為和情感、擁有自信上，他已經相當於健壯的人了。這個小傢伙的確會令許多父母羨慕。想必，女皇也會嘆服他的人格魅力！

培養孩子的自信和尊嚴感其實並不難，謹記：父母服務的主人就是兒童的精神，當它表現出來某種需要時，父母必須迅速做出反應。

寫信給上帝

小約翰向媽媽請求想要一輛自行車。媽媽想，應該讓約翰自己判斷自己的表現是不是應該得到這個獎賞，於是她說：「寶貝，現在可不是聖誕節，我們也不是富得能讓你想買什麼就買什麼。這樣吧，你為什麼不給上帝寫封信，向他祈禱一輛？」

小約翰很不高興，大發脾氣也沒有用，他被媽媽送回房間，最終還是坐下來寫信給上帝。

親愛的上帝：

今年我一直是個好孩子，如能得到一輛新自行車，不勝感謝！

您的朋友：約翰

小約翰寫完一想，上帝一定知道自己是個不折不扣的小壞蛋，於是趕緊把信撕掉重寫。

親愛的上帝：

今年我一直是個表現還不錯的孩子，我想要一輛新自行車。

您真誠的約翰

小約翰想一想，這還是不誠實，又撕掉重來。

親愛的上帝：

今年我一直想做個好孩子，我可以得到一輛新自行車嗎？

約翰

寫完信後，小約翰捫心自問，知道自己今年一直表現很差，什麼新東西也不配，於是沮喪地把信扔進了垃圾桶。

等待召喚

在義大利的一個小城裡，住著一位名叫米羅的男子。

有一天，他和小兒子漢斯之間發生了一場極不愉快的爭吵。第二天，米羅發現漢斯的床空空如也 —— 兒子離家出走了！

米羅心中充滿懊悔，他終於意識到：沒有什麼比兒子更重要的了！他迫切地想找回孩子。於是他來到小城廣場，在廣場的一個高大的看板子上，貼了一張醒目的大幅啟事：「漢斯，回來吧！我愛你！明天早上我將在這裡等你！」

第二天早上，米羅來到廣場看板前，他發現至少有 5 個叫漢斯的男孩等在那裡。這些叫漢斯的男孩都是離家出走的，他們等在那裡，都希望這是自己父親發出的回家召喚，都希望父親能夠張開雙臂擁抱他們！

最堅固的門

學校大廳的門被踢破了。

可憐的門，自從裝上的那天起，幾乎沒有一天不挨踢。十五六歲的少年，正是沒大沒小的年齡。用腳開門、用腳關門，早已成為他們的普遍行為。學校導師為此傷透了腦筋，他曾在門上貼過五花八門的警語，什麼「足下留情」、「小心你的腳」、「我是門，我也怕痛」，諸如此類。可是，沒有任何作用，而且似乎情形變得越來越糟。

大廳門被踢破的那一天，幾乎所有的導師都向校長建議：乾脆換成大鐵門，他們腳上不是長著牙嗎？那就讓他們去啃那鐵傢伙吧！校長笑著說，放心吧，我已經訂做了一個最堅固的門。

很快，舊門被拆下來，新門被安裝上去了。

新裝的大門似乎挺有人緣，裝上以後居然沒有挨過一次踢。孩子走到門口，總是不由自主地放慢腳步。陽光隨著門扉的開啟與閉合而不停地旋轉。穿越它的時刻，少年的心感到了愛與被愛的欣喜。

這道門怎能不堅固？它捧出了一份足金的信任，把一個易碎的夢，大膽地交到孩子們手中，讓他們在美麗的憂懼中學會了珍惜與呵護。

在陽光的照耀下，那道門顯得無比明亮，那是一道玻璃門。

搬書的孩子

小男孩正幫父親把一些藏書從閣樓上搬到樓下較寬敞的地方。小男孩覺得能助父親一臂之力是很了不得的事，雖然事實上他非但沒幫上什麼忙，反而還礙手礙腳，使工作進行得更緩慢。

但這男孩的父親不僅有耐心，而且有智慧。他知道讓兒子參與工作的意義，遠比搬一大疊書的效率重要得多。

不過，在這位父親的藏書之中，有幾本是又厚又重的教科書。對小男孩而言，要把這些書搬下樓，是相當吃力的事。有一回，他所抱的那疊書一連掉落好幾次。最後他氣急敗壞地跌坐在階梯上，難過得哭了起來。他覺得自己笨手笨腳，不能把事情做好，而且不夠強壯，無法捧著厚重的書走下狹窄的樓梯。想到自己不能為父親效勞，他簡直傷心極了。

父親看在眼裡，一言不發，撿起散落在地上的書本，將它們放回小男孩的懷中，然後以強有力的手臂一把抱起捧著書的兒子，將書和兒子一併抱下樓來。就這樣來來回回，一趟又一趟，父子倆有說有笑地完成了任務：小男孩負責搬書，父親負責搬小孩。

曉之以情

爺爺帶著孫子在郊外散步，看到田間有一隻小烏龜。活潑好鬥的孫子把烏龜撿起來，用一根樹枝戳牠，想讓牠探出頭來。結果，烏龜的頭非但

沒有伸出來，反倒更加縮進去了。

「這怎麼能行哪，」爺爺說，「我告訴你該怎麼辦。」

他們回到家裡，爺爺把烏龜放在壁爐旁邊，不一會兒，烏龜就伸出頭來，開始爬動了。

「別用什麼辦法去逼迫別人，」爺爺說，「只要用一點仁慈去溫暖牠，牠就會有反應的。」

史密斯太太

史密斯太太發現女兒的裙子被弄髒了，她立刻生氣起來，開始衝著女兒大聲責罵。看見女兒大哭以後，她又馬上給了女兒一小塊點心。

一位牧師看見後，問史密斯太太：「您為什麼要責罵女兒呢？」

「她總是經常這樣弄髒自己的裙子。」史密斯太太回答。

「可是，您為什麼又給了她一塊點心呢？是為了表揚她的行為還是為了給她受責罵的補償？」

史密斯太太啞口無言，她不知該如何回答。

牧師不理解史密斯太太的教子行為，史密斯太太的女兒也已經被弄得糊裡糊塗，她也不知道為什麼母親會責罵她，更不知道挨罵之後為什麼很快又得到了點心。這樣，下一次，她的錯誤還會重複出現，因為她也和她的母親一樣迷失了行動的準則。

要教育好孩子，父母必須對事物的好壞，有一個始終如一的主見。父母自己缺乏主見是教育孩子的一大禁忌。

我要我要我一定要

冬天的一個晚上，媽媽帶著 3 歲的皮魯去朋友家串門。回到家裡後，皮魯突然發現自己一直拿在手裡的一顆糖果不見了。那顆糖果是媽媽的朋

友給的，他家沒有這樣的糖果。發現糖果沒有了之後，皮魯著急地哭了起來。爺爺、奶奶、爸爸、媽媽都來安慰他，並承諾第二天給他買他最喜歡的玩具。但是，皮魯沒有妥協：我要！我要！！我一定要！！！

皮魯打著滾哭鬧，爺爺奶奶、爸爸媽媽看得實在心疼，便帶上照明工具，「傾巢」出動，沿著回來的路進行「地毯式」搜尋。眼看到了午夜12點，糖果還是沒有找到，媽媽看到因絕望而死去活來的孩子，終於硬著頭皮敲響了朋友家的門……

經歷小小的失望就這樣歇斯底里，預兆了未來災難的來臨……

皮魯長大了，想找一個女朋友，但是他看上的女孩根本看不上他。他不再打滾哭鬧，而是拿起一把刀子割破了自己的手腕……

在醫院裡，皮魯被搶救過來了，但是他卻又開始絕食。父母哭著對他說：「你想把我們急死？不就是一個女孩嗎？人生的路還長著呢，好女孩多的是。」但是他恨恨地說：「我就想要她！要她！一定要她！」

從一顆糖果開始，皮魯被無休止的滿足溫柔地包圍著，直至失去了理性……

幸福的內在特質，需要從童年和青少年時的不斷受挫和解決困難中培養起來。很遺憾，許多父母往往在無意識中，阻礙了孩子幸福特質的培養，親身扼殺了孩子的真正幸福。

當溺愛成為逆愛：

關懷強迫症、自虐行為、暴力隱患、冷漠無感，別再自欺長大就會好，他需要的是家庭治療！

編　　著：方佳蓉，肖光畔
發 行 人：黃振庭
出 版 者：崧燁文化事業有限公司
發 行 者：崧燁文化事業有限公司
E-mail：sonbookservice@gmail.com
粉 絲 頁：https://www.facebook.com/sonbookss/
網　　址：https://sonbook.net/
地　　址：台北市中正區重慶南路一段六十一號八樓 815 室
Rm. 815, 8F., No.61, Sec. 1, Chongqing S. Rd., Zhongzheng Dist., Taipei City 100, Taiwan
電　　話：(02)2370-3310
傳　　真：(02)2388-1990
印　　刷：京峯彩色印刷有限公司（京峰數位）
法律顧問：廣華律師事務所 張佩琦律師

定　　價：375 元
發行日期：2023 年 4 月第一版
◎本書以 POD 印製

國家圖書館出版品預行編目資料

當溺愛成為逆愛：關懷強迫症、自虐行為、暴力隱患、冷漠無感，別再自欺長大就會好，他需要的是家庭治療！ / 方佳蓉，肖光畔 編著 . -- 第一版 . -- 臺北市：崧燁文化事業有限公司 , 2023.04
面；　公分
POD 版
ISBN 978-626-357-268-3(平裝)
1.CST: 問題兒童教育 2.CST: 行為改變術
529.68　112003898

官網

臉書